歴史文化ライブラリー
583

おみくじの歴史

神仏のお告げはなぜ詩歌なのか

平野多恵

吉川弘文館

目 次

和歌で占う　ひろがりと変化

おみくじ今昔

おみくじの謎——プロローグ

おみくじの謎

「くじ」といえば何を思い浮かべるだろうか。「くじ」は、わたしたちの暮らしの中で活用されている。たとえば、宝くじ、商店街のくじ引き、町内会やＰＴＡなどの役職決めのくじ引き、人気イベントのチケット抽選、社寺のおみくじ等々、さまざまなくじが生活になじんでいる。

これらに共通する特徴は、かぎられた数や選択肢から無作為に一つを選び出すことだ。くじは本来、偶然にもとづく占いの一種である。紙片や木片に言葉や印をつけておいたものを引いて、順番を決めたり、多数の中から特定の人を選出したり、吉凶や勝敗を決めたり、さまざまな物事を決めるのに古くからもちいられてきた。

本書のテーマである「おみくじ」は日本の社寺における風俗として定着している。とくに、初詣でおみくじを引いて運勢を占うのは、お正月の風物詩だ。初詣にかぎらず、社寺にお参りするたびに引く人もいれば、旅先で観光の記念に引く人もいるだろう。

このように身近なおみくじだが、じつは謎に満ちている。たとえば、「いつからあるの？」「誰がつくってる？」「吉凶の割合は？」「何度引いてもいい？」「初詣でおみくじを引くのはいつから？」「どうして結ぶの？」「和歌や漢詩が書いてあるのはなぜ？」等、おみくじについての疑問は続々と湧いてくるが、これらの謎を解くのは一筋縄ではいかない。おみくじの種類はさまざまで、その歴史も明らかでない部分が多いからだ。

たとえば、おみくじを引いたら結ばなければいけないと思っている人は多いが、「結ばずにお持ち帰りください」と掲示されている社寺もある。おみくじによって吉凶の割合は異なるし、同じおみくじでも平常時と年末年始などの時期で割合が違うこともあるという。そもそも、おみくじの引き方や読み方には俗説が多いが、それらの真偽を見極めて書かれた文献もない。

そこで本書では、おみくじに関する文献をできるだけ収集・分析し、ルーツや歴史を明らかにしながら、その謎についてできるかぎり実証的に明らかにしていきたい。

おみくじって何？

おみくじを引いたら、まずどこを見るだろうか。吉や凶などの結果を確認してから「学問」や「健康」といった項目の文章を読む人が多いのではないだろうか。しかし、じつはおみくじの要は吉凶ではない。

おみくじは「御御籤」「御神籤」などと表記される。尊敬語の「御」がつくことからわかるように、おみくじはただの「くじ」ではなく、神仏の神聖な〈お告げ〉である。社寺でおみくじを「買う」という人も多いが、本来は神仏から「いただく」ものであり、その意志を「うかがう」ものである。

では、おみくじのお告げは、いったいどこに書かれているのだろうか。縦長のおみくじの場合、上部に漢詩や和歌が書かれている。漢詩や和歌がない場合は、最初に全体的なメッセージが書かれているはずだ。それがお告げにあたる。

おみくじを運試しだと思って、吉凶に一喜一憂して境内に結んで帰ってしまう人は多いが、おみくじを研究する立場からすると、それはネタのないお寿司を食べるようなもので、一番おいしいところを味わわずにいるなんてもったいないと思ってしまう。

誰がつくってる?

「おみくじって誰がつくっているんですか?」と聞かれることも多い。現代のおみくじは、神職や僧侶など各社寺の関係者、あるいは社寺から依頼された研究者などの専門家、おみくじを製造する業者などがつくっている。

たとえば明治神宮(東京都渋谷区)のおみくじ「大御心《おおみごころ》」は、おみくじの授与が決まった昭和二一年(一九四六)当時の明治神宮総代で、東京帝国大学や國學院大學の教授をつ

図1　おみくじとそのお告げの分類

おみくじ ┌ 仏教系――――――中国由来
　　　　 └ シャーマン系――日本由来

お 告 げ ┌ 漢詩――――――観音菩薩など，おもに中国伝来の神仏
　　　　 │ 和歌――――――おもに日本の神
　　　　 └ それ以外―――名言，易など

とめた宮地直一《みやじなおかず》（一八八六〜一九四九）が考案したものである。御祭神である明治天皇と昭憲皇太后の御製《ぎょせい》・御歌《みうた》をお告げとして示しており、おみくじの内容は和歌と解説のみで吉凶がない。本来、神のお告げとしての和歌に吉凶はなかったから、神道研究の第一人者であった宮地は神のお告げの文化をふまえて吉凶のない和歌みくじを発案したのだろう。

　かくいう筆者も、おみくじの奉製にかかわっている。ときわ台天《てん》祖神社《そじんじゃ》（東京都板橋区）の和歌みくじ「天祖神社歌占《うたうら》」である。天祖神社の小林美香宮司と相談しながら、勤務先である成蹊大学のプロジェクトとして大学院生とともに制作している。『古事記』や『日本書紀』などの神話を読み、古典和歌のデータベースで先例を調べたうえで御祭神の神徳をあらわす歌をつくり、その解説文を書く。こうしてできあがったおみくじは神社に奉納され、御祈禱を受けることで正式に神のお告げとなる。歌占を奉納する祭儀の場で、おみくじの和歌が祝詞《のりと》の中で朗々と読み上げられるとき、人がつくったおみくじが神に捧げる儀式を通して神のものとなることを実感

する。そうして神のお告げとなった歌は、神と人を結びつけるものとなる。

おみくじの歴史をたどる本書では、神と人とのつながりがさまざまなかたちで見えてくるだろう。昔のおみくじについても、誰がつくったかをわかるかぎり紹介していきたい。

くじ・みくじ・おみくじ

じつは「おみくじ」という名称も、いつから使われるようになったのか定かではない。「おみくじ」の「お」と「み」は「御神酒《おみき》」や「御御《おみ》足《あし》」のように、どちらも尊敬の意の接頭語である。「おみくじ」という語は十九世紀のはじめごろから使われるようになったものらしい。山東京伝《さんとうきょうでん》の黄表紙『通気智之銭光記《つきじのぜんこうき》』（一八〇二年刊）において、みくじ箱からみくじ竹を振り出す場面に「大師さんのおみくじ」「おみくじは迷ひを定むるもの」とあるのが初見とされる（図2、太田正弘「「おみくじ」の起源と諸相　追考」）。

図2　山東京伝『通気智之銭光記』部分（1802年，東京都立中央図書館所蔵）

それ以前はどう言っていたかというと、「みくじ（御鬮・御籤）」が一般的であった。神前・仏前で取る場合は「御」をつけて「みくじ」とし、日常生活や遊興の場で取る場合は単に「くじ」と書かれることが多かったが、かならずしも統一されてはいない。

「くじ」は漢字で「孔子」「鬮」「籤」と表記されるが、じつは、その語源も明らかでない。『日本国語大辞典』で「くじ」を調べると、⑴桿条《さおじょう》（棒状のもの）を意味する原語クシ、⑵クシ（串）、⑶クジル（抉）、⑷クジ（公事）という四つの語源説が載るものの、どれも決め手に欠ける。

そもそも、日本で「くじ」の語が使われはじめたのは平安時代の終わりごろだった。とくに平安後期から鎌倉時代にかけては「孔子」の字を当てることが多かった。たとえば、平安時代の僧侶歌人西行《さいぎょう》の歌集『山家集《さんかしゅう》』に「庚申《こうしん》の夜、孔子《くじ》くばりをして歌よみけるに」とあり、庚申待ちの夜、くじで歌題を決めて歌を詠んだことが知られる。「くじ」に「孔子」の字を当てたのは、第一に「孔子」が漢字音の古い読み方である呉音で「くじ」と読むことからだろう。それに加えて儒教の祖である孔子《こうし》に神仏同様の権威を認めていたためではないかとの説もある（『世界大百科事典』「くじ」）。

「くじ」という音ではなく、意味から当てられた漢字が「籤」と「鬮」である。これらは中国最古の字典『説文解字《せつもんかいじ》』（一〇〇年成立）や『玉篇《ぎょくへん》』（五四三年成立）に収められており、何かを引いて占うこと、つまり「くじ」の意を記す。『玉篇』には、竹串で卜占《ぼくせん》するのが「籤」とあり、平安時代の漢和辞書『和名抄《わみょうしょう》』も「籤」の項目に「太介乃久之《たけのくし》」と書いている。竹串を多数収めた筒から一本を引いて事の吉凶を占ったのである。

鎌倉・室町時代は「籤」より「鬮」の字が多くもちいられた。室町時代の国語辞典『下学集《かがくしゅう》』には「鬮　クヂ　見ずして物を拈《ひね》る也」、『文明本節用集《せつようしゅう》』には「鬮　クジ　先不見而拈物取後見決之也」とある。これによると、「鬮」の意味は、まず見ないで物をつまみ、そこで取ったものによって何かを決めることと知られる。

中世の古記録や古文書には、「ク」と読む「鬮」に「子」をつけて「鬮子＝くじ」とする例もある。たとえば、正応四年（一二九一）の「紀伊高野山四季問答講規式」（紀伊金剛峯寺文書）には法会の導師を「鬮子」で決めると書かれている。

鎌倉時代以降になると、神仏の前で引く「御鬮《みくじ》」の例が増えていく。室町時代末期の古辞書『文明本節用集』は「神心　クジ／カミココロ　於仏神前試祈願之吉凶者也」と定義し、「神心」を「クジ」とし、神仏の前で祈願したことの吉凶を占うものとする。この点については後で詳しく述べることにしたい。

年始に引く

おみくじといえば初詣を思い浮かべる人は多いだろう。そもそも初詣が一般化したのは鉄道が普及した明治以後のことである（平山昇『鉄道が変えた社寺参詣』『初詣の社会史』）。初詣でおみくじを引く現在の風習も、それ以降に広まったと考えられる。

年始におみくじを引く風習は江戸時代からあったが、それは現在のように有名な社寺や近くの社寺で引くものではなかったようだ。それを示すのが次の一句である。松永貞徳《まつながていとく》を中心とする貞門派《ていもんは》俳諧の秀句をまとめた『崑山集《こんざんしゅう》』に、寛永十八年（一六四一）元日に詠まれた次の句が収められている。なお、本書における詩歌や文献等の引用にあたっては、適宜、通行の字体・仮名遣いに改め、漢字を当て、送り仮名などを加えた。

としとくの御鬮《みくじ》や一二三ケ日

「としとく」は陰陽道でその年の福徳を守る「歳徳神《としとくじん》」のことで、「年神《としがみ》」「恵方神《えほうがみ》」などともいわれる。その年の方角に向かって恵方巻きを食べる風習をご存じの人は多いだろう。その年の方角とは、自宅から見てその年の歳徳神のいる恵方である。

末尾の「一二三ケ日」は正月の三が日に「一」「二」「三」の数をもちいたおみくじの意を掛けたものだ。後述する三度鬮の風習をふまえたものだろう。三度鬮は自分の願いにあわせて一、二、三の選択肢が示す内容を決めて自作するものだった。

年始に歳徳神の方角にある神社に詣でる風習は平安時代から貴族たちがおこなっており（三橋正『平安時代の信仰と宗教儀礼』）、時代が下ると、それが庶民にも広まったと考えられる。江戸時代初期の人々は、年始にその年の歳徳神がつかさどる方角にある神社に詣でたり、歳徳神の方角である恵方を向いたりして、自作のおみくじを引いていたのである。

何度引いてもいい？

おみくじを一度に何回も引いてよいのか迷う人も多いのではないだろうか。江戸時代のみくじ本には、おみくじを引くときは一度だけと書かれている。詳しくは「江戸の歌占」で紹介するが、何度も引くと効験がないともいう。

おみくじは引き直さないものということが、室町時代の成立と推測される狂言「鬮罪《くじざい》人《にん》」からうかがえる。この話には、京都を代表する祭礼である祇園会《ぎおんえ》の山車《だし》の出し物の役をめぐって鬮の取り直しを要求する主人とそれを認めない太郎冠者が登場する。山車で鬼が罪人を責める出し物をすることになり、その役を鬮で決めることになった。鬮の結果、主人が罪人、奉公人の太郎冠者が鬼と決まる。その結果、鬼役の太郎冠者が罪人役の主人を打つことになって、主従関係が逆転してしまう。納得できない主人が鬮の取り直しを要求すると、太郎冠者は「むかしから今まで鬮の取り直しはないのだ」と言うのである。このような例からも、くじは引き直さないのが通例であったと考えてよいだろう。

その一方で「くじは三度」いうことわざもある。くじは一度引いただけでは本当のところはわからず、三度引くことで神意がわかるという意味である。これは三度鬮という引き方をふまえたものだろう。三度鬮については「占いからおみくじへ」で詳述するが、悩みごとがある場合、その悩みにあわせて自分でみくじをつくり、神仏の前で三度引く。三度の結果が一致すれば、それはまさしく神仏のお告げと考える。たとえば、「一」が出たら「吉」、二が出たら「凶」、三が出たら「保留」というように、一・二・三の数をもちいることもあった。

江戸時代の小咄集『露休置土産《ろきゅうおきみやげ》』（一七〇七年刊）に清水寺《きよみずでら》の観音の前で三度みくじを引く笑話「清水の御利生《ごりしょう》」が載る。次のような話である。

あるところに博打《ばくち》好きの息子がいた。親はたびたび諫めたが聞き入れず、毎夜、カルタ博打に行っていた。それを親が見つけて「おのれ、打ち斬ってしまおう」と言って脇差しを取り出したので、命からがら逃げ出した。どうしたらよいのか思い悩んだ息子は、清水寺の観音に参拝し、一心に祈誓《きせい》しておみくじを取り、親が本気で自分を切り捨てるなら「二」を、ただの脅しなら「三」をくださいと祈ってみくじ箱を振ったところ、三度とも「二」が出た。どうしようもないと悟り、涙ながらに実家を離れて下向しようとしたところ、ありがたいことに観音様が八十過ぎの老人の姿で現れ、こう告げた。「おぬし、嘆くことはない。二が三度出れば〈二くずし〉の役だ。よって親の打ち斬りは叶わぬぞ。喜べ」と。

この〈二くずし〉は賭博の一種「読みガルタ」で二の札が三枚そろって役ができること

で、この役が出ると親は改めて札を撒き直さなくてはならないという。この話のオチは、おみくじの「二」の三度引きにカルタの「二くずし」の役を重ねたところにある。おみくじの三度引きが広まっていたからこそ、こうしたオチが笑いを生むことになる。

この話は古くは元禄十一年（一六九八）刊『初音草噺大鏡《はつねぐさはなしおおかがみ》』に見える。そこでは八十過ぎの老人に化身した観音様は登場せず、友人の慰めのことばとしてオチが語られているが（中村公一『一番大吉！　おみくじのフォークロア』）、笑話としては観音様が「二くずし」のお告げをする『露休置土産』のほうがおもしろい。

意志を貫くために

先におみくじの取り直しはしないのが通例と書いたが、平戸藩主松浦静山《まつらせいざん》（一七六〇〜一八四一）の随筆『甲子夜話《かっしやわ》』（一八二一年）は、自分の決断と合致するまでおみくじを引き続けたという『校合雑記《きょうごうざつき》』の話を引く。広島藩主の浅野長晟《あさのながあきら》が強い反対の中で自分の意志を貫くためにおみくじを利用したというエピソードである。

元和元年（一六一五）、紀伊国和歌山藩を治めていた浅野長晟は安芸国広島藩の藩主への所替えを仰せつけられた。広島に入ってみると、城内に鎮守《ちんじゅ》の社《やしろ》が多くあった。木が繁茂して妨げになるので社を城外に移すよう命じたところ、神官は鎮守の社は城を開基したときから鎮座しているので場所を移すべきではないと反対する。それを聞いた長晟は、それならば御鬮に任せようと命令をくだした。そこで神官が御鬮を「移すべし」「移すべからず」の二つ用意して取ると、「移すべからざる」が出た。その結果を報告したところ、長晟は笑い飛ばして「おまえたちは誰であっても、願いごとがあるとき、家老《かろう》に訴えるであろう。たとえ、いったん叶わないことになっても、どうしようもなければ幾度も願い出るはずだ。そのような場合、はじめは許されないと思っても最終的に許すことがある。だから、神慮《しんりょ》に叶うまで、何度も御鬮を取るがよい」、そう申しつけた。ひたすらに引き、やがて「移すべし」というおみくじが出た。これで神慮に叶ったのだといって、鎮守の社を城外に移したという。

そもそもおみくじは、容易に決断できないことがあった場合に、それを神仏にうかがうものである。このときは「移すべし」が妥当と考えられたが、それでは神職が納得しなかったため、神前で「移すべし」が出るまで引き、最終的には神が認めたということで合意に導いたのだ。このように御鬮が物事の決定や合意形成の手段として使用されるようになったのは室町時代からで、集団の合意形成にあたって不満が残らないようにするため、御鬮による神判《しんぱん》が必要とされたのだという（瀬田勝哉「「鬮取」についての覚書」）。

待ち人って何？

おみくじには「願望」「病」「失物」「縁談」「商売」「転居」等々、さまざまな項目がある。これらすべてを見て、当たっている、当たっていないなどという人もいるが、これはおみくじ本来の引き方からすると間違った見方である。おみくじは自分の悩みや願いを一つに絞り、それに対する神仏のアドバイスを得るためのものだからだ。

項目の意味も誤解されがちである。その代表が「待ち人」だ。「待ち人」というと白馬の王子様のような運命の人を想起する人が多いようだが、実際には「来るのを待たれている人」という意味である。電話やメール、インターネットなどの簡便な通信手段がない時代には、人が実際にやってくるかわからないことが多かった。伝言も人が運んできたわけで、今よりもずっと待ち人の範囲が広かったのである。

時代が経つにつれて消えてしまう項目もある。かつてはおみくじに「走り人」という項目があった。失踪人のことだが、行方不明者が少なくなった現代では使われなくなってしまった。

おみくじの項目は寺社のご利益によって異なることもある。たとえば、縁結びのご利益で知られる地主《じしゅ》神社（京都市東山区）の恋占いおみくじは「恋愛」「縁談」の項目が目立つようになっているし、漁業の守護神をまつる熊野那智《くまのなち》大社（和歌山県東牟婁郡）のおみくじには「漁運」の項目がある。

なぜ結ぶ？　いつから結ぶ？

おみくじを結ぶ風習はいつから始まったのだろうか。結論から言うと、十八世紀のはじめ、江戸時代の半ばごろには、おみくじを木に結ぶ慣習が始まっていたようだ。

当時の川柳に、上野寛永寺《かんえいじ》の元三大師堂《がんさんだいしどう》境内の樹木に結ばれたおみくじを花に見立てた様子が詠まれている。

　捨てみくじ木々に花貸す大師堂　（『丹舟評万句合《まんくあわせ》』宝永年間〈一七〇四〜一一〉）

寛永寺の元三大師堂は、天台宗中興の祖である元三大師良源《りようげん》をまつる御堂である。この御堂は、大勢の人々がおみくじを引きに集まる、いわば江戸のおみくじの聖地であった。俳諧集『百合の花』（一七八一年刊）にも「木の枝に続く大師の捨御鬮」の句があり、木々に結ばれたおみくじは大師堂の名物だったことがわかる。

随筆『嬉遊笑覧《きゆうしようらん》』巻八（一八三〇年刊）には、江戸の王子村あたりの子どもが草の葉や稲の葉を結んで「観音くじ」と名付けて遊んだり、吉原の遊女が紙縒《こよ》りでおみくじを結んだりしていたとあるから、このころには、おみくじを結ぶ風習が江戸で広まっていたと考えてよいだろう。

とはいえ、現在のように、どの神社でも見られるほど一般化していたわけではなかったようだ。政治思想史の研究者であった松平斉光《まつだいらなりみつ》は、第二次世界大戦下の昭和十六年（一九四二）から庶民の政治意識を社会学的にとらえるべく日本各地の祭をフィールドワークして歩いた。その成果をまとめたのが祭礼研究の名著として知られる『祭』（日光書院、一九四三年、東洋文庫所収）である。松平は箱根神社の湖水祭《こすいまつり》取材の折、境内にあるおみくじを結んだ竹の輪に注目し、次のように記録している。

竹を裂いたものを直径二尺（約六十《チセン》）ほどの輪にして結び、その一端を地に挿しておく。それは参道の中程にある注連《しめ》の張られた杉の大木の側に一つ、石の中腹に二つ、境内に一つ挿してあり、それに数多くのおみくじの紙片が結びつけてあった。それを結ぶ理由について神社で次のように聞いたという。

よい御籤が当れば喜んで持ち帰るが悪い御籤が当たった時にはこうして竹の輪に結びつけておく。そうすると神意に依って悪運を免れる事が出来ると言われているのである。

悪い結果のおみくじを引いたときは竹の輪に結びつけておくと神意によって悪運を逃れることができるのだという。主要な祭礼を丹念に現地調査していた松平がわざわざ記録しているということは、当時、よい御籤は持ち帰り、悪い御籤は結びつけるという風習が一般的でなかったからだろう。その後、この風習は一般的になり、現在では多くの神社でおみくじを結ぶための場所が設けられている。寺院の例をあげると、浅草寺《せんそうじ》（東京都台東区）の観音籤には「凶の出た人は観音様のご加護を願い、境内の指定場所にこの観音籤を結んで、ご縁つなぎをしてください」という注意書きもある。

さらに松平はこの文章の後に「手懸かりは無いが、その杉と云い、その意味と云い、蘇《そ》民将来《みんしょうらい》の茅ノ輪《ちわ》の御利益に通ずるものでは無いか」と述べて、蘇民将来ゆかりの茅の輪を厄除けのために結びつけることとの関連を推測している。これは六月末に各地の神社でおこなわれる夏越《なごし》の祓《はらえ》にあたり、境内に茅の輪が設けられ、茅の輪の護符が授与されることをいうのだろう。スサノオノミコトが旅の途中、蘇民将来から手厚いもてなしを受けた返礼に、腰に茅の輪を付けて「蘇民将来の子孫なり」と言えば疫病から免れると約束したという伝説にちなむものである。

おみくじの起源

すでに述べたように、おみくじは本来、現代のような既製のものではなかった。そもそも、神仏の神聖なお告げは誰でも受け取れるものではなかったのである。だからこそ古代の人々は神のお告げをどのようにして聞くかに苦心してきた。西洋では古代ギリシアのデルポイの神殿で神がかった巫女が謎めいた詩でお告げを示し、それは国の政治にも大きな影響を与えた。

邪馬台国の女王卑弥呼《ひみこ》は巫女であったという説があるように、国を治めるには神の声を聞くシャーマンの力が必要だった。『隋書』倭国伝には、倭人が「卜筮《ぼくぜい》を知り、もっとも巫覡を信ず」とあり、巫覡、つまりシャーマンに対する信仰が知られる。神功皇后《じんぐうこうごう》が新羅《しらぎ》に出兵したのも皇后自身の神がかりによる神託にもとづく判断であった（『古事記』『日本書紀』仲哀天皇条）。詳しくは「神詠から歌占、和歌みくじへ」で述べるが、神がかりの巫女による和歌のお告げ、いわゆる歌占もその都度おこなわれるものであった。

それに対して現代のおみくじは、いわば既製の神託である。もともとは特別な力を持った人だけが得ることのできた神仏のお告げを誰でも受け取れるようにしたものだ。こうしたおみくじが広まったのは中国から伝来した漢詩みくじが流行する江戸時代以後である。

それ以前のおみくじは一回ごとにつくられるものだった。吉凶や順番、選択するべきものなど、何かの判断に迷ったときに選択肢を記した紙をつくり、信仰する神仏の前で祈願したうえで一つを取り、それによって神意をうかがう。江戸時代におみくじ本が流布するまでは、その都度おこなうのが主流であり、鎌倉時代から戦国時代にかけては僧侶や武士がこのような方法で占っていた。この点については「占いからおみくじへ」で見ていくことにする。

ルーツと分類―和歌・漢詩・その他

日本のおみくじのルーツは、いま紹介してきたように、⑴神のお告げの歌による和歌みくじ、⑵神仏の前で引く自作のくじ、⑶中国由来の漢詩みくじに分類できる。このうち⑵は、神社の神事などに継承されているが、一般的な風習としては廃れてしまった。とはいえ、これらの要素はお互いに影響しあいながら現代のおみくじに流れこんでいる。資料がかぎられているため不明な点が多く、それを解き明かすのは難しいが、できるだけわかりやすくお伝えしていきたい。

本書では、現代へのつながりという点に注目して、おみくじの歴史という大きな川をお告げの形式による三本の支流から見ていくことにする。その「お告げ」がどのようなかたちで書かれているかで分類すると、右の(1)につながる「和歌みくじ」、(3)につながる「漢詩みくじ」、「それ以外」の三つに大別できる。

和歌みくじの源流には神によるお告げの歌がある。神のお告げを和歌でいただく伝統は平安時代にさかのぼる。それは、やがて和歌による占いとなった。その後、江戸時代に流行した漢詩のおみくじの影響を受けて和歌のおみくじ本も出版されるようになった。仏教系の漢詩みくじの影響は大きく、じつは神社でも漢詩みくじが多くもちいられていた。現在のように、和歌みくじが神社のおみくじの主流になったのは、明治時代からと意外に新しい。

漢詩みくじのルーツは中国にある。南宋時代の中国で観音菩薩のお告げとしてつくられた漢詩みくじが室町時代に日本へ伝来し、江戸時代に流行した。これは現在でも寺院のおみくじの主流である。

その他は、さまざまな形式がある。ご祭神のことばを示すもの、短い文章で運勢を説くもの、古今東西の名言を示したもの、易の卦《えき け》にもとづくものなどである。水に浮かべると文字が浮かび上がる水占など、娯楽的なものも多い。現代になってつくられたおみくじが多いが、古くからの形や内容を継承したものもある。

おみくじの旅へ

このようにバラエティに富むおみくじだが、和歌みくじと漢詩みくじという二つの大きな流れは、いったいどこから始まり、どこで交わるのだろうか。そして、おみくじのお告げはなぜ和歌や漢詩で示されたのだろうか。詳しくはこれから見ていくが、おみくじの歴史の簡略な見取り図を次ページに示したので、あわせてご覧いただきたい。

本書ではとくに日本独自の三十一文字からなる「和歌」のおみくじに注目する。漢詩みくじに関する本は、これまでにもあるが、和歌みくじについてこれほど詳しく書いたものは本書がはじめてである。現存する資料が少なく、これまでは研究に値すると思われていなかったからだ。しかし、研究を続けるうちに、いままで知られていない、あるいは評価されていなかった資料が徐々に見つかるようになった。近年は大衆文化についての学問的な関心も高まっている。

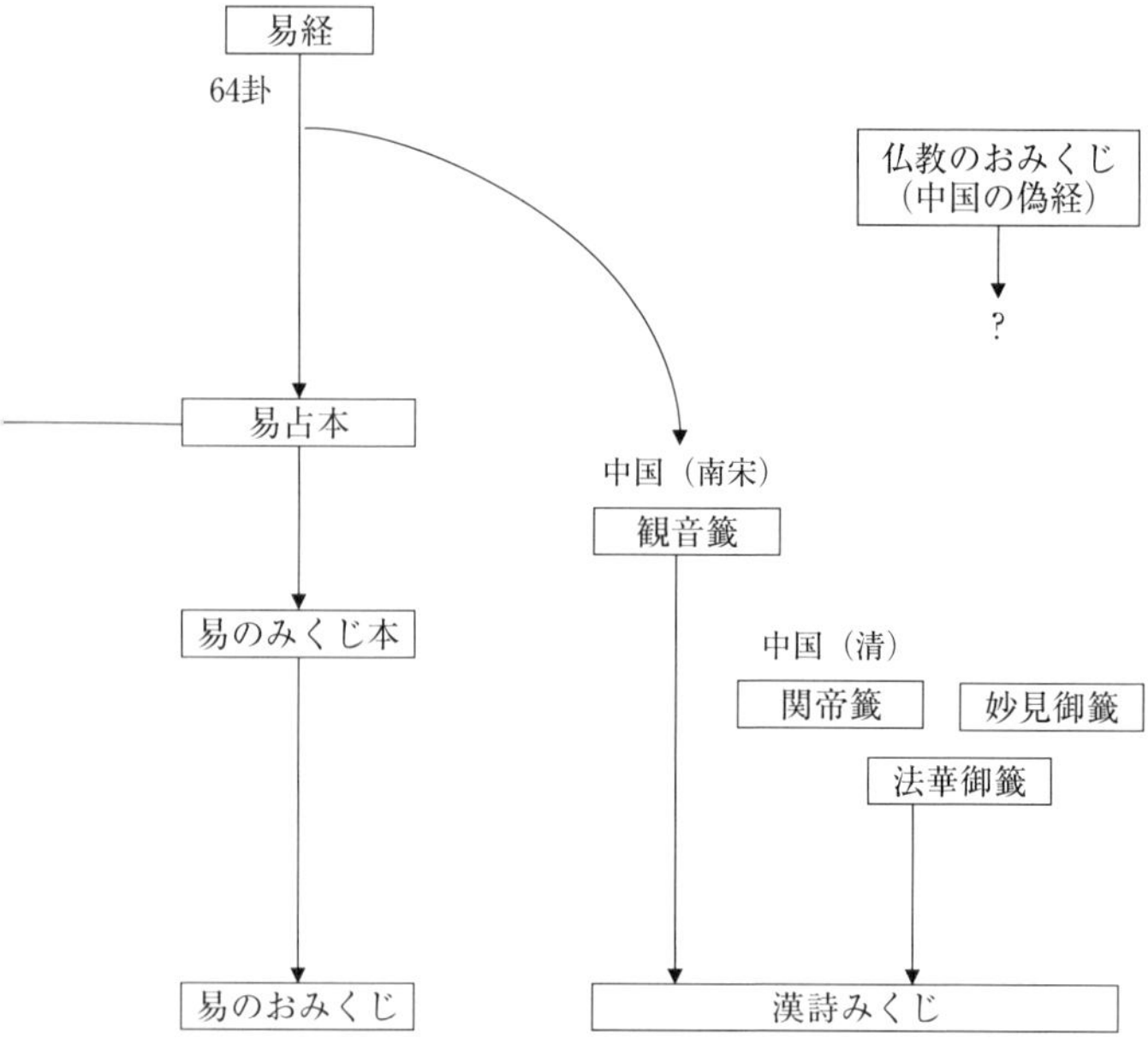
易経
64卦
仏教のおみくじ（中国の偽経）
?
易占本
中国（南宋）
観音籤
易のみくじ本
中国（清）
関帝籤
妙見御籤
法華御籤
易のおみくじ
漢詩みくじ

図３　おみくじの歴史 見取り図

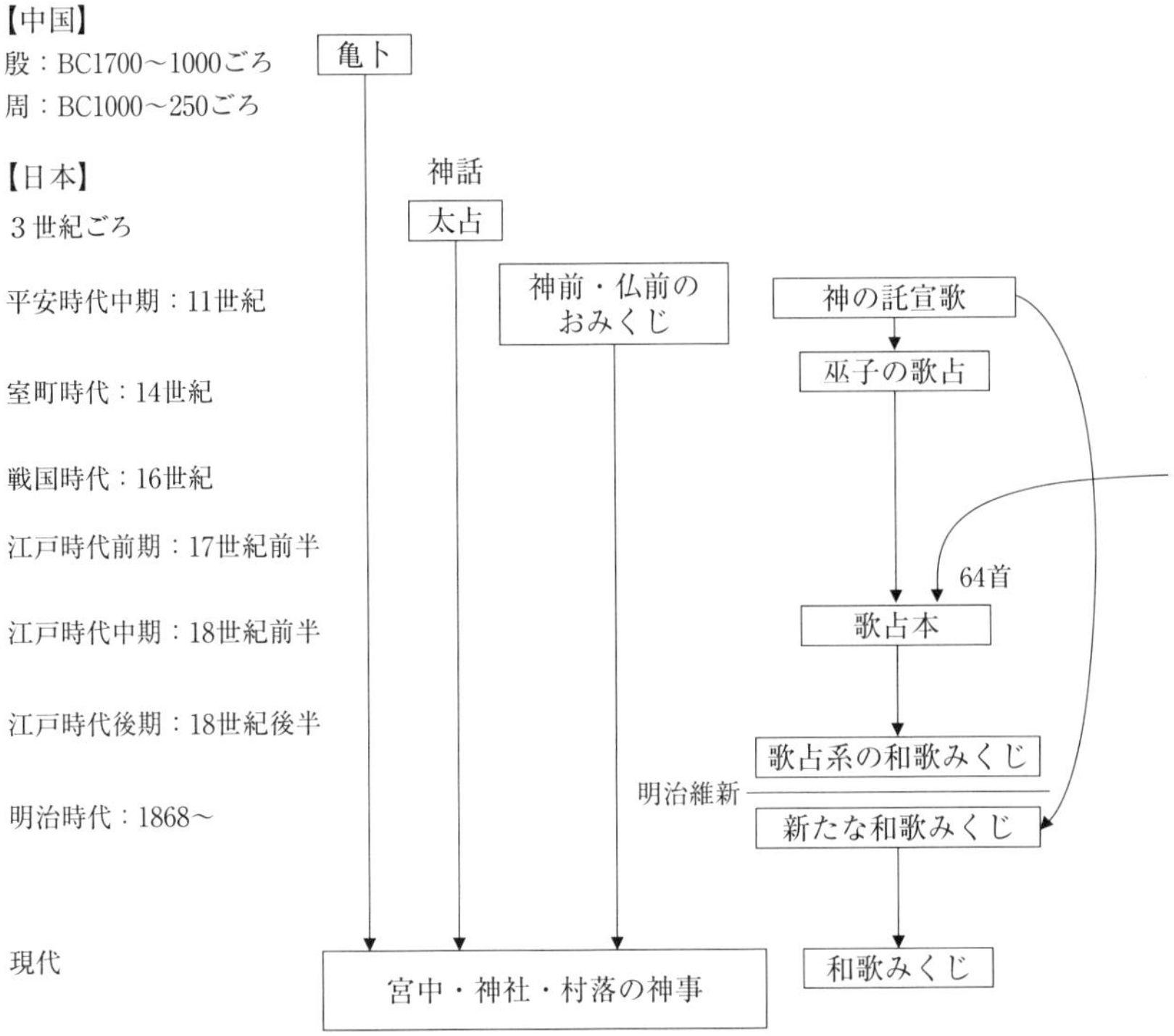
【中国】
殷：BC1700～1000ごろ
周：BC1000～250ごろ
【日本】
３世紀ごろ
平安時代中期：11世紀
室町時代：14世紀
戦国時代：16世紀
江戸時代前期：17世紀前半
江戸時代中期：18世紀前半
江戸時代後期：18世紀後半
明治時代：1868～
現代
亀卜
神話
太占
神前・仏前のおみくじ
神の託宣歌
巫子の歌占
64首
歌占本
歌占系の和歌みくじ
明治維新
新たな和歌みくじ
宮中・神社・村落の神事
和歌みくじ

そこで本書では、おみくじに関する最新の研究成果をふまえて、そのルーツを追いかけながら、神仏のお告げ、つまり託宣としての詩歌が、どのようにして現在のようなおみくじになっていったかをたどっていく。その過程を通して、人間がいかにして神仏のお告げを受け取ってきたか、そのお告げをどう解釈してきたか、どのような思いでおみくじをつくってきたかも浮かび上がってくるだろう。そして、そこには神仏と人との関係性が映し出されるにちがいない。さらには、おみくじの世界を通して、各時代の特徴や日本という国や文化の成り立ちも見えてくるだろう。

では、そろそろおみくじのルーツをたどる旅へ出かけることにしよう。この旅を通して、これまで知らなかったおみくじの新たな顔に出会うことになるはずだ。旅の前後で、これからのおみくじと付き合い方もきっと変わってくるだろう。

いざ出発！

おみくじのルーツ

神仏のお告げ

占いからおみくじへ

「おみくじは占い」だといったら不審に思われるだろうか。占いにはどこかいかがわしいイメージがあるからか、「おみくじは占いではない」という人もいる。しかし、本来の占いは神意を知るためのものだから、おみくじは歴とした占いである。

古代の占い
―亀卜・太占

三千年以上前、中国の殷《いん》代、軍事や祭祀といった国家の大事にあたり、神の意志に叶っているかどうかを知るために「亀卜《きぼく》」がおこなわれていた。亀卜は亀の甲羅を焼いてできる裂け目の形で吉凶を知る占いだ。この時代の占いの記録として文字を刻んだ甲骨《こうこつ》が殷墟《いんきょ》から多く発掘されている。最古の漢字である「占」や「卜」は、それらに記された甲骨文字で、「卜」は甲骨に現れた亀裂の形をかたどったものである（図4）。

亀卜の風習は日本にも伝えられた。五世紀のものと推定される亀卜の遺物が神奈川県三浦市の間口洞穴《まくちどうくつ》から出土している。奈良時代になると、亀卜は朝廷の行事となった。養老令の注釈書『令義解《りょうのぎげ》』（八三三年成立）には神祇官の卜部《うらべ》がこれを執りおこなったとある。

平安時代には、天変地異があったり、宮中や社寺で怪異がおこったりすると、内裏《だいり》の紫《し》宸殿《しんでん》の東軒廊《ひがしこんろう》で、神祇官《じんぎかん》による亀卜と陰陽寮《おんようりょう》の陰陽師《おんみょうじ》による式占《しきせん》が執りおこなわれた。亀卜は天皇が即位した年に執行される大嘗祭《だいじょうさい》の国郡卜定《こくぐんぼくじょう》でもおこなわれた。大嘗祭で神《しん》饌《せん》を奉る国郡が亀卜で決定されるのである。

亀卜は鎌倉時代以後いったん廃れたが、明治時代に復興し、現在は「斎田点定《さいでんてんてい》の儀」として継承されている。直近の大嘗祭は令和元年（二〇一九）十一月におこなわれた。その祭に新米を奉納する斎田を決めるのが「斎田点定の儀」である。東日本と西日本から一つずつ斎田を決めるために亀卜がおこなわれ、今回は栃木と京都に決定した。

古代の占いとしては、亀卜のほかに「太占《ふとまに》」もあった。日本では獣骨を焼いて吉凶を知る太占が古くから普及していたらしい。三世紀ごろにはおこなわれていたことが、『三国志』所収「魏志倭人伝《ぎしわじんでん》」に記録されている。

図4　甲骨文の「占」字（『字通』より）

この太占は『古事記』や『日本書紀』の神話に神々の占いとして登場する。岩戸に籠もった日の神アマテラスが再び姿を現す天岩戸神話では、牡鹿の肩の骨を抜いて太占がおこなわれており、国生み神話ではイザナキとイザナミが国生みに失敗した原因を太占で占っている。

自作のくじを引いて占う

現代のおみくじは、あらかじめ用意されたものから一つを選ぶが、もともとのおみくじは既製ではなかった。占いたい人が必要に応じて、その都度つくるものだった。

その古い例として、有間《ありまの》皇子《みこ》（六四〇〜六五八）が近臣らとともに斉明天皇（五九四〜六六一）への謀反の成否を占うのに籤を引いたという記事がある。『日本書紀』斉明天皇四年（六五八）十一月条の「短籍《ひねりぶみ》を取りて、謀反《みかどかたぶ》けむことを卜ふ」というのがそれだ。「短籍」は短冊のことで、短い紙片をねじってつくった「くじ」をいう。天皇への謀反という重大事に際し、くじを引いて占ったのである。

おみくじとは言えないが、自作のくじの古い例として、聖武天皇（七〇一〜七五六）が正月の宴席で臣下に籍を取らせ、そこに書かれた「仁義礼智信」の五文字に従って物を賜ったというのもある（『続日本紀』天平二年〈七三〇〉正月十六日条）。

古代の例でよく知られているのはこの程度で、いずれも「短籍」を取るものだった。

天皇や将軍を決める

平安時代の終わりごろになると、神仏の前でくじを引く例が増えていく。とくに鎌倉・室町時代には、天皇や将軍などの後継者を誰にするかといった重要な問題を神仏の御前におけるくじで決定していた。こうした神仏の前でのくじは「御」をつけて「御鬮《みくじ》」と書かれることが多いが、ここでは便宜上、「くじ」の呼称で統一する。

九条兼実《くじょうかねざね》の日記『玉葉《ぎょくよう》』建久九年（一一九八）正月七日条には、後鳥羽院が譲位した後、「孔子賦」を取り、天皇継承者を決める「御占」がおこなわれたとある。その結果、後鳥羽院の子である四歳の為仁《ためひと》親王が天皇として即位した。これに関連して、兼実は「占《せん》卜《ぼく》の吉兆」や「孔子賦」のことは、「根元の邪正」によって「霊告の真偽」があるのだと述べている。つまり、占いやくじは、それをおこなう人の正と邪によって神仏のお告げの真偽が決まるのだという。これは、心が根本的に正しければ真のお告げが、邪悪であれば偽のお告げがあるということである。このような考え方は中世人のくじに対する考え方を代表するもので、くじの結果は神仏の示現《じげん》と同様の意味を有しているという（追塩千尋「叡尊における鬮と教団規律」）。

他にも、源頼朝が鶴岡八幡宮《つるがおかはちまんぐう》を遷すべきか否かを決めるため神前で自らくじを引いているし（『吾妻鏡《あずまかがみ》』治承四年〈一一八〇〉十月十二日条）、鎌倉幕府の執権北条泰時《ほうじょうやすとき》（一一八三〜一二四二）も十二歳で急逝した四条天皇の後継者を決める際に鶴岡八幡宮の若宮社の神前でくじを取って邦仁《くにひと》親王（後嵯峨天皇）に決めたと伝えられている（『五代帝王物語』、『増鏡《ますかがみ》』三神山の条）。

室町幕府の六代将軍足利義教《あしかがよしのり》がくじで決まったことは、よく知られている。醍醐寺座主《だいごじざす》満済《まんさい》（一三七八〜一四三五）の日記『満済准后日記《まんさいじゅごうにっき》』（応永三十五年〈一四二八〉正月十七日条他）によれば、五代将軍足利義持が後継者を遺言しないまま重態になったため、四人の弟から後継者一人を選ぶために、くじがつくられた。四人の名を一人ずつ記した紙片を糊《のり》でとじ、それを石清水八幡宮《いわしみずはちまんぐう》の神前で引いたという。これを発案したのは幕府の政治顧問でもあった満済であり、その準備も彼に任されていた。

神仏の前で引く

室町時代に入るころから神前・仏前におけるくじの事例が激増することを、歴史学の立場から瀬田勝哉が詳細に明らかにしている。天皇や将軍の後継者をはじめとする人事、恩賞の配分、集団の場における発言や座席、署名の順序、祭礼の役を決めるための人選など、さまざまな局面でくじがもちいられていた。その中で、とくに目立つのは集団内部の問題解決をくじに委ねる例だという。集団において不満が残らないよう合意を形成するために、神仏の前における公平・公正な判断として、くじが多用されたのであった。これは、くじの中世的特質として指摘されている。この公平・公正の観念は、中世後半に「一揆」「党」「衆」「惣」「講」「座」「組」等といった横の統合を基調とする社会集団を貫く原理となり、くじはこうした横のつながりにおける「寄合」「評定」「集会」などの合議による決定になじむ形式だったという（瀬田勝哉「「鬮取」についての覚書」）。

つまり、神仏の前でのくじは、集団のメンバーが心を合わせ、結束力を強めるものでもあった。このとき「神仏」の存在こそが、くじの公平性を保証し、集団の結束力を高めるために機能したのである。

明治政府と幕府軍が戦った戊辰戦争でも神前のくじで重大事を決めている。戊辰戦争において政府側につくか幕府側につくかは、その後の藩の運命を左右する重大事であった。桑名藩（現在の三重県）では、藩主松平定敬《さだあき》が徳川慶喜《とくがわよしのぶ》と行動を供にして幕府を支えてきた。しかしながら当時の形勢は政府軍に有利だったため、藩主とともに幕府軍で戦いを続けるか、政府軍に従うかで藩の意見が対立した。そこで、神前でみくじを引き、藩主と一緒に幕府軍で戦うことに決まったという（『三重県史　資料編　近代1』）。最終的に桑名城は明け渡され、藩主らは函館の五稜郭《ごりょうかく》で政府軍と戦って破れてしまったが、結果はどうあれ、容易には決められない大きな対立が起こったときに、神前でのみくじが機能したのである。

先に足利六代将軍を決めるくじを差配した醍醐寺の満済の例をあげたが、満済にかぎらず、僧侶とくじのかかわりは深い。

僧侶とのかかわり

中国宋代の仏教書『楽邦文類《らくほうもんるい》』は、智覚禅師（九〇四〜九七六）が禅と浄土のどちらを修行すべきか決めるために、二つのくじをつくり、仏に祈って七回引いたところ、すべて浄土のくじが出たことを伝える。

僧侶が修行上の重要事を決めるためにくじをもちいた例としては、日本では華厳宗《けごんしゅう》の僧　明恵《みようえ》（一一七三〜一二三二）の例がよく知られている。明恵の伝記『高山寺明恵上人行状』に、その様子が詳しく記されている。

明恵は仏教の祖である釈迦を恋慕して天竺《てんじく》の仏跡を巡礼したいと長く願っていたが、一度目の天竺行きの計画は春日明神の託宣により断念せざるをえなかった。それでも、釈迦の聖地である天竺を恋慕する気持ちは抑えがたく、再び天竺行きを企画したが、具体的な計画を立てようとするたび信じがたい腹痛が襲ったという。不思議に思って、神仏の判断を仰ぐため、神仏の前でくじを引くことにした。日ごろから深く信仰している本尊の釈迦如来、春日明神、善財童子《ぜんざいどうじ》の三ヵ所に「渡るべし」「渡るべからず」の二つをそれぞれ供え、本尊のくじは明恵自身が、残りは弟子が精進潔斎して引くことにしたところ、いずれも「渡るべからず」であった。このとき本尊の前のくじは一つが下にころげ落ち、壇上に残ったのは「渡るべからず」であったという。この結果によって、明恵は天竺行きを断念したと伝えられている。

夢や託宣の真偽を知る

ここで注目されるのは、春日明神の託宣の真偽を確かめるために神仏の前でくじを引いていることだ。当時は偽の託宣も多かったため、その真偽はしばしば疑われた。その際、真偽を見極めるのに重要な手段と考えられたのが、信仰する神仏に保証されるくじであった。

明恵より少し後に戒律を復興して活躍した律宗《りつしゅう》の叡尊《えいぞん》（一二〇一～九〇）は、弟子たちの修行の場所や袈裟《けさ》を縫う順番の決定など、教団の秩序を保つためにくじを多用した。その具体的なあり方は追塩千尋の研究に詳しいが、叡尊はくじを引く際の心構えとして、「私無く探を取れば、即ち当たるべきなり。衆生を利益する願をおこさなければ、鬮を何度取っても当たるべからず」、「心を発せずしては、探《さぐり》も当たらず」のように述べている。「探」は「くじ」のことである。悟りを求める菩提心を持って虚心にくじを引くことが重要だというのである。

神仏のお告げは夢を通して伝えられることも多く、夢想や夢告に対する信仰もあった。明恵が生涯にわたって夢を記録しつづけたことはよく知られている。叡尊も宗教体験として夢を重視していたが、奈良の西大寺《さいだいじ》に教団を確立してからは、夢よりもくじを重視するようになったという。仏前におけるくじは、夢よりも客観的かつ公平であり、集団の規範として有用であると判断されたためと考えられている（追塩千尋「叡尊における鬮と教団規律」）。

とはいえ、当時は個人のレベルでは夢を重視することが多かったようで、夢の吉凶を鬮で確かめることもあった。『多聞院日記《たもんいんにっき》』元亀元年（一五七〇）五月二十四日条には、興福寺の学僧多聞院英俊《えいしゅん》がくじを引いたときの記録がある。

英俊は身に覚えのないことを咎められて思い悩んでいた。そこで神前でくじを取ったところ、「そのような沙汰はない。心安かれ」という神判であった。またそのとき、昨夜の夢の吉凶をくじで占ってみると「近々悦《よろこぶ》也」だったという。自分ではどうしようもない悩みがあったとき、そして自分が見た夢の吉凶を知りたいときに神前のくじで占っていたのである。

いま紹介した満済、明恵、叡尊、英俊はみな僧侶である。仏教僧が神前でくじを引くことを不審に思う人もいるかもしれないが、当時の日本では神と仏をあわせまつることが一般的であり、次にあげるように仏教にはくじに関する経典もあったから、僧侶にとってくじはなじみ深いものだった。

仏教のおみくじ

現在まで日本で流布している仏教のおみくじは、宋代につくられた『天竺霊籤《てんじくれいせん》』にもとづく観音菩薩の漢詩みくじ、いわゆる観音籤《かんのんせん》である。これについては「漢詩みくじの伝来と展開」で後述するが、観音籤以前から、中国にはおみくじに関する経典があった。『仏説灌頂梵天神策経《ぶっせつかんじょうぼんてんしんさくきょう》』や『占察善悪業報経《せんさつぜんあくごうほうきょう》』である。

『仏説灌頂梵天神策経』は『仏説大灌頂経』第十巻に収められている。五世紀の中国でつくられた偽経と考えられているが、奈良時代以降に日本にも伝わり、東大寺写経所などで多く書写されている。梵天のお告げとされる五言八句の百首の偈《げ》を竹簡《ちくかん》や布帛《ふはく》に記して五色の絹の袋に納め、その中から無作為に探り取って占うものである。

『占察善悪業報経』は地蔵菩薩の信仰を説いたもので、『占察経』とも言う。隋代に菩提《ぼだい》灯《とう》が訳したと伝わるが、偽経とみられている。そこに「木輪占察法」と呼ばれる投げくじの方法が説かれている。直径一寸（約三センチ）ほどの八角形の木片を清浄な敷物の上に投げ、そこで出た木片上の文字によって人の善悪の業の深さや種類、現世の苦楽や吉凶などを占うのだという。

この『占察経』に室町幕府第四代将軍の足利義持《あしかがよしもち》も関心を寄せていた。室町中期の公卿広橋兼宣《ひろはしかねのぶ》（一三六六〜一四二九）の日記『兼宣公記』に応永三十年（一四二三）三月六日から八日にかけて僧雲窓《うんそう》が義持に占察経を講義したという記事がある。

江戸時代中期（享保年間）の仏教事典『真俗仏事編』巻一「御鬮」の項には、「鬮に品あり」として、先にあげた「梵天神策経」「仏説占察経」と『楽邦文類』の智覚禅師の例があげられており、『仏説灌頂梵天神策経』と『占察善悪業報経』がおみくじの経典として認識されていたことも知られる。

さらに、同書に「問ふ、御鬮は吾が国俗なるか、復《ま》た仏教に出でたるか。答、仏経に出でたり」という問答があるのも注目される。おみくじが日本の風俗なのか、仏教由来のものかという疑問に対して、「仏経に出でたり」、つまり、仏教経典の中に出てくるから仏教由来だと答えている。こうした疑問が出されるのは、当時からおみくじのルーツについて議論があったということだろう。

三度鬮

プロローグでも紹介したように、おみくじには、三度引いて物事を判断する「三度鬮」という引き方があった。その代表的な例が、永享五年（一四三三）八月、第二十一代勅撰和歌集『新続古今和歌集』の撰者を決定するためにおこなわれた三度鬮である。『満済准后日記』永享五年八月十五日条・十七日条に、その様子が詳しく述べられている。

『新続古今和歌集』は『古今和歌集』に始まる勅撰和歌集史の最後を飾る勅撰和歌集で

ある。それを企図したのは室町幕府第六代将軍の足利義教。先に述べたように、くじで決まった将軍である。義教は足利尊氏《たかうじ》・義詮《よしあきら》・義満《よしみつ》の三代にわたって続く将軍主導の勅撰和歌集編纂の伝統を受け継ぐため、歌道家の飛鳥井《あすかい》家を継いだ飛鳥井雅世《まさよ》と二条派の歌学を継承し歌壇で重んじられた尭孝《ぎょうこう》僧都らを撰者の候補とした。現代であれば、それで決定となるだろうが、そうではなかった。将軍の護持僧で幕府の政治顧問でもあった満済に相談し、撰者について神慮をうかがうため、和歌の神である住吉《すみよし》と玉津島《たまつしま》の神前でみくじを取ることにしたという。

満済の記すところによれば、住吉のみくじを飛鳥井雅世に、玉津島のみくじを尭孝に取らせたという。そのとき用意されたのが「三度鬮」である。「不」と「可」のくじを各三つずつ、合計六つのくじを二社分用意し、六つから三つを取るというものだった。続飯《そくい》という飯粒を練ってつくる糊で封をして、上に満済の名を記したという。結果は、飛鳥井雅世の取った住吉は「可」が二、「不」が一、尭孝の取った玉津島は三つとも「可」。この結果は住吉・玉津島の両神が雅世と尭孝を撰者として承認したことを示すもので、この上なく「珍重」で「奇特殊勝」のものとして受け止められた。

これによって、勅撰和歌集を下命すべきことを将軍が朝廷へ申し入れ、後花園天皇による撰集下命となった。こうして撰者として飛鳥井雅世が、編集の事務をつかさどる和歌所開闢《かいこう》として尭孝が晴れて任命されたのである。

俳諧の確立とくじ

俳諧の祖とされる荒木田守武《あらきだもりたけ》（一四七三〜一五四九）も、後に文学史の画期となる決断をするために神前でくじを取った。

伊勢内宮の神官であり、宗祇《そうぎ》・宗長《そうちょう》らに連歌《れんが》を学んで連歌師としても活躍していた守武は、座興として詠み捨てられていた俳諧を正式な文芸とするべく、ひとりで千句を詠む独吟俳諧千句を伊勢大神宮に奉納することを立願したが、四年も実現できずにいた。それを「そらおそろしく、いかがはせん」と悩むあまり、伊勢大神宮の前でくじを取ったのである。「一」が出れば従来の連歌形式で、「二」が出れば俳諧の新しい形式でと決め、「二下《お》りよ」と念じたところ、「二」が出たという。このことは『守武千句』跋文に記されており、「ありがたさ限りなく」という守武の心情も吐露されている。跋文には、通常は三日で千句詠むことができるが、思いのほかに長引いて五日かかったともある。史上初の試みをやり抜くためには、神前におけるくじによる承認が不可欠だったのだろう。

こうして、天文九年（一五四〇）、初の千句形式の俳諧作品『守武千句』が完成し、伊勢大神宮に奉納された。これまで連歌でおこなわれていた千句を俳諧でおこない、千句という正式の形を俳諧に与えて神に奉納したことで、俳諧が連歌と並んで価値を持つものとなった。神前のくじによる後押しで、俳諧という形式が確立し、後に俳諧が盛行する端緒となったのである。

一・二・三の数目

守武の取ったくじは一と二の二択だったが、戦国時代になると、一・二・三の数目をもちいたおみくじの例が資料に見えるようになる。

戦国時代の武将たちは生死にかかわる合戦にあたり、神仏の前でくじを引いた。明智光秀《あけちみつひで》（?～一五八二）の逸話は有名である。光秀が本能寺攻めの前に武運守護の勝軍地蔵《しょうぐんじぞう》をまつる愛宕山《あたごやま》の太郎坊（奥の院）御前でくじを引いたところ凶が出たので、もう一度引くとまたも凶、三度目にようやく大吉が出たという。この話は織田信長を主人公とする軍記物語『信長公記』（一五九八年成立）にしか収められていないため、おそらく光秀の死の予言として脚色されていると考えられるが、実際のところ、当時の戦国大名たちは合戦の前に神仏の前でくじを引いていたのである。それは一体どのようにおこなわれていたのだろうか。

薩摩の戦国大名島津《しまづ》氏は、戦いの日時や攻め込むべき方角を霧島社《きりしましゃ》（現在の霧島神宮、鹿児島県姶良《あいら》郡霧島町）のくじによって決めていた。島津氏の重臣上井覚兼《うわいかくけん》の日記には、肥後《ひご》の益城《ましき》郡堅志田口《かたしだくち》をどう攻めるかについて出陣中に大口郡山寺《おおくちこおりやまでら》で祈念して、「一ならば御陳（陣）、二ならば御働、今少しく御思案入るべく候ふは白鬮」（『上井覚兼日記』天正十一年〈一五八三〉十月十七日条）というくじを引いたという。つまり、「一」を書いた紙、「二」を書いた紙、「白鬮」の三つを用意したのである。「一」の「御陳《（陣）》」は包囲を続ける、「二」の「御働」は総攻撃する、「白鬮」は少し様子を見ることを意味する。

戦い方までくじ頼みというのは思考力や判断力がないと思うかもしれないが、そうではない。「能々《よくよく》御談合候ひて、其上の御鬮、肝要に思し召され候ふ」（『上井覚兼日記』天正十三年九月十九日条）とあるように、議論を尽くしたうえで、それでも決まらなかった場合に神仏の意志をうかがうおみくじが重視されたのである（小和田哲男『呪術と占星の戦国史』）。

島津氏がおこなっていたようなおみくじは、十八世紀のはじめ、江戸時代の中ごろには一般的になり、社寺を問わずおこなわれていたようである。神道辞典『神道名目類聚抄』巻六（一七〇二年刊）の「御鬮」の項目に、その引き方が紹介されている。お祓いをしたみくじ箱の竹筒に「一」「二」「三」の数字を記した串を入れ、神前で自分が聞きたいことについて「そのことが吉なら一」「凶なら二」などと決め、神に祈ったあと竹筒から串を引いて神意をうかがうとある。絵入百科事典『和漢三才図会』巻七十（寺島良安編、一七一二年成立）の「大慈山小松寺」の項目にも、一・二・三の数目をもちいて、「一」であれば吉、「二」は半吉、「三」は凶とする引き方が紹介されている。

この時代の笑話に、こうした数目をもちいたくじを三度引いたというネタもある。『軽口星鉄炮』巻之二（噺本大系七巻所収）に載る「伏見の富」という話を紹介しよう。

あるところに貧乏な人がいた。生活に困窮し、なんとか一儲けしようとして伏見の富くじに金を出したが当たらず、乏しい元手もなくなってしまった。どうしようもなくなったので、今度は稲荷塚のみくじを取り、その結果の通りにしようと伏見の稲荷塚に向かった。そこで、二百匁の勝ちに当たるなら「一」をくださいといって、みくじ筒を振ったところ「二」が出た。再び振っても「二」、三度目も「一」が出たので、疑いのないお告げだと思い、お金を用意して富くじに入れたが、また外れた。あまりに悔しく、帰りに稲荷塚でみくじ筒を壊してみると、筒の中から一が三本出てきたという。

それは合わぬも道理というオチだが、こうした笑話がつくられるほど一・二・三の数目による三度鬮が知られていたということである。

御祓鬮　江戸時代には、祈禱にもちいる御幣《ごへい》を使って神意をうかがうおみくじもあった。『神道名目類聚抄』巻六の「御鬮」の項目に、諸社でおこなわれた「御祓鬮《みはらいくじ》」の方法が記されている。吉凶や願いごとを書いてたたんで丸めた紙を複数置いておき、それを御幣で撫で、その紙垂《しで》に付着したもので吉凶を定めるという。この方法について「古風にして質朴正直なる法なり」とも書かれている。たしかに、中世までの神前・仏前におけるくじの系譜につながる古風なものであり、御幣で撫でると無作為に紙が付着するというのは神意による神秘性も感じられる。

こうした占い方法は、現代でも各地の神事に伝えられている。防府《ほうふ》天満宮（山口県防府市）では御神幸祭のなかで「お籤上《くじあ》げ神事」がおこなわれ、神前における神籤《かみくじ》で神事の最高責任者である大行司役・小行司役が決定されている。この神事は承安三年（一一七三）から始まったと伝わり、候補者のくじを御神前へ供え、宮司が祝詞を奏上した後、大幣《おおぬさ》でくじを撫で、そこに付着したくじで大小行司役が決定するという。

神社や神事で役職を決めるためにくじを引くことは中世からおこなわれていた。伊勢の内宮と外宮の禰宜職の故実を記した『二宮禰宜補任至要集《にくうねぎぶにんしようしゅう》』によれば、永享八年（一四三六）、くじによって内宮の禰宜職が任ぜられたのが最初だという。賀茂別《かもわけ》雷《いかずち》神社でも神社の諸役職をくじで決める慣行があった。天文三年（一五三四）から慶長二年（一五九七）の賀茂別雷神社の氏人《うじびと》のくじ取りによる諸役職就任の次第が「氏人中鬮取過目録」に記録されており、くじで就任した人の数は六十四年間で総勢二百六十八名にのぼるという（須磨千穎「賀茂別雷神社「氏人中鬮取過目録」に関する覚書（上）」）。

村落の氏神の祭祀を一定の人々がおこなう宮座《みやざ》でも、神主や祭礼頭役《とうやく》がくじで決められていた。日本各地の宮座を調査した肥後和男『宮座の研究』は、宮座でもちいられていたみくじとして玉籤《たまくじ》・振籤《ふりくじ》・引籤《ひきくじ》をあげている。

「玉籤」は、「おはらいみくじ」とも呼ばれた。人名を書いた紙を丸めて玉とし、それを御祓札で引き上げるもので、宮座において最も多くおこなわれていたという。これは先に紹介した『神道名目類聚抄』の「御祓鬮」に相当する。「振籤」は氏名を書いた棒を箱に入れて振り出すもので、「引籤」は印を付けた籤を引き当てるものである。引き方はさまざまだが、すべてを神の意志に任せるという精神にもとづくとされる。

ここまで神仏の前で引くくじの諸相を見てきたが、いずれも神仏の前で祈願して占う点で共通する。

おみくじの平等性

明治改元にあたっては、「明治」という年号がくじで選ばれた。明治政府副総裁であった岩倉具視《いわくらともみ》が「菅原家ノ堂上」に命じて奉らせた年号の中から学者の松平慶永が二、三の良案を選び、それを天皇に上奏した。天皇は慶応四年（明治元年）九月七日の夜、宮中の賢所《かしこどころ》でくじを引き、「明治」の号が選ばれたのだという（所功『年号の歴史』）。

くじは現代でも活用されているが、その多くは神仏の前で引くわけではない。たとえば、八坂神社の祭礼である祇園祭《ぎおんまつり》の山鉾《やまほこ》巡行の順番は伝統的にくじで決められている。山鉾巡行の先陣争いが絶えなかったことから、応仁の乱後の明応九年（一五〇〇）に祭が再興された際、くじ取りの儀式が始まったという。現在は京都市議会議場で京都市長をはじめ、八坂神社宮司や祇園祭の関係者が集まって「くじ取り式」がおこなわれているが、江戸時代には京都所司代《きょうとしょしだい》の立ち会いのもと六角堂（京都市中京区）でおこなわれていた。

より身近な例に、プロ野球のドラフト会議の入札抽選制がある。各球団が希望する選手を順に指名し、指名が重なった場合、くじ引きによる抽選で指名権が決まる制度だ。このとき、くじは各球団が新人選手を獲得する際に平等な権利を持つことを保証している。仮に抽選がなければ、多額の契約金を提示する資金力のある球団が有利になってしまう。ドラフト会議のくじ引きはゲームとしてのプロ野球を盛り上げるための土台として機能している。

このように、くじの平等性は今も昔も変わらない。しかし、これまで見てきたように、かつては天皇や将軍、勅撰和歌集の撰者の決定、戦の日取りや方角、一世一代の俳諧の奉納、神社や祭祀の諸役決め、国家から庶民に至るまで、重要なことを決めるときに神仏の前でくじを引いた。なぜ神仏の前で引く必要があったのだろうか。宗教と政治が切り離された現代では忘れられがちだが、神仏の威信は今とは比べものにならないほど大きく、朝廷や幕府、氏族のよりどころとして篤く信仰されていた。信仰する神仏の前で祈念して選び取られたものだからこそ、くじは格別の重みを持ち、人々の求心力として機能したのだろう。

漢詩みくじの伝来と展開

なぜ漢詩？

プロローグで書いたように、おみくじは神仏のお告げである。その形式でおみくじを分類すると、漢詩みくじ、和歌みくじ、詩歌の記されていないそれ以外のおみくじに大別できる。このうち、現在のおみくじのように一枚の紙に吉凶・お告げ・項目ごとの解説を記す形式のルーツは漢詩みくじにある。まずは、その歴史をひもといていこう。

漢詩みくじは仏教寺院に多い。なぜお寺のおみくじには漢詩が書かれているのだろうか。それは日本に伝えられた仏教経典が漢文で書かれていたからである。

インドで生まれた仏教はシルクロードを経て中国に伝来し、漢訳されて日本にもたらされた。仏教経典には仏菩薩の思想や感情をあらわす詩句が含まれており、それは「偈《げ》」といわれる四句の詩で訳されることが多かった。その形式が中国のおみくじにもちいられ、日本にもたらされた。だから、お寺のおみくじは仏菩薩のお告げを漢詩であらわした「漢詩みくじ」が主流なのである。

そのため、現代でも漢詩みくじの主流は中国伝来のものである。先に仏教系のおみくじとして『仏説灌頂梵天神策経』や『占察善悪業報経』を紹介したが、これらは一般におこなわれたものではなかったらしい。流布していたのは、観音菩薩のお告げである観音籤、法華経の偈句をもちいた法華みくじ、『三国志』でよく知られた武将関羽のおみくじとされる関帝霊籤《かんていれいせん》だった。このうち、漢詩みくじの主流として現代まで続いているのが観音籤である。

観音菩薩のおみくじ

十三世紀の中国では観音菩薩のおみくじが二種類あったという。中国南宋の仏教書『釈門正統《しゃくもんせいとう》』（一二三七年撰）や『仏祖統記《ぶっそとうき》』（志磐著。一二六九年成立）は、観音菩薩の化身の述と伝わる「大士籤」として、「天竺百籤」と越《えつ》の円通による「百三十籤」があることを伝える。このうち「百三十籤」は未詳だが、「天竺百籤」は現代まで漢詩みくじの代表として流布している。

「天竺霊籤」は、五文字×四句の漢詩、いわゆる「五言絶句」によるおみくじだ。第一番の大吉から第一百番の凶まで百種類の漢詩によって吉凶を占う。十五世紀のはじめまで

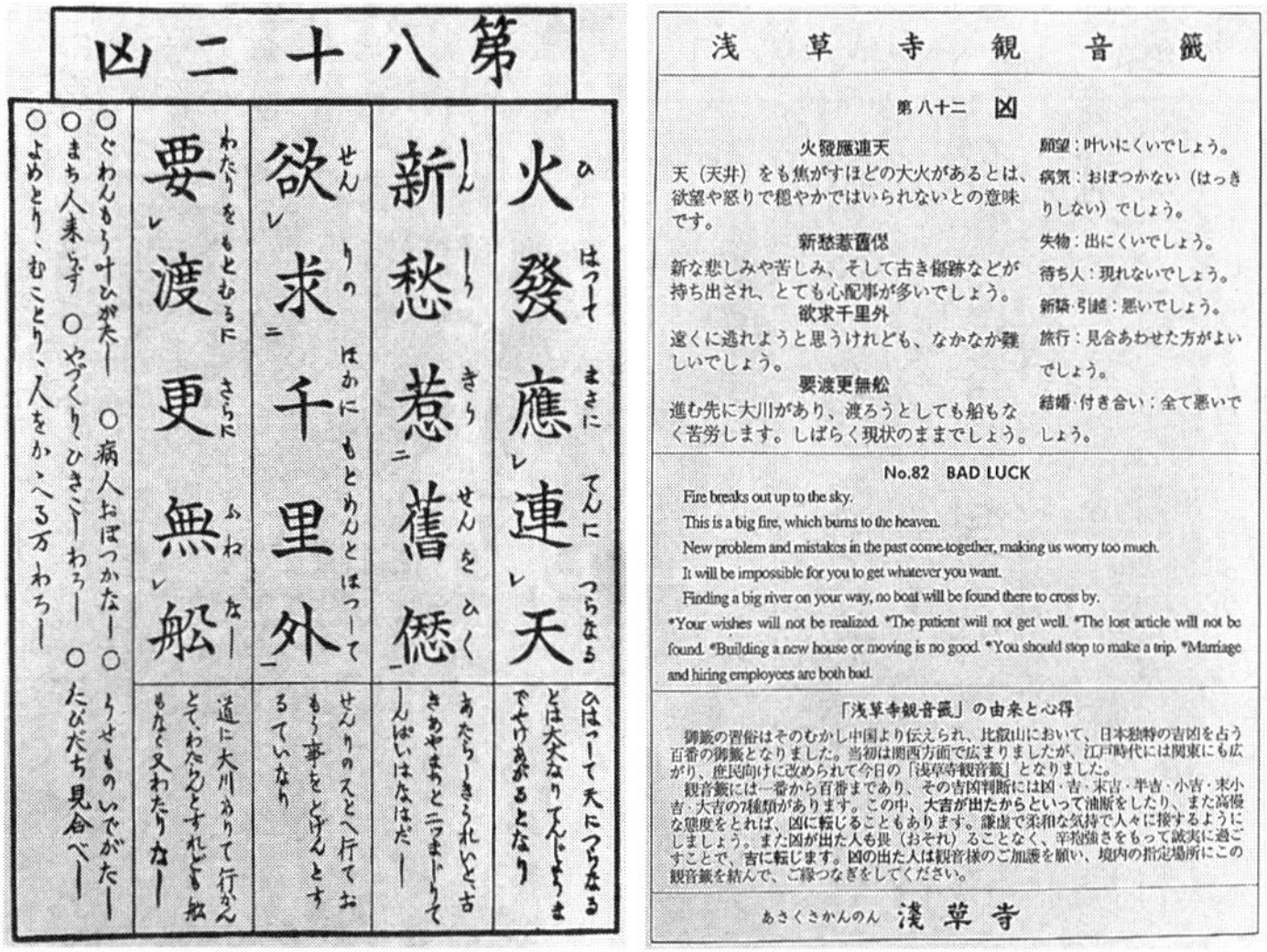

図5　浅草寺観音籤

に日本にもたらされ、江戸時代に大流行して書物としても版を重ねた。江戸時代までは神仏習合が一般的であったため、神社でも仏教系の観音籤が多くもちいられていたらしい。明治維新の神仏分離以後、神社の観音籤は少なくなったが、寺院では現在もこのおみくじが主流である。

雷門《かみなりもん》で知られる浅草寺《せんそうじ》（東京都台東区）では、伝統的な漢詩みくじの特徴を持つ観音籤を引くことができる（図5）。観音籤は観音菩薩のお告げであり、聖《しょう》観音菩薩を本尊とする浅草寺は観音籤を引くのにふさわしい。東京を代表する観光地として海外からの参拝者も多いため、裏面に英訳もあるが、その内容は江戸時代の観音籤にもとづいている。浅草寺観音籤は凶が多いことでも知られ、全百本のうちの三割が凶だが、それは江戸時代の観音籤を生かしているからだ。

古くからのおみくじは凶が多いが、現代のおみくじは凶が少なくなっており、凶のないおみくじも増えている。凶を引くと落ち込む人は多いだろうが、漢詩や解説を読んでみると、その内容は悪いことばかりではない。むしろ今後に向けてのアドバイスが含まれており役に立つのである。観音籤から例をあげてみよう。

第二十八　凶

意速無船渡（意速《すみ》やかにして船の渡る無し）
波深必悞身（波深くして必ず身を悞《あやま》らん）
切須回旧路（切《せつ》に須《すべか》らく旧路に回《かえ》るべし）
方可免災迍（方《まさ》に災迍《さいちゅん》を免るべし）

解釈：気は焦るが渡し船はない。泳げば波が激しく、きっと溺れてしまう。もとの路に帰るべきだ。そうすれば災難を免れるだろう。

前半の二行「意速やかにして船の渡る無し、波深くして必ず身を悞らん」は、先に進みたいと焦っても、そのすべはなく、無理にやろうとしても失敗してしまうということだが、後半の二行「切に須らく旧路に回るべし、方に災迍を免るべし」には、もとの道に戻れば災難を免れられるというアドバイスがある。つまり、この漢詩が伝えているのは、いまは物事を焦って進めるとよくないので、気を長くして時機を待つのがよい、あるいは拠点に帰って体制を整えるのがよいということになる。このように、凶だからといって一概に悪いことばかりではなく、今後のためのアドバイスも含まれているのである。

観音籤のルーツ
―中国宋代の『天竺霊籤』

観音籤は十五世紀のはじめ、室町時代までには日本へもたらされていた。天台寺《てんだいじ》（岩手県二戸市）には、応永十六年（一四〇九）の銘を持つ「天竺霊感観音籤」の籤筒がある。これは日本で年代の知られる最古の観音籤で、このころには観音籤がおこなわれていたことが知られる。籤筒の銘には天台寺三十八代の別当である白雲道山が中国伝来の籤本の竹簡を写したとあり、籤筒に納められた竹簡には観音籤の漢詩が墨書されているという（司東真雄「天台寺什物の応永銘「観音籤」考」）。このころの観音籤は現在のような紙片ではなく、竹簡に記載されたものであった。

天台寺の観音籤は、南宋時代（一二二七～一二七九）に中国杭州の上天竺寺で観音菩薩のお告げとして流布した『天竺霊籤』にもとづいている（酒井忠夫「中国・日本の籤」）。

中国において、おみくじは「霊籤」「籤詩」などと呼ばれていた。十世紀の宋代にはさまざまな霊籤が盛行し、明・清の時代には全盛期を迎えたという。明代の中ごろ、正統年

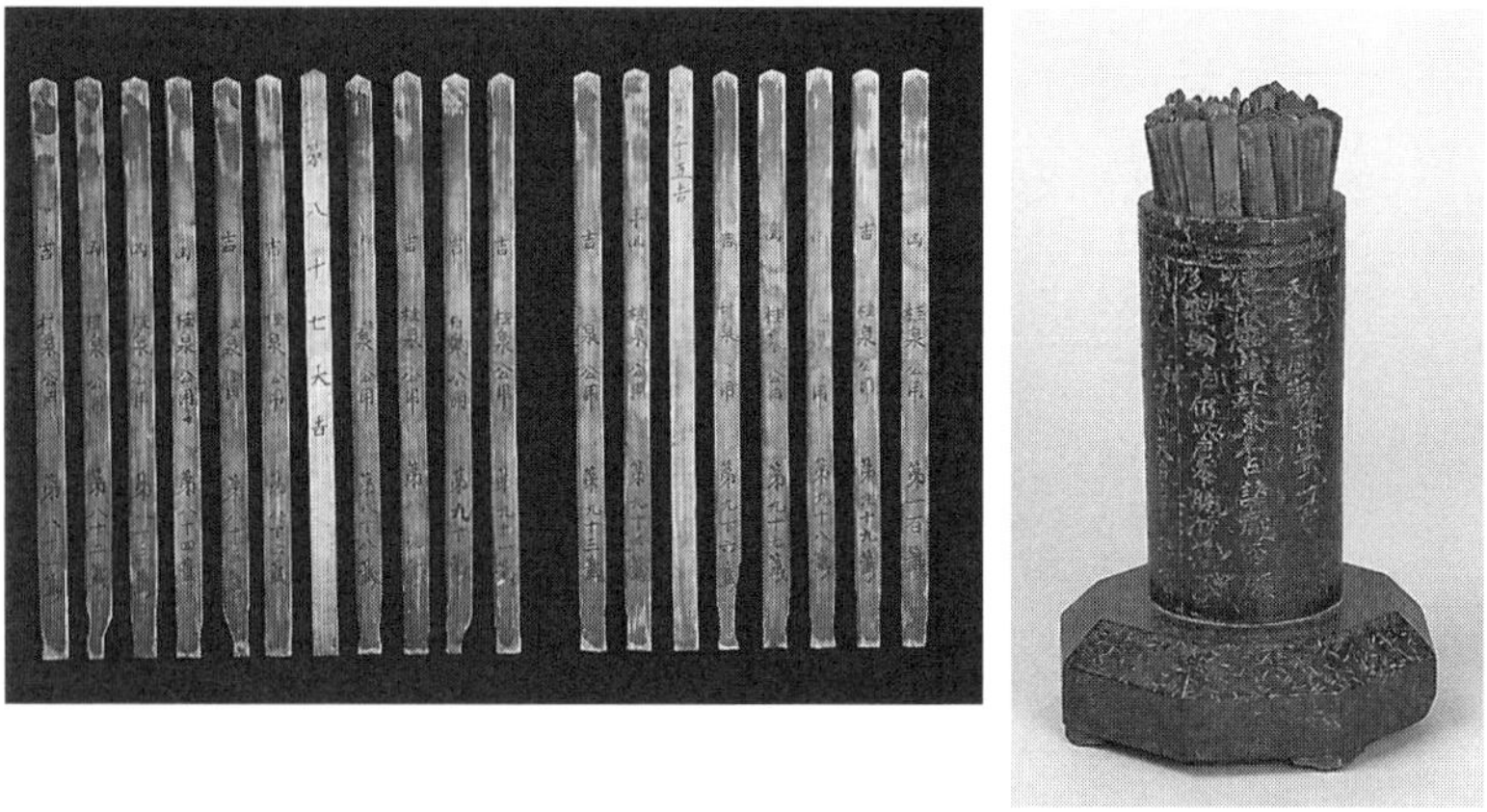

図６　観音籤および筒（天台寺所蔵，岩手県立博物館提供）

間（一四三六～四九）に刊行された道教の経典の集成である『正統道蔵《せいとうどうぞう》』（一四四六年刊）や『万暦続蔵《ばんれきぞくぞう》』（一六〇七年刊）にも、八種の霊籤が収められており（酒井忠夫他「中国の籤と薬籤」）、当時の中国で、さまざまな霊籤がおこなわれていたことがわかる。こうしたなか、現存する『天竺霊籤』は宋の嘉定《かてい》年間（一二〇八～二四）に刊行され（鄭振鐸編『中国古代版画叢刊』第一冊所収）、中国で流布した霊籤の中でも現存最古のものである。『天竺霊籤』の名は中国杭州の上天竺寺でつくられたことに由来する。上天竺寺は観音の霊場として知られる古刹で、寺の観音像を母体とする観音信仰が宋代ごろから広がっていたという（石川重雄「伝統中国の巡礼と天竺進香」）。

なお、観音籤は現在、台湾や香港の仏教寺院でも普及しているが、それらと『天竺霊籤』にルーツを持つ日本の観音籤の漢詩は異なっている。『天竺霊籤』は日本で継承されたが、現在の中国では廃れてしまったのである。

小松寺所蔵の正本

すでに述べたように、中国で生まれた『天竺霊籤』は十五世紀のはじめには岩手の天台寺でもちいられていた。天台寺の別当が中国伝来の霊籤を竹簡に写したものだが、はたして中国伝来の天竺霊籤をどこで見たのだろうか。行基《ぎょうき》が開創したと伝わる天台寺は奥州における天台宗の拠点で、天台宗総本山である比《ひ》叡山《えいざん》とのつながりも強かったとされることをふまえると、比叡山に『天竺霊籤』が伝来し、天台寺の別当がそれに接した可能性はある。

比叡山の『天竺霊籤』が寛文元年（一六六一）に大慈山《だいじざん》小松寺《こまつじ》（岐阜県関市）にもたらされたという伝承もある。尾張国の一宮真清田《ますみだ》神社の神職であり郷土史家でもあった佐分《さぶり》清円《きよのぶ》（一七六五年没）が著した『美濃国古蹟考』巻十五「小松寺」の項目によれば、寛文元年に黄檗宗《おうばくしゅう》の潮音道海《ちょうおんどうかい》が小松寺を復興するために入寺した際、叡山から『天竺霊籤』が密かに伝えられたという。これは天台寺の霊籤から二百五十年以上経ってからのことだが、寛文元年に小松寺に伝えられたのが事実であれば、比叡山にはそれ以前から『天竺霊籤』が存在したと考えられる。

道海が小松寺に『天竺霊籤』を伝えたとされる翌年の寛文二年、その解説本である『天《てん》笁霊感観音籤頌百首《じくれいかんかんのんせんじゆひやくしゆ》』が日本で刊行された。跋文に「天笁霊感観音籤一百頌、濃州大慈山小松寺之正本ヲ以テ校正ス」とあり、この書が小松寺にあった正本をもとに校正されたことを伝える。この一文は、以後の初期のみくじ本の奥書にも同様に記載されている。

江戸時代を代表する百科事典『和漢三才図会《わかんさんさいずえ》』巻七十（一七一二年成立）の「小松寺」の項目にも、観音の百籤は中国の天笁寺から伝わったもので、日本では天台宗の小松寺をはじめとするとある。

以上から、天笁霊籤の正本が「大慈山小松寺」に存在したというのが定説として当時広まっていたことがわかる。

元三大師との結びつき

中国の『天笁霊籤』は、日本では「元三大師御籤《がんざんだいしみくじ》」と呼ばれて江戸時代に大流行した。なぜ「元三大師」と関連づけられたのだろうか。

元三大師とは、平安時代に天台座主として比叡山を中興した良源《りようげん》（九一二〜九八五）のことである。正月三日に逝去したので元三大師という。密教修法に優れて神通力もあったとされ、鎌倉時代から良源の木像や絵像には魔除けの霊験があるというので厚く信仰された。現代でも天台宗の寺院では鬼の姿をした良源を描いた角《つの》大師、魔滅大師（豆大師）のお札が授与されている（図7）。

この良源は観音菩薩の化身と信じられていた。山城国《やましろ》の地誌『雍州府志《ようしゆうふし》』巻四（一六八四年序）の真正極楽寺《しんしょうごくらくじ》（鈴鹿山《れいしょうざん》・真如堂《しんにょどう》）の項によれば、本堂の北に元三大師堂の像があり、三月十八日と二十八日のご開帳の際にはくじを引く人が絶えなかったという。そして、このくじは、良源が観音の化身であることから「観音百籤」をもちいたと説明されている。つまり、観音菩薩のつながりによって、観音菩薩のおみくじである『天竺霊籤』が日本の元三大師良源に結びつけられたというわけである。

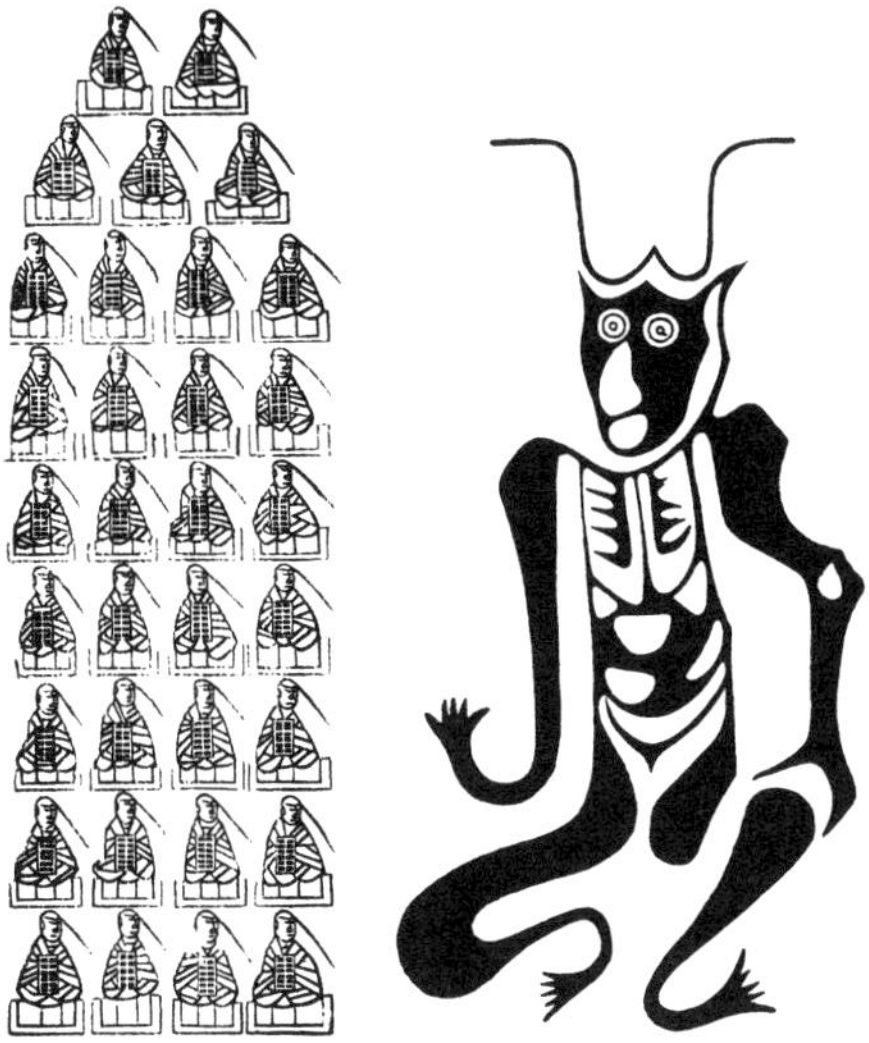

図7　角大師（右），豆大師（左）（寛永寺開山堂の護符）

そのため、現在も、比叡山延暦寺（滋賀県大津市）、東叡山《とうえいざん》寛永寺（東京都台東区）、喜多院《きたいん》（埼玉県川越市）、廬山寺《ろざんじ》（京都市上京区）などの天台宗寺院や、観音菩薩を本尊とする清水寺《きよみずでら》（京都市東山区）、長谷寺《はせでら》（神奈川県鎌倉市）などで観音籤が授与されている。それ以外でも、東大寺《とうだいじ》（奈良市）、成田山新勝寺《なりたさんしんしょうじ》（千葉県成田市）など、宗派を問わず伝統のある有名寺院の多くで観音籤がもちいられており、寺院のおみくじといえば観音籤といえるほどである。

中国伝来の観音籤がなぜ日本で「元三大師御籤」として流布したのだろうか。それは、江戸時代初期、天台宗の高僧・大僧正天海《てんかい》（一五三六？〜一六四三）による元三大師信仰の影響によると考えられている（宇津純「元三大師とおみくじ」）。

プロデューサー天海の霊夢

天海は天台宗の高僧で、家康《いえやす》・秀忠《ひでただ》・家光《いえみつ》三代の将軍に仕え、江戸幕府の宗教政策のブレーンとして活躍した人物である。武蔵国川越の喜多院を中興し、東叡山寛永寺を上野に創建して江戸を守護する役割を担わせ、関東における天台宗の勢力を拡大した。三代将軍徳川家光の後継ぎ出生祈願の際には、良源が冷泉・一条両帝出生に効験《こうけん》のあった故事にあやかり、良源の絵像を寛永寺に安置したところ、寛永十七年（一六四〇）に男子が誕生した。のちの家綱《いえつな》である。こうして天海によって良源の霊験が広く知らしめられたのだった。

その後、天海が深くかかわった寛永寺と喜多院では良源と天海をあわせまつり、慈眼大師（天海）と慈恵大師（良源）の二人を両大師と呼んで、その御堂が建立された。

江戸中期の川柳に次のような句がある。

両大師五言絶句のものを言ひ　（雑俳『さくらの実』七、一七六七年）

この「五言絶句」は五言四句の漢詩による観音籤をさす。両大師が五言絶句のものを言うというのは、この観音籤が慈恵大師良源のみならず慈眼大師天海のものでもあると理解されていたことを示すのだろう。

　享保十九年（一七三四）刊の『元三大師百籤和解《がんさんだいしひやくせんわげ》』序文は、中国の観音籤が日本に流布するきっかけは天海が霊夢で良源のお告げを受けたことによると述べている。そのお告げは、信州戸隠《とがくし》の神前にある観音籤を良源像の前に安置し、願望のある者が引けば吉凶禍福を知らせるというものだった。それにもとづき東叡山の両大師像の前に観音籤を置いて吉凶を占ったところ霊験あらたかであったという。

　この序文を載せる『元三大師百籤和解』は喜多院蔵の板木にもとづいて刷られている。版元は「東叡山　池の端」の「台宗書林　長谷川新兵衛」。川越の喜多院も東叡山の寛永寺も、良源と天海を両大師としてまつる寺院であり、天海の元三大師信仰の拠点である。この事実は、天海の拠点で観音籤が元三大師良源と結びつけられたことを示すものだろう。そして、そのきっかけは天海の見た霊夢にあった。

図８　天海（寛永寺所蔵）

この夢についてのより詳細で古い記述が胤海《いんかい》撰述『東叡山寛永寺元三大師縁起』（一六七九年刊）にある。それによれば、天海の夢中に良源が現れ、戸隠山（長野県長野市）の戸隠権現の神前にある観音籤を我が像の前に安置し、信者の願いにより籤を引けば吉凶を知らせようと告げたという。そこで天海は戸隠に使者をつかわし、その神前にある五言四句の占文を竹簡にうつし、それを入れた筒を振り、筒口から出た籤で神意をうかがったという。同書には、戸隠権現と良源は一体で、同時に大師は観音の化身でもあると述べられており、元三大師良源と観音の結びつきが明確になっている。

修験道の霊場として名高い戸隠山は、寺院統治の点でも天海と深くかかわる。明治時代の神仏分離後は戸隠神社となったが、江戸時代は天台宗寺院の戸隠山顕光寺《けんこうじ》の統治下にあった。天海は慶長十二年（一六〇七）に天台宗の探題執行《たんだいしゅぎょう》となり、寛永年間には延暦寺をはじめとして天台寺院の復興に尽力した。寛永二年（一六二五）、江戸に東叡山寛永寺を建立して天台宗統括の本拠地とし、寛永十年には戸隠山顕光寺に「越後・信濃両国天台宗法度条々」を下し、戸隠山を寛永寺の直接の支配下においた。この法度が出されたときの戸隠別当《べっとう》は天海の弟子とされる俊海《しゅんかい》である。

こうして江戸幕府は修験の聖地であった戸隠山を神領として崇めると同時に、別当を支配者とする天台宗寺院組織に組み込んだのだった（古川貞雄「戸隠神領の成立と展開」）。このような天台宗と戸隠山との結びつきを背景に、中国から伝来した観音籤が元三大師御籤として流布するようになったのである。

名所案内・俳諧の中のみくじ

先述の天海の霊夢を伝える『東叡山寛永寺元三大師縁起』は延宝七年（一六七九）に刊行された。じつはそれ以前から、京の名所案内記で比叡山の元三大師みくじが紹介されていた。明暦四年（一六五八）刊の『京童《きょうわらべ》』に「元三大師の絵像ありがたきみくじあり」とあり、その続編『京童跡追《きょうわらべあとおい》』（一六六八年刊）では、元三大師の霊前にあるおみくじがいかに的中するかについて、著者中川喜雲《なかがわきうん》が自らの体験をふまえて語っている。この『京童跡追』には、尊像に向かってみくじ箱を振る僧侶と占いの依頼者とおぼしい男の姿が描かれた絵もあり（図9）、おみくじをどのように引いていたかが知られる。僧侶が本尊の仏像に祈念してお

図9　比叡山横川元三大師堂のみくじ取り（中川喜雲撰『京童跡追』1667年序，国立国会図書館デジタルコレクション）

みくじを引き、そこで出た結果にもとづいて依頼者の相談事を解釈していたのである。

『京童跡追』の二十年ほど後から、江戸の名所案内で上野寛永寺の元三大師御籤が紹介されるようになる。貞享四年（一六八七）刊の江戸名所記『古郷帰《こきょうがえり》の江戸咄《えどばなし》』は、上野東叡山の元三大師御影の前で諸人がさまざまな願をかけて観音のみくじで吉凶を占うと、ひとつとして違うことなく当たると伝えている。

江戸の名所案内が元三大師の観音籤を紹介するようになったころ、俳諧でもそれが詠まれるようになった。江戸談林派による俳論書『談林功用群鑑《だんりんこうようぐんかん》』（一六七九年刊）下巻に収められた次の発句が、その古い例である。

待つ空や大師の御鬮やまざくら　　露沾《ろせん》

作者は内藤《ないとう》露沾（一六五五～一七三三）。松尾《まつお》芭蕉《ばしょう》との親交も知られる俳人である。「大師の御鬮」は江戸の東叡山寛永寺内の元三大師堂のおみくじを指す。山桜の咲くなかで待ち人をたずねて大師堂のおみくじを引く風景が目に浮かんでくる。プロローグで「捨てみくじ木々に花貸す大師堂」「木の枝に続く大師の捨御鬮」という川柳を紹介したように、上野の元三大師堂はおみくじの聖地であった。

僧侶の解説

現代では引いたおみくじは自分で読むが、先にあげた『京童跡追』の挿絵からうかがえるように、かつては社寺でおみくじを引くとその意味を解説する人がいたようだ。

十九世紀前半の名所旧跡の遊覧記『遊歴雑記《ゆうれきざっき》』初編一に、箭弓稲荷神社《やきゅういなり》（埼玉県東松山市）の繁盛ぶりが記録されている。そこには「神前には別当と覚しき僧御鬮の判断、卜筮《ぼくぜい》のいそがしさ、火防《ひよけ》の札、盗賊除けのまもり、護符・洗米に至る迄、男女むらがりつどいて喧《やかま》しきが如し」とあり、僧侶が稲荷の神前でおみくじの解説判断をしていたことがわかる。

この箭弓稲荷は当時、武蔵国で随一の稲荷社として栄えていた。そのはじまりは川越藩をおさめた松平氏が元和二年（一六一六）に社殿を造営したことで、そこに元三大師御籤流行の立役者である天海が招かれて福聚寺《ふくじゅじ》を建立し、その別当に任じられたのだという。天海ゆかりの寺社でおみくじが繁盛し、僧侶がその解説をしていたのである。

数は少ないが、現在でも比叡山横川《よかわ》の元三大師堂や神峯山寺《かぶさんじ》（大阪府高槻市）等、僧侶がおみくじの解説をおこなう寺院がある。

元三大師堂では、参拝者の代わりに僧侶がおみくじを引く。まず僧侶は参拝者からおみくじを引く目的を聞き、それがおみくじを引くのにふさわしい内容であれば、観音経などを唱えた後でみくじ箱を振っておみくじを取り、その結果を解説する。この流れを読んでおみくじを引くのにふさわしい内容とはどのようなものだろうと疑問に思った人もいるのではないだろうか。おみくじを運試しだと思っている人は多いが、もともとは、そのような軽い動機で引くものではなかった。先に述べたように、おみくじは本来、どうしても判断に迷うことについて神仏の意をうかがうものだから、おみくじにふさわしいのは、その人が心から迷ったり願ったりしていることなのである。

神峯山寺では元三大師御籤を元にした三十二首のおみくじの漢詩を僧侶に解説してもらえる。海外に目を向けると、おみくじの盛んな台湾では、現在でも台北の龍山寺をはじめ大きな寺院の境内にはおみくじを解説する人がいる。

みくじ本の流行

京都の名所案内記で元三大師御籤が紹介されはじめた寛文・延宝年間（一六六一〜八一）ごろ、観音籤にもとづくみくじ本が多く出版されるようになった。二又淳「元三大師御鬮本一覧稿」、大野出『元三大師御籤本の研究—おみくじを読み解く—』で紹介されている諸本に、国文学研究資料館、国立国会図書館、早稲田大学古典籍総合データベース等による検索結果も加え、観音籤・百籤・元三大師御籤で出版年の明らかな刊本を年次順に並べると次のようになる。なお、これ以外にも刊行年不明のものが多くある。

表1を見ると、観音籤は十七世紀の後半から十九世紀後半にかけて江戸時代を通して出版されている。このうち最も古いみくじ本は寛文二年（一六六二）の跋文を持つ1『天竺

表１　江戸時代に出版されたみくじ本一覧（出版年の明らかなもの）

番号	書　　名	年次等書籍情報
1	『天竺霊感観音籤頌百首』	寛文２年（1662）跋
2	『元三大師百籤』『比叡山元三大師御鬮之記』	貞享元年（1684）８月刊，村上勘兵衛刊
3	『観音百籤占決諺解』	貞享４年（1687）刊
4	『元三大師御鬮絵抄』	貞享５年（1688）刊
5	『元三大師御［鬮鈔弁］解』	貞享５年（1688）序
6	『天竺霊感元三大師御鬮鈔』	元禄８年（1695）刊
7	『観音籤註解』	元禄８年（1695）序
8	『元三大師御鬮抄』	元禄８年（1695）刊
9	『百籤鈔』	宝永５年（1708），正徳３年（1713）刊，宝暦２年（1752）再板，寛政10年（1798）新板
10	『画註元三大師御鬮詳解』	正徳３年（1713）開板，享保13年（1728）再板，安永４年（1775）再版，天明５年（1785）続刻
11	『元三大師百籤和解』	享保19年（1734）刊，文化10年（1813）刊
12	『元三大師御鬮抄大成』	宝暦９年（1759）再板
13	『頭書雑書　元三大師御鬮之記』	明和９年（1772）刊
14	『御鬮百籤解』	天明５年（1785）再版
15	『天明改正　元三大師御籤絵抄』	天明５年（1785）再版（原版は天和２年〈1682〉）
16	『元三大師御鬮』	享和元年（1801）刊
17	『元三大師御鬮諸鈔』	文化６年（1809）刊
18	『元三大師御籤鈔辨解』	正徳３年開板，宝暦元年改板，文政７年（1824）再刻（百籤抄の再刻）
19	『元三大師御鬮抄』	天保13年（1842）刊
20	『元三大師御籤絵鈔』	嘉永６年（1853）刊
21	『元三大師御鬮判断鈔』	文久元年（1861）刊
22	『御鬮鈔』	文久元年刊
23	『元三大師御鬮詞伝』	慶応４年（1868）刊

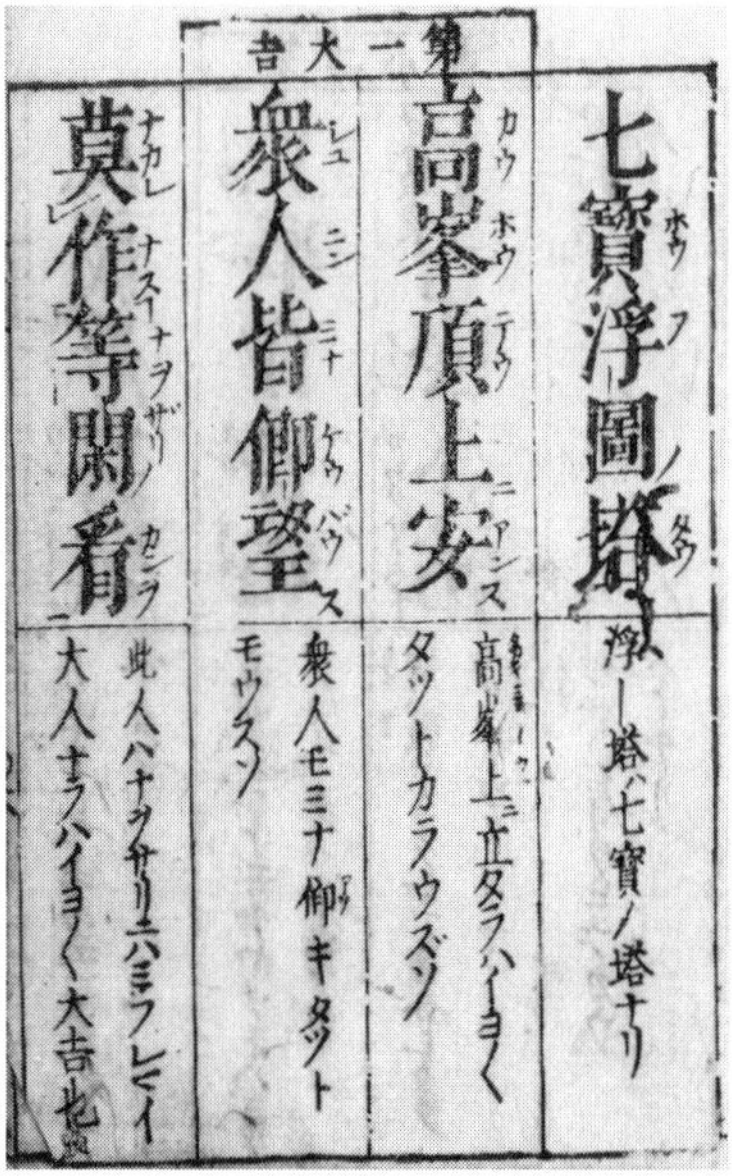
第一　大吉
七寶浮圖塔
高峯頂上安
衆人皆仰望
莫作等閑看

図10　『天竺霊感観音籤頌百首』（1662年跋，東海学園大学所蔵，国文学研究資料館国書データベース）

霊感観音籤頌百首』（東海学園大学他蔵）だ。この本では、まだ元三大師と結びつきはなく、序文で中国宋代の仏教書『仏祖統記』や『釈門正統』を引用して、この百籤が「（観音）大士ノ身ノ述ブル所」であり、天竺寺から出たものであることを記すのみである。おみくじの内容は、図10のように、番号と吉凶、五言四句の漢詩、各句のごく簡略な注があるだけで、詳しい解説はない。

それが2『元三大師百籤』『元三大師御鬮之記』（一六八四年刊）になると、挿絵が付き、「元三大師」を書名に冠し、序文で元三大師との関連にも触れている。先に述べたように、この五年前、延宝七年（一六七九）刊行の『東叡山寛永寺元三大師縁起』は天海が夢中で見た戸隠権現神前の観音籤を紹介し、戸隠権現と元三大師が同体であると述べているから、おそらく、その影響が以後のみくじ本にあらわれたのだろう。

観音籤への興味は元禄ごろから高まったらしい。元禄二年（一六八九）に刊行された智《ち》積院《しゃくいん》第七世の泊如運敞《はくにょうんしょう》著『谷響集《こくこうしゅう》』に「観音籤」の項目があり、「近頃、世間に観音籤なるものがあるが、誰が作ったものか」という問いに対して「菩薩の化身」が撰述したものと書かれている。徳川六代将軍家宣《いえのぶ》に仕えて幕政に貢献した新井白石《あらいはくせき》の日記にも、家宣に籤をさしあげたり（元禄十五年十一月五日条・元禄十六年正月十八日条）、観音籤の解説書を進上したり（元禄十六年正月三日条）という記事が見え、観音籤が活用されていたと知られる。

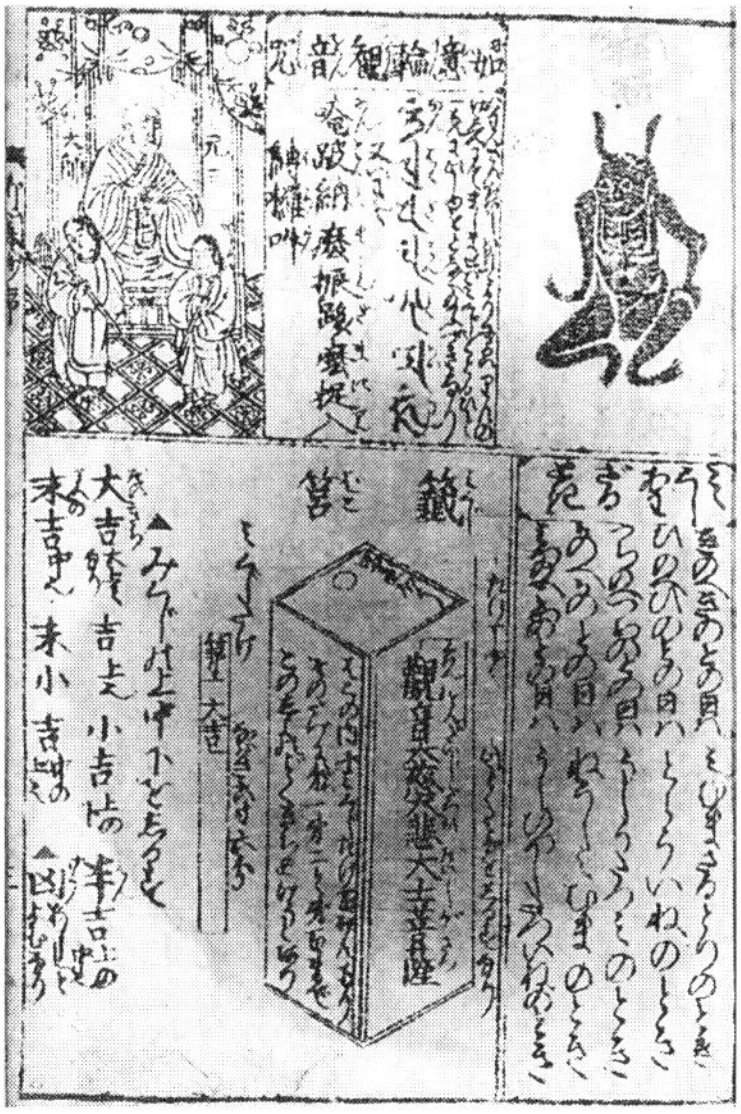

図11　『百籤鈔』（1752年刊，早稲田大学図書館所蔵）

さらに下って十八世紀前半の宝永・正徳年間に出版された9『百籤鈔』以後は（図11）、元三大師の御影や伝記、鬼大師の絵像などが記載されるようになり、元三大師との結びつきが強まっていく。

注と挿絵の変化

初期のみくじ本は五言四句の漢詩と挿絵を中心にしたものだ

ったが、3『観音百籤占決諺解《かんのんひゃくせんせんけつげんかい》』（一六八七年刊）以後、漢詩に項目別の注解が加えられるようになった。

『天竺霊籤』の注釈である1『天竺霊感観音籤頌百首』の注を見てみよう。図10の漢詩一行目「七宝浮図塔」の注「浮塔ハ七宝ノ塔ナリ」からわかるように、詩句の一部を解説する程度のごく簡略なものだった。

この本で注目したいのは、その注意書きである。このみくじで吉凶を決めるときには、上の五言四句の文言を「明鑑《めいかん》」として、その下にある注については「注は不定なり。事に応じて取り捨つべき」ものだという。つまり解説は定まったものではなく、占ったことがらに応じて取捨選択すべきだというのだ。このように、注解はその時々の悩みに合わせて解釈され、変化するものだった。

大野出は、こうしたみくじ本の注解のバリエーションに着目して時代による変遷を追い、注解の増補において画期となる本を指摘している（『元三大師御籤本の研究』）。その研究によれば、17『元三大師御鬮諸鈔』（一八〇九年刊）以後、漢詩の注解が長文化し、20『元三大師御籤絵鈔』（一八五三年刊）になると、注解がより長文化するとともに、神仏への信仰を促す要素が希薄になっているという。さらに、元三大師御籤は当時の生活占い百科事典ともいえる「大雑書《おおざっしょ》」にも収録されて一般に広まっていった。

注解だけでなく挿絵の変遷も注目される。初期のみくじ本である『天竺霊感観音籤頌百首』や『観音百籤占決諺解』は漢詩のみだったが、やがて挿絵がつくようになった。中国で刊行された『天竺霊籤』にも挿絵があったから、挿絵がついたのは当然ともいえるが、『天竺霊籤』の挿絵は中国の風俗にもとづくものであったため、それが日本の貴族や僧侶、武士の絵に書き換えられたところに日本版の特徴がある。『天竺霊籤』で描かれていた中国の貴人が日本の元三大師みくじ本では儒教思想の影響を受けて武士や僧侶の姿に変化したという指摘もある（日高衣紅「元三大師みくじ本と儒教思想」）。

おみくじを引く作法

漢詩みくじを引くときには所定の作法がある。先に紹介した1『天竺霊感観音籤頌百首』によれば、以下の通りである。

(1)　法華経《ほけきよう》普門品《ふもんぼん》三巻を唱え、聖観音・千手千眼観音・十一面観音等の真言を各三百三十三回唱えてから、観音菩薩に対して三十三回礼拝した後、くじを取る。

(2)　くじを取るときは御籤箱を三度頂戴し、観音菩薩が道場に降臨して吉凶を示してくれるよう祈るための「願文」を唱える。その後、心を集中して祈念し、みくじ箱から番号の記載された棒を振り出す。

(3)　くじを取ったあとは番号を記した棒を箱に戻し、みくじ箱を手にとって「奉送文」を読誦《どくじゆ》し、今後の加護を願って観音菩薩にお戻りいただく。

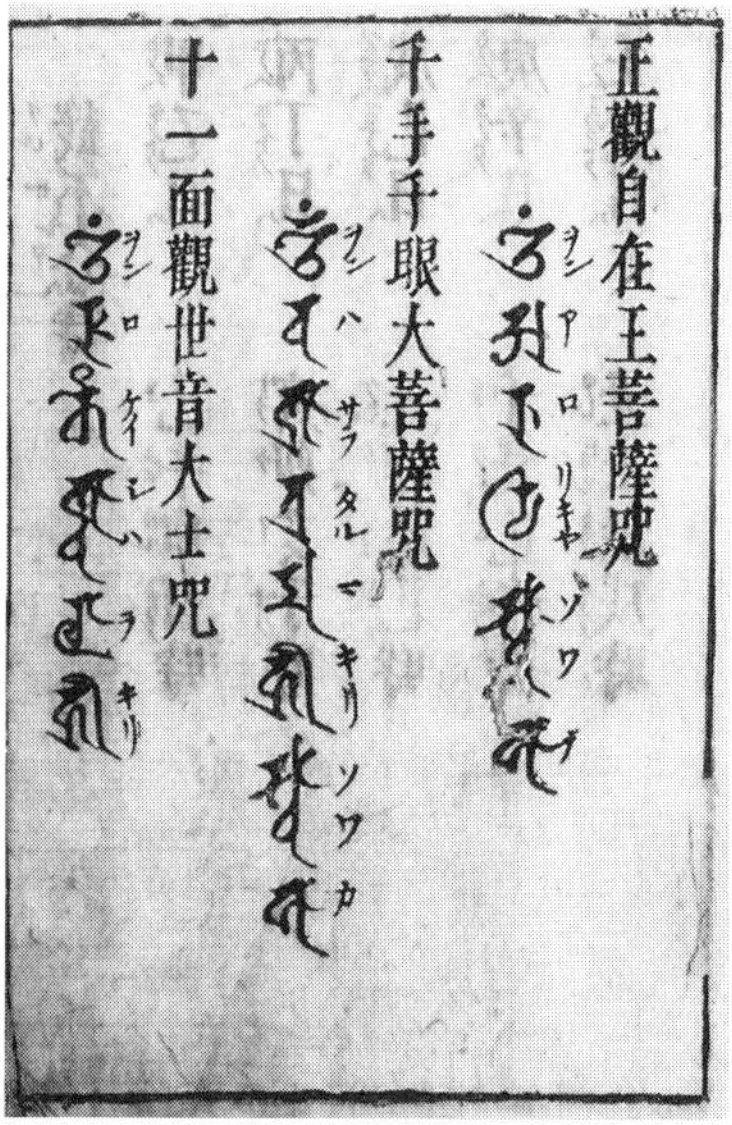

図12　おみくじを引く前に唱える観音菩薩の真言（『天竺霊感観音籤頌百首』1662年跋，東海学園大学所蔵，国文学研究資料館国書データベース）

最初に唱える法華経の普門品は「観世音菩薩普門品」のことで、略して「観音経」とも呼ばれる。観音菩薩の力を信じ、その名を唱えれば、観音菩薩に救われるといい、観音菩薩への信仰が説かれている。観音菩薩が衆生を救済するときには、衆生に合わせてその姿を三十三の姿に変えるともいう。ここから三十三という数は観音信仰において重視された。おみくじを引く前に聖観音・千手千眼観音・十一面観音等の真言を各三百三十三回、つまり合計九百九十九回唱えるのも三十三という聖なる数にもとづいている。回数が多すぎると思われるかもしれないが、観音信仰では、この回数が重要なのであり、この作法を通して心を集中するのである。

『天竺霊感観音籤頌百首』の二年後に出版された2『元三大師百籤』『元三大師御鬮之記』には、この書物は、身を清め、口をすすぎ、手を洗い、三度頂戴してから開くべきものであり、畳の上に直接置くのではなく、清らかな器の上に紙を敷いて置くべきだともある。さらに下って17『元三大師御鬮諸鈔』（一八〇九年刊）になると、おみくじを引くときは身と心を一つにして少しも他念をまじえず、疑いを起こしてはならず、もしいささかでも疑いの気持ちがあればおみくじは当たらないから深く慎むべきだという文言が加わっている。

時代が下るにつれて、引くための作法や心がまえが詳しく注記されるようになるのは、おみくじが一般化し、みくじ本をもちいて自分で引くことが多くなったからだろう。それを示すのが13『頭書雑書 元三大師御鬮之記』のように懐中に入れて気軽に持ち運べる小型本の存在である。

十九世紀に入ると占い百科事典「大雑書」に元三大師御籤が取り込まれ、さらに一般に広まっていく。と同時に注目されるのは、おみくじを引く作法が簡略になっていることだ。『永代大雑書万暦大成』（一八四二年刊）の「宝籤《みくじ》とりやうの心得」には、まず手を洗い口をすすぎ香を焚いて身を浄め、観世音菩薩と元三大師に対して祈ってから如意輪観音の真言を三回唱え、みくじ箱を三度いただき目を閉じて静かに振り出すという作法が示されている。とくに短縮されたのが経典と真言の読誦で、本来は観音経三回と観音の真言九百九十九回を読誦するものだったのが、如意輪観音の真言を三回唱えるだけでよいことになっている。こうした簡略化は、おみくじの普及のために必要なことだっただろう。

現代では簡略化した作法も忘れられ、みくじ箱からみくじ竹を振り出す程度になっており、神仏への祈りの意識が薄れているように思える。おみくじは本来、心身を浄め精神集中して祈りを込めて引くものであったことを強調しておきたい。

おみくじが当たらない時間

みくじ本には、「籤合はざる時」として、おみくじを引いても当たらない時間も記載されている。たとえば、甲と乙の日の場合、巳・午・申・酉の時間はおみくじが当たらないという。これらは中国から伝わった干支による日時の示し方で、甲・乙・丙・丁・戊・己・庚・辛・壬・癸の「十干《じっかん》」と子・丑・寅・卯・辰・巳・午・未・申・酉・戌・亥の「十二支《じゅうにし》」を組み合わせて六十干支をつくり、それで日時をあらわす。旧暦では、この六十干支で日をあらわした。六十歳を還暦というのも、この考え方にもとづいている。

たとえば、令和五年（二〇二三）三月を旧暦で確認すると、甲と乙にあたる日は、三月三日（庚申）、七日（甲子）、八日（乙丑）、十五日（壬申）、十八日（乙亥）、二十七日（甲申）の六日間。これらの日の巳・午・申・酉の時間、つまり、午前九時から十一時（巳）、午前十一時から午後一時（午）、午後三時から五時（申）、午後五時〜七時（酉）は、おみくじが当たらない時間ということになる。

易占とのかかわり

漢詩みくじ本には易の影響に言及するものがある。17『元三大師御鬮諸鈔』には「この百籤のうらなひは五言四句の意を取て用いて周易の辞に類す」とあり、おみくじの五言四句の漢詩は易占いの聖典『周易』のことばに相当するものだという。だから、おみくじは易占の道理によって判断するべきで、たとえば、五言四句の第一句目は生まれてから十五歳までの吉凶を示し、第二句目は十六歳から三十歳、第三句目は三十一歳から四十五歳、第四句は四十六歳から六十歳の吉凶を示すものとされる。六十一歳以後は、易の本卦がえりと同じく、一句から十五年ずつ見ていく。そのほか、一年の吉凶は、春三ヵ月は第一句、夏は第二句、秋は第三句、冬は第四句で吉凶を知り、一ヵ月の場合は各句を各七日と半日として判断するという。

酒井忠夫は中国の霊籤と日本のみくじ本を比較し、日本の観音籤（元三大師御籤）は中国の天竺霊籤には含まれていなかった易経の思想との結びつきが明瞭になっていると指摘する。具体的には、日本の観音籤の特徴は、百番までのくじ全体が吉凶二分類で構成され、『易経』に説かれる吉凶悔吝説《かいりんせつ》を取り込んで解釈しているという（「中国・日本の籤」）。吉凶悔吝説とは、凶でも悔い改めれば吉に向かい、吉でも遊楽にふけっていると凶になるという考え方である。実際、『元三大師御鬮諸抄』の「御籤判断心得」にも、大凶を引いた人もよく慎めば大吉となるのであり、吉も凶に変じるという陰陽五行の転変する道理をよく考えて吉凶を判断するべきだとある。

「江戸の歌占」で後述するが、易占は観音籤だけでなく、歌占や神社のみくじにも影響を与えた。文政四年（一八二一）の序文を持つ『皇足穂命神社神籤』は易占の六十四卦の意にもとづいて考案された六十四首の漢詩みくじだという（中澤伸弘「「みくじ」の変遷と諸相」）。現在でも、大吉は凶に転じ、凶は吉に転ずると言われるが、もとをただせば易の思想に至りつく。日本のおみくじや占いにおける易占の影響の大きさが知られる。

元三大師御籤の展開

元三大師御籤は江戸末期にかけて修験道の世界にも展開していった。嘉永六年（一八五三）に刊行された『御嶽山御神籤略作法』（長野県立図書館他蔵）から、それがうかがえる。その跋文に、御嶽山の別当が観音籤を信仰していたことにより、百番から十二首を厳選して御嶽山神籤として自証院《じしょういん》所蔵の板木で五百部刷ったとある。自証院は東叡山寛永寺三十六坊の一つで尾張藩の祈願所となっていた寺院である。嘉永二年に東叡山寛永寺の自証院諶真が御嶽山の法務別当として迎えられている。御籤箱にも「東叡山御支配　両部法義別当　自証院」とあり、東叡山（寛永寺）の観音籤をもとにしてつくられたとみられる。当時、御嶽山の講と東叡山は密接な関係を築いており（生駒勘七『御嶽の歴史』）、その影響がおみくじにも及んだということだろう。

しかしながら、このおみくじを引く作法は観音籤と同一ではない。先に紹介したように、観音籤では観音経や観音菩薩の真言を唱えるが、御嶽山御神籤では般若心経を三回、不動明王の呪文「慈救呪」を三百回唱えたあと、御嶽山大権現と本地の大日如来に対して願文を唱えてからおみくじを引き、奉送文を唱えて終える。観音籤が聖観音・千手千眼観音・十一面観音の真言を各三百三十三回ずつ合計九百九十九回も唱えることを考えれば簡略化されているが、祈願や所作の対象は、御嶽信仰にあわせて般若心経や不動明王、御嶽山大権現、大日如来となっている。

みくじ本のパロディ

江戸後期になると、元三大師御籤はパロディの素材ともなった。パロディは世間の流行をもとにつくられる。常識とのズレが笑いを生むからだ。

江戸時代には元三大師御籤だけでなく占い全般が人々の生活に大きな影響力を持っていた。男女の相性、婚礼や商売の日取り、生まれ年による吉凶など、日常のさまざまな場面で占いを活用していた。夢占、人相、八卦といった各種の占いや暦を一冊にまとめた分厚い実用書は「大雑書」と呼ばれ、個人の家庭にも備えられた。先に触れたように、元三大師御籤もその中に取り込まれて親しまれていた。

山東京伝《さんとうきょうでん》による黄表紙『御存商売物《ごぞんじのしょうばいもの》』（一七八二年刊）には、「元三大師御籤」と

「男女一代八卦」が登場する。どちらも大雑書に取り込まれた占い本である。『御存商売物』は当時流行していた書物を擬人化して登場人物に仕立てた作品で、これに元三大師御籤と男女一代八卦が登場するのは、当時これらが代表的な占い本として普及していたからだろう。『御存商売物』が出版されたころ、元三大師御籤（観音籤）とともに、易学中興の祖である新井白蛾《あらいはくが》（一七一五〜九二）の影響で易占より簡易な八卦占いが流行していた。「男女一代八卦」はその八卦占いの書である。

こうしたなかで元三大師御籤のパロディ本『万更大師異鬮本《まんざらだいし》』（信普著、一七九〇年序）もつくられた。

まずは元三大師御籤を見ておこう（図13）。

第一　大吉

七宝浮図塔（七宝の浮図《ふと》の塔）
高峰頂上安（高峰頂上に安んず）
衆人皆仰望（衆人皆仰ぎ望む）
莫作等閑看（等閑の看《かん》を作《な》す莫《なか》れ）

漢詩の意味は、金・銀・瑠璃などの七宝で飾った塔が高い峰の頂上にそびえており、多くの人がそれを仰ぎ見ている、なおざりに見てはいけないということである。挿絵には、従者を連れた公家の貴人が雲の上の楼閣を眺めているところが描かれている。

一方、『万更大師異鬮本』は次の通りである（図14）。

第一　大吉

別荘普請成（別荘の普請《ふしん》成《でき》たり）

集妓者大宴（妓者《げいしゃ》を集めて大宴《たいえん》す）

衆人咸見羨（衆人咸《しゅうじんみな》見て羨《うらや》み）

寂々云畜類（寂々《いよいよ》畜類めと云ふ）

元三大師御籤では高い峯の頂上にある七宝の塔を衆人がみな仰ぎ望んでいるのに対し、『万更大師異鬮本』は元三大師御籤の「七宝の塔」を「別荘」とし、そこで芸者を集めて大宴会をしているとする。それを衆人が皆見てうらやみ、いよいよ畜類めと罵るのだという。挿絵には別荘の二階で侍が芸者と遊ぶ様子が描かれている。元三大師御籤では貴人が七

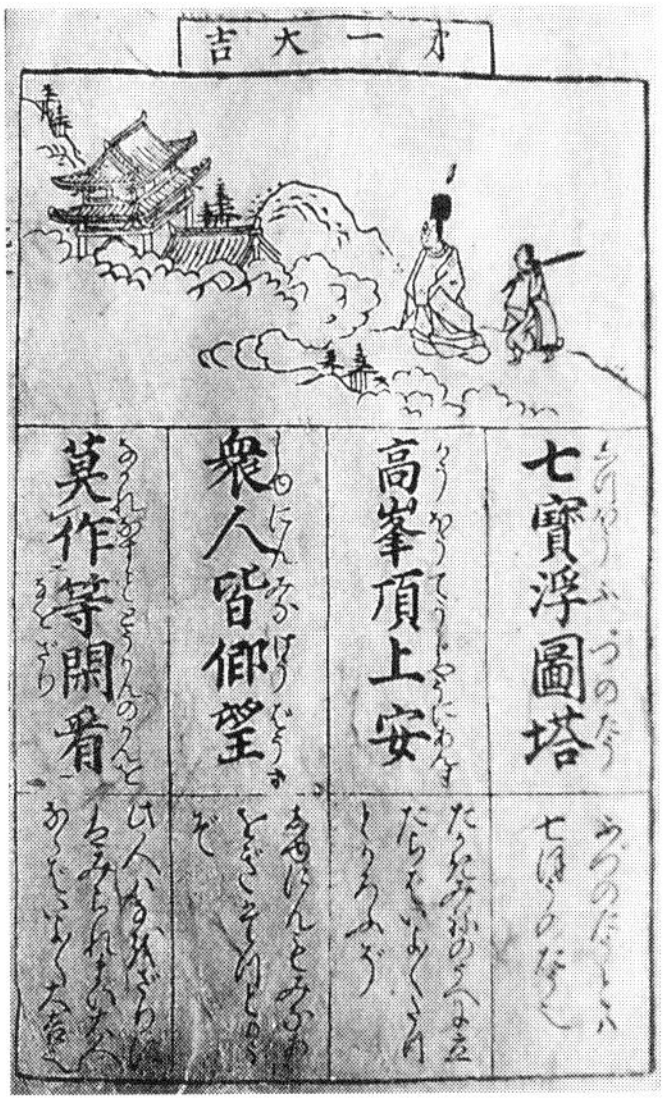

図13　『元三大師百籤』（1684年刊，成蹊大学所蔵）

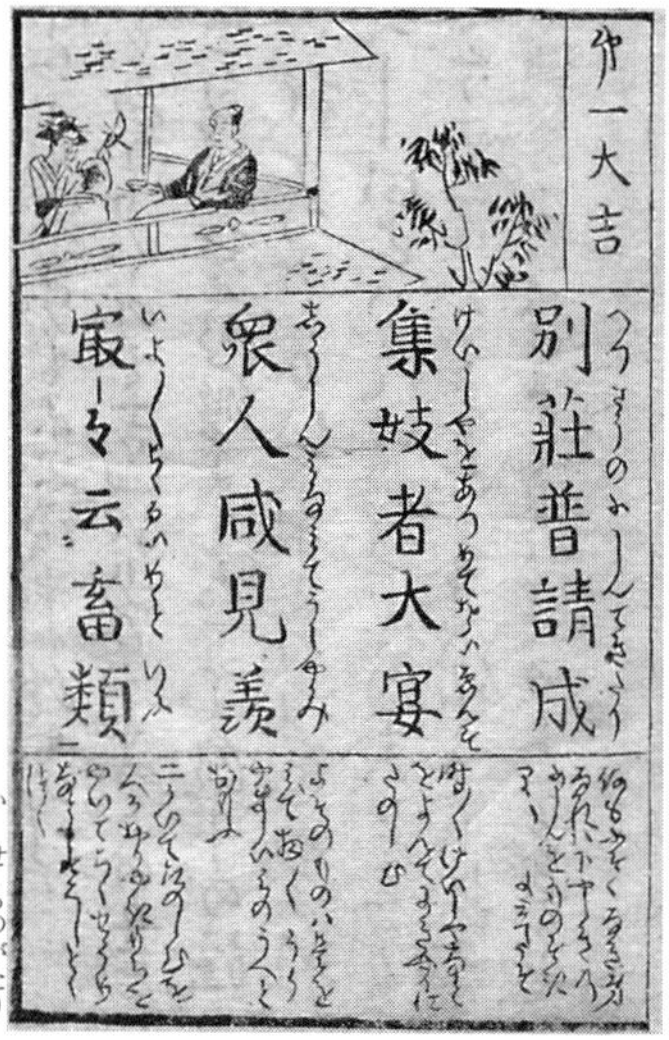

図14　『万更大師異鬮本』（1790年序，国立国会図書館デジタルコレクション）

宝の塔を仰ぎ見ていたのが、『万更大師異鬮本』では庶民が芸者と遊ぶお大尽の武家を見てうらやみ蔑視しており、貴人から庶民へと視点が切りかわっている。そしてそれによって漢詩の内容が聖なる尊崇から俗なる揶揄へと転換されているのである。

江戸時代には、在原業平《ありわらのなりひら》をモデルとする男の雅な恋愛を描く『伊勢物語《いせものがたり》』を、江戸の卑俗な世界にあわせてもじった『仁勢物語《にせものがたり》』（一六四〇年以前成立）をはじめとして、古典の風雅な世界を卑俗な世界におきかえたパロディが多くつくられていた。このようなパロディは元の作品が有名だからこそ成立する。『万更大師異鬮本』も元三大師御籤が流行していたからこそ生まれたのである。

そのほか、元三大師御籤をふまえた作品に、みくじ本の趣向を用いた絵双紙『籤本《みくじぼん》浮世絵抄』（振鷺亭著、歌川美九画、一八一三年刊）や歌舞伎役者の評判を記す『役者評判記御鬮本』、元三大師御籤の漢詩の一句を当時の流行歌である都々逸に仕立てた『辻占どど

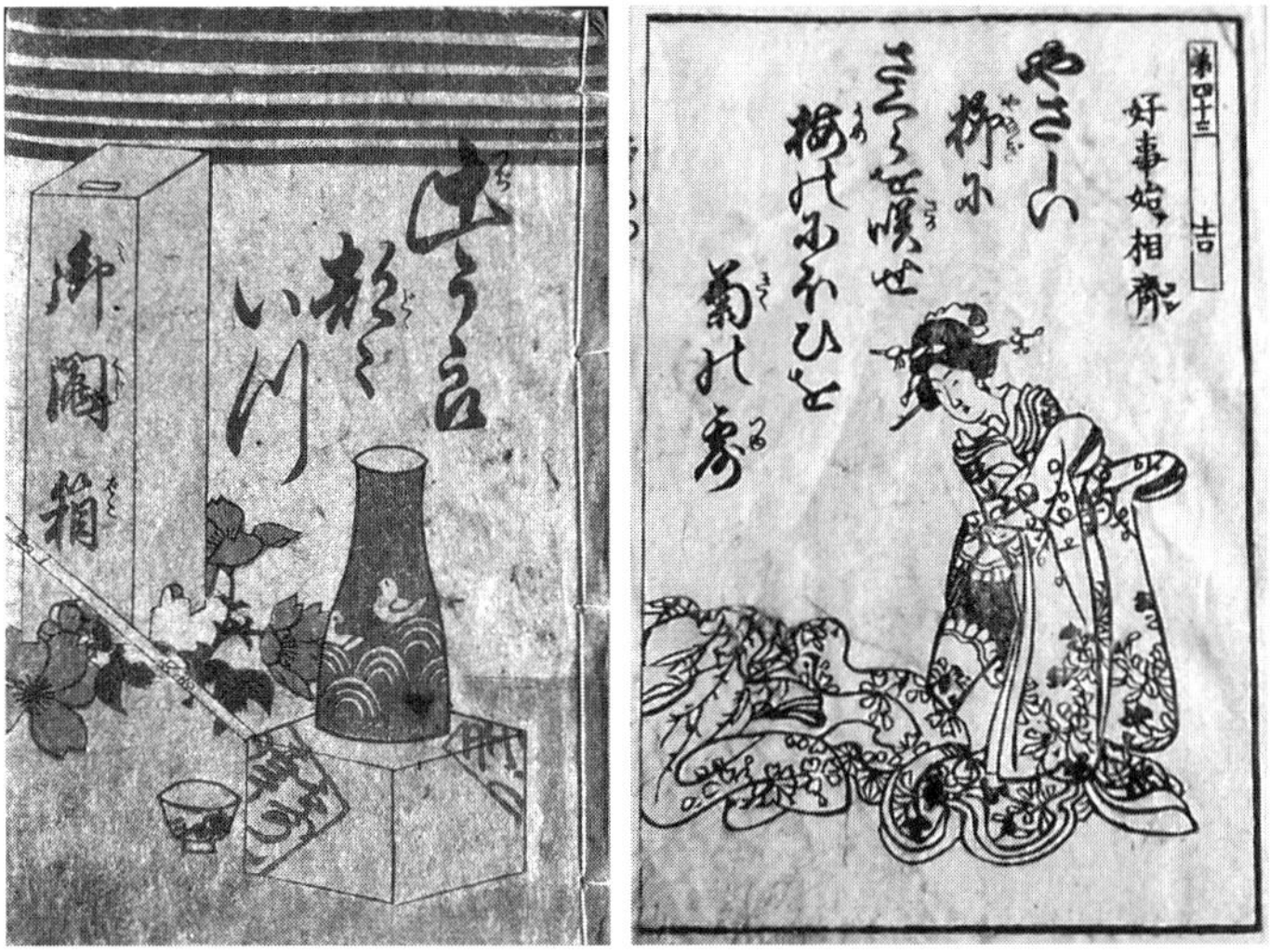

図15　『辻占どどいつ御鬮箱』（著者所蔵）

いつ御鬮箱』（図15）等がある。明治に入ってからのものだが、百首の都々逸を御籤仕立てでまとめた『百籤抄都々一』（藤之家主人著、一八七一年刊）といった俗謡本もある。

法華経御籤・関帝霊籤

元三大師御籤の流行は、他の漢詩みくじの刊行も促した。仏教系では、黄檗宗の隠元作とされる『霊感観音籤三十二卦占』（一六九四年序）や法華経の偈句《げく》にもとづく『法華経御鬮霊感籤』（一八三二年刊他）がある。法華経のおみくじは、幕末の天保年間（一八三〇～四四）から出版されるようになり、明治時代以後も出版されたが、昭和四十年代にはすたれたという（芹澤寛隆「『法華経御鬮霊観籤』解説」)。現在でも、長國寺《ちょうこくじ》（東京都台東区）では酉の市の日限定でこの本にもとづくおみくじが授与されている。

「関帝霊籤」は、『三国志』で人気の高い武将関羽《かんう》が神格化された「関帝」のおみくじである。江戸時代、このおみくじは元三大師御籤と並んで人気があった。「関帝霊籤」をはじめとする中国のおみくじについては酒井忠夫・中村公一・小川陽一らの著書に詳しいので、そちらに譲るが、長崎奉行の中川忠英《なかがわただてる》が清の風俗について書いた『清俗紀聞《しんぞくきぶん》』第二巻に関帝廟と天后廟《てんごうびょう》の霊籤について詳述されているので紹介したい。天后廟は海の守護神である媽祖《まそ》をまつり、媽祖廟ともいわれる。

『清俗紀聞』は一七九〇年代に福建・浙江・江蘇地方から来た清国商人に、その地の風俗や祭礼などについて取材した聞き書きで、図版も豊富に掲載している。「霊籤」の項目に、天后廟と関帝廟には霊籤があり、木や竹で棒状の札を作り、一から百まで番号を付けて箱に入れて収め、それを降り出して吉凶禍福を占うとある。また、一から百までの神託を詩句に書き記した「籤訣牌《ツエンチハイ》」という板（図16）があり、振り出した籤の番号に対応する詩句を見て吉凶を知るという。

これは清の例だが、日本にも同様のおみくじの板があった。萬福寺伽藍堂《まんぷくじがらんどう》（京都府宇治市）の「伽藍感応霊籤」である。伽藍堂には仏教の守護神として関帝がまつられており、関帝霊籤の一種とみられる。この壁掛け式の板（扁額）に記されているのは、七言四句の漢詩六十四首である。六十四首なのは易占の六十四卦と関連するのだろう。

十八世紀はじめの享保年間（一七一六〜三六）になると、中国伝来の関帝霊籤にもとづくみくじ本が出版されるようになった。関帝霊籤には、いくつか種類があったようである。日本の関帝霊籤は延宝四年（一六七六）に中国から渡来した僧 樵雲心越《しょううんしんえつ》が長崎の崇福寺《そうふくじ》に伝えたのがはじめとされるが（中村公一『一番大吉！おみくじのフォークロア』）、元三大師みくじ本の流行を追いかけるように、享保年間に『関帝霊籤』（一七一八刊）、『関帝霊籤御鬮大全』（一七二五年刊）、『関帝霊籤占』（一七二九年刊）などが相次いで出版されている。なお、幕末になると関帝霊籤は『即考百籤』の書名でも刊行されるようになったようだ。

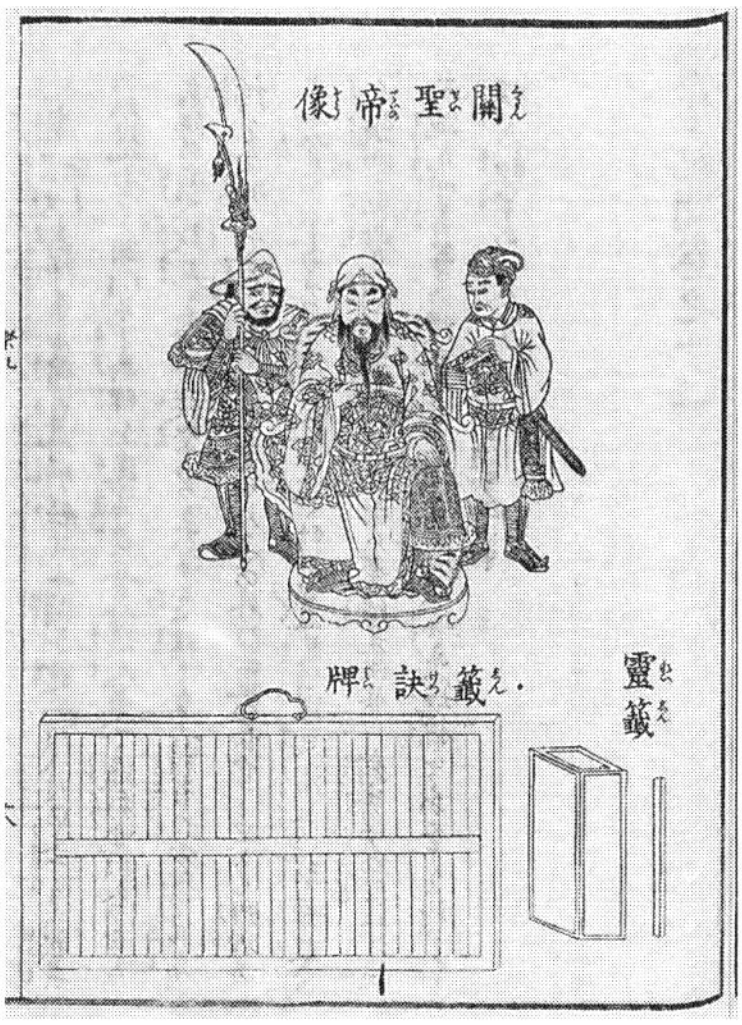

図16 『清俗紀聞』第６（1799年，ベルリン国立図書館所蔵）

なぜ享保年間に関帝霊籤が続々と出版されたのだろうか。それは、日本における小説『三国《さんごく》志演義《しえんぎ》』の流行と関連すると考えられる。正徳年間（一七一一〜一六）から享保年間にかけて中国語学習ブームがおこり、『三国志演義』を教材に中国語を学ぶ知識人層が生まれていた。それが『三国志演義』の熱心な読者を生み、享保年間には『三国志演義』の絵入りダイジェスト版も続々と出版され、三国志ブームが庶民にも広がったという（上田望「日本における『三国志演義』の受容（前篇）」）。「関帝霊籤」は、このような三国志の流行のなかで出版されたのだ。

六代将軍家宣に仕え「正徳の治」で知られる儒学者の新井白石（一六五七〜一七二五）や『南総里見八犬伝《なんそうさとみはっけんでん》』で知られる読本作者の曲亭馬琴《きょくていばきん》（一七六七〜一八四八）のような知識人も、子どもの縁談や病、家の増築などで関帝霊籤を活用していたことが知られている（中村公一『一番大吉！　おみくじのフォークロア』、高牧實『文人・勤番藩士の生活と心情』）。

漢詩みくじというと元三大師御籤のイメージが強いが、関帝霊籤も江戸時代には人気があった。にもかかわらず関帝霊籤がすたれてしまったのは、元三大師御籤が中国伝来のものでありながら日本の元三大師と結びついて寺院のおみくじとして現代まで継承されたのに対し、中国の武神のおみくじである関帝霊籤は日本のものと結びつかなかったために元三大師御籤のように定着しなかったのだろう。

神詠から歌占、和歌みくじへ

先述のように、おみくじの歴史には漢詩と和歌の二つの大きな流れがある。漢詩みくじは中国に由来するが、和歌みくじはどのようにして生まれたのだろうか。本章では、神のお告げとしての歌から、歌占《うたうら》、和歌みくじへという流れをたどっていこう。

和歌の起源―スサノオの「八雲立つ」

和歌は五七五七七の三十一文字からなる日本の伝統的な詩歌である。日本では最初に和歌を詠んだのは「神」だと考えられていた。日本最古の勅撰和歌集『古今和歌集』（九〇五年ごろ成立）の冒頭をかざる仮名序には「ちはやぶる神代には、歌の文字も定まらず、素直にして、言の心わきがたかりけらし。人の世となりて、素戔嗚尊《すさのおのみこと》よりぞ三十文字あまり一字は詠みける」とある。神々の時代には歌の文字数も定まらなかったが、人間の時代となるころにスサノオノミコト（以下、「スサノオ」と略称する）がはじめて三十一文字の和歌を詠んだというのである。スサノオはアマテラスの弟神でヤマタノオロチ退治の神話でもよく知られる。

その歌は次のようなものだった。

八雲立つ出雲八重垣つまごみに八重垣つくるその八重垣を

（雲がわき出して幾重もの垣をめぐらしたように見える。私も妻を住まわせる宮殿を造って幾重もの垣を作りめぐらそう）

歌の背景は『古事記』や『日本書紀』の神話に記されている。ヤマタノオロチを退治したスサノオが国つ神の娘であるクシイナダヒメと結婚して出雲に宮殿を新しくつくろうとしたとき、その地に雲が立ちのぼるのを見て詠んだものという。

この神詠は、『古今和歌集』仮名序以来、三十一文字の和歌の起源として長く重んじられてきた。後には、吉田兼倶《よしだかねとも》（一四三五〜一五一一）が基礎を築いた吉田神道とのかかわりの中で、この「八雲立つ」歌を中心にすえた『八雲神詠伝』などの『古今和歌集』の秘伝書もつくられている（西田長男「「八雲神詠口訣」の成立」）。

スサノオとクシイナダヒメをまつる八坂神社（京都市東山区）では第一番のおみくじに載せられており、歌の横には「祇園八坂神社の御祭神である素戔嗚尊とその妻の櫛稲田姫《くしいなだひめ》が御結婚の際に詠まれた日本で最初の和歌」という解説がある。

住吉明神の歌

「八雲立つ」歌は人間に対するお告げの歌ではない。しかし、この歌が『古今和歌集』仮名序で和歌の起源とされて以後、神から人へのお告げは和歌で示されるようになっていった。

神はどのようにして人間に歌を示したのだろうか。初期の二例はいずれも平安時代の住吉明神の歌で、神が帝や皇子の前に人の姿で現れて和歌を唱和するものである。

平安時代の歌物語『伊勢物語』百十七段には次の話が収められている。ある帝が住吉神社（大阪市住吉区にある現在の住吉大社）にお参りし、海岸に生える美しい松を見て次の歌を詠んだ。

　我見ても久しくなりぬ住吉の岸の姫松いく世経ぬらむ

（私にも長い年月を経たように見える、この住吉の岸の見事な松は、どれくらいの時代を経ているのだろう）

すると、住吉の神が姿を現し、昔から帝を守っていることを次の和歌で伝えたという。

　むつましと君はしら波みづがきの久しき世よりいはひそめてき

（あなたは私が親しく思っていることを知らないでしょう。長い昔の世から大切にお守りしてきたのです）

二句目の「しら波」は岸に寄せる「白波」に「知ら」ないという意が掛けられている。

白波が詠み込まれたのは、古代の住吉の海岸線は現在より内陸にあり、当時の住吉神社が海岸のすぐ近くに鎮座していたからだ。第三句「みづがきの」は「久し」につく枕詞で、「瑞垣《みずがき》」は神社の周囲の垣を意味する。

住吉の海岸に生える美しい松を詠んだ帝に対して、神は住吉に縁のあることばとして岸に寄せる白波や神社の瑞垣を返歌に詠み込んだ。帝と神が住吉という場所で出会い、その景色を詠み込んだ歌で心を通じ合わせたのである。

九世紀末から十世紀末ごろの成立とみられる住吉大社の縁起書『住吉大社神代記《すみよしたいしゃじんだいき》』にも、軽皇子《かるのみこ》の歌に住吉大神が「美麗《うるわ》しき貌《みかお》の人」として現れて唱和したとある。神の歌は人との唱和のなかで誕生したのだった。

和泉式部と貴船明神

『後拾遺和歌集《ごしゅういわかしゅう》』（一〇八六年成立）神祇部《じんぎぶ》に収められた和泉式《いずみしき》部《ぶ》と貴船明神《きぶねみょうじん》の歌のやりとりも、神が人に心を伝えるために和歌を詠んだことを伝える。

夫に捨てられた和泉式部は貴船神社（京都市左京区）に参詣した。心がちぎれるくらい悩んだ式部は、自らの魂をゆらゆらと沢辺を飛ぶ蛍の光にたとえて次のように詠んだ。

もの思へば沢の蛍もわが身よりあくがれ出づる魂《たま》かとぞ見る

（思い悩んでいると、沢を飛び交う蛍の光も、私の体から離れて出た魂ではないかと思え

る）

するとどこからか男の声で次の歌が聞こえてきたという。

奥山にたぎりて落つる滝つ瀬の玉散るばかりものな思ひそ

（奥山に激しく落ちる滝の水しぶきの玉のように、魂が散るほどまで思いつめることはない）

声の主は貴船明神であった。恋に破れて思い悩む和泉式部に、貴船の神が「あまり思い悩むことはない」と慰めたのである。和泉式部の歌と同じく、この歌にも魂を意味する「たま」が詠まれている。贈答歌において、おくられた歌にあることばを返歌に詠み込むのは、相手と心を通じ合わせるための方法であった。神は和歌を通して人を励ましたり、諭したりしたのである。

柳田國男《やなぎたくにお》は、和泉式部が歌占伝承にかかわることを指摘し、歌占の業にたずさわる者が歌舞と物語とを管轄する役割を担っていたことを示唆している（「歌占人」）。こうした伝承が生まれたのは和泉式部が歌によって仏果を証したという評判が高かったからだろうと柳田は推測しているが、その源泉には和泉式部と貴船明神との和歌による通じ合いがあったのではないだろうか。実際、この逸話は『後拾遺和歌集』だけでなく、『古本説話集』『十訓抄《じっきんしょう》』『古今著聞集《ここんちょもんじゅう》』『沙石集《しゃせきしゅう》』といった説話集に収められ、巷間に広まっていたのである。

神詠の時代―祟る神から応じる神へ

天皇の命令でつくられた勅撰和歌集のうち、神のお告げの歌をはじめて収めたのは『拾遺和歌集』（一〇〇五年ごろ成立）である。巻十の神楽歌《かぐらうた》に住吉と賀茂の神の歌が二首収められている。続いて、先にあげた『後拾遺和歌集』の例があり、平安時代の終わりごろから和歌に関する知識や逸話を集めた『俊頼髄脳《としよりずいのう》』や『袋草紙《ふくろのそうし》』といった歌学書に神のお告げの歌が多く載せられるようになった。

鎌倉時代になると、『新古今和歌集』（一二〇五年成立）神祇歌の冒頭に、日吉・太宰府・春日・住吉・熊野・賀茂・石清水・宇佐八幡など、計十三首もの神の歌が集中して収められた。これだけ多くの神の歌が『新古今和歌集』に収められたのは、神のお告げの歌、つまり託宣歌がこの時代に重視されたことを示しているのだろう。

なぜ神の託宣歌への関心がこれほどまで高まったのだろうか。その理由の一つに、『新古今和歌集』編纂を下命した後鳥羽院の信仰があったと考えられる。後鳥羽院による奉納和歌は『新古今和歌集』の撰集前後に集中し、奉納先の日吉、天神、春日、住吉、熊野、賀茂、八幡は、『新古今和歌集』に載る託宣歌の神と多く重なっている。そもそも『新古今和歌集』の撰集に後鳥羽院自身が深くかかわっていた。院は、神々への和歌を奉納して治世の安泰を祈願すると同時に、その祈願への返答ともいえる神の託宣歌にも並々でない関心を寄せたのである。神祇歌冒頭の託宣歌群は、その信仰のあらわれといってよいだろう。

託宣歌を集中的に収める『新古今和歌集』に対して、その前に編まれた『千載和歌集《せんざいわかしゅう》』（一一八八年成立）には託宣歌が収められない一方、神社への奉納歌が多く収められている。なぜこのような違いがあるのだろうか。この問題を考えるうえで賀茂別雷神社の神主であった賀茂重保《かもしげやす》による奉納和歌に注目したい。

寿永二年（一一八三）、後白河院は『千載和歌集』撰進を藤原俊成に命じた。その十年ほど前から、「住吉社歌合」、「広田社歌合」、「別雷社歌合」等、神社で開催される社頭歌合や神社への奉納百首がおこなわれるようになっていた。

このうち中世における奉納百首の嚆矢である「寿永百首」は賀茂重保の勧進によって三十六名の歌人の百首が集められたものである。この百首と「別雷社歌合」は、どちらも賀茂重保が企画したもので、賀茂社への奉納が目的であった。これらをもとに編まれた『月詣和歌集』（一一八二年成立）も賀茂別雷社へ奉納された。

その序文に、重保がこの歌集を編んだ経緯と、神と人と和歌との関係が次のように書かれている。

まず先に紹介したスサノオの「八雲立つ」詠を引いて、和歌を通じて神と人が結びつけられるのであり、人は和歌で神の心を動かせるのだという。さらに、重保が神と人が和歌でつながることに信仰を深めた契機として、賀茂明神の託宣歌があったことを強調している。それは『新古今和歌集』神祇歌にも収められている次の歌である。

われ頼む人いたづらになしはてばまた雲分けて登るばかりぞ

（自分を頼りにする人の願いごとを空しくしてしまったならば、そのむかし天下ったときのように、また雲を分けて天に帰ってゆくだけだ）

祈願する人の期待に応えたいという賀茂明神の心があらわれている。重保はこれを頼みとして「別雷社歌合」や「寿永百首」を企画したのだ。

『月詣和歌集』は次の重保の歌で締めくくられている。

君をいのる願いを空に満てたまへ別雷《わけいかづち》の神ならば神

（わが帝の繁栄を祈る願いを大空で満たして叶えてください。我が神である別雷の神ならば）

重保が歌合への出詠を人々に勧めたとき、帝の御代の安寧を賀茂の神に祈願して詠んだものである。

ちょうどこの時期、源平の争乱で大勢の命が失われていた。同時期に撰集されていた

『千載和歌集』は、この争乱の終結に際して平和を祈る意味を持つ歌集であったと考えられている。神社での歌合や神への奉納歌が盛んにおこなわれていたのも、おそらくはその祈りに連なるものだったのだろう。

『千載和歌集』では人から神への奉納歌が多く収められ、それに続いて編まれた『新古今和歌集』では、それに対して神がいかに応えてくれるかを示す託宣歌が重んじられた。『新古今和歌集』も天皇の治世の平安を希求する国家的事業であった。そのとき重要な役割を果たしたのが、人間の切実な祈りを神に届けるための奉納歌であり、神のことばをいただくための託宣歌だったのではないだろうか。このとき和歌は神と人をつなぐ役割を果たしていたのである。

こうした神と人との関係性を考えるうえで参考になるのが、時代による神の性格の変化である。十一世紀前半からは半ばにかけて、怨霊のような古代的「祟る神」から人間の願いに対応する中世的な「応じる神」へという変化が明確にあらわれるようになってくるという。勝山清次は十一世紀後半から有力神社による怪異の訴えと、その原因を探るための朝廷の占いが増加することに着目し、その背景に、古代的な神祇秩序が解体し、国家に組み込まれていた神社が自己主張して自立をめざす動きがあったことを明らかにしている（「神社の災異と軒廊御卜」）。神社における怪異は、神の祟りが現れる前に人間に知らせる予兆の意味を持っていた。朝廷における占いの役目は、それが何の予兆かを知ることだった。神はその予兆を通して祟りを避けるための対応を人間に求め、人間がうまく対応すれば、神がそれに応えて祟りが防がれることになったという。

ちょうどこのころから、神から人への託宣歌が勅撰和歌集に収められるようになるのは偶然ではあるまい。その後、神と人との応答は奉納和歌や託宣歌という形でピークを迎え、それが十二世紀後半から十三世紀前半に編纂された『千載和歌集』や『新古今和歌集』にあらわれているといえるのではないだろうか。

巫女の神がかり

神の性格が「応じる神」に変わりはじめた十一世紀前半ごろ、神がかりした巫女が託宣歌を示すこともおこなわれていた。続いてそれを見ていこう。

巫女が神がかりして、神の意志を和歌で伝える。それを「歌占」という。『後拾遺和歌集』には、神がかりした伊勢の斎宮《さいぐう》によるお告げの歌が収められている。斎宮とは伊勢神宮に巫女として奉仕する皇族の女性をいう。長元四年（一〇三一）、伊勢大神が斎宮の嫥《せん》子《し》内親王に依り憑いた。神がかった斎宮は、祭をつかさどる役の大中臣輔親《おおなかとみのすけちか》に酒を飲む盃《さかずき》を与えようと言って、

さか月にさやけきかげの見えぬれば塵のおそりはあらじとを知れ

（盃の中に清らかな月の光が見えるのだから、塵ほども恐れることはないのです）

と詠んだ。伊勢の神は、盃に「月」を掛け、そこに映る月の清らかさを詠んで、月のように清廉であれば少しも恐れる必要はないと伝えて輔親を安心させたのである。ここには「歌占」とは書かれていないが、これは神の憑依した巫女によるお告げであり、後の「歌占」の先駆けといえる。

巫女の歌占は、平安時代末から鎌倉時代にかけて盛んにおこなわれた。巫女といえば、赤い袴をつけて神社で奉仕する未婚の若い巫女を思い浮かべる人が多いかもしれない。しかし、かつては占いや降霊をおこなうシャーマンとしての巫女、今でいえば霊能者や占い師のような巫女が多く存在していた。白河法皇・鳥羽法皇・後白河法皇にはそれぞれ巫女の歌占にまつわる伝承がある。

八幡神の御利益を語る『八幡愚童訓《はちまんぐどうくん》』（鎌倉末期成立）には、後白河法皇の歌占の逸話が収められている。法皇は石清水八幡宮の巫女の託宣が本物かどうかを試すために、自分が手に握っているものを当てるよう巫女に命じた。すると、

銀《しろがね》の壺を並べて水を汲めば水は汲まれで富みぞ汲まるる

（銀の壺を並べて水を汲むと、水は汲まれず富が汲み出された）

という歌が詠み出され、そこには法皇の手中にあった「銀の壺」がたしかに詠み込まれて

いた。この歌に感嘆した法皇はこの巫女の占いに対して信仰を深めたという。『神道集』巻五「神楽事」には、これと類似する話が白河法皇と待賢門院《たいけんもんいん》の逸話として載る。

このように、巫女の歌占は即興で詠まれた独自の歌もあれば、有名な古歌にもとづく場合もあった。

鳥羽法皇の歌占

保元の乱を描いた軍記物語『保元物語』（半井本）には、勅撰和歌集所収の古歌による歌占が描かれている。久寿二年（一一五五）の冬、鳥羽法皇が熊野本宮の神殿で夜通し勤行していると、次のような夢を見た。夜中すぎに神殿の扉から白く美しい左手が出てきて、手を表に裏に三度返しては「これはいかに、これはいかに」という声が聞こえる。この夢のお告げに驚いた法皇が、熊野で最も評判の高い巫女を呼び寄せて神意を占わせたところ、熊野の神が依り憑いた巫女は、

手にむすぶ水に宿れる月影はあるやなきかの世にはありける

（手ですくった水に映る月の姿は、あるかないかも分からないほどはかない世の中にあるのだなあ）

という歌占を出し、夢と同じ仕草をした。これこそ真実の託宣だと思った法皇が歌の意味をたずねると、「来年かならず法皇は崩御し、その後、世の中は掌を返すように変化するだろう」との託宣が示された。そこで崩御の時期をたずねたところ、

夏果つる扇と秋の白露といづれか先に置きまさるべき

（夏が終わって涼むのに使った扇を捨ててしまうのと、秋の白露が草葉に置くのと、いったいどちらが先になることだろう）

という歌が詠み出され、そこから、「夏の終わり、秋の初め」という時期が予言されたという。

最初の「手にむすぶ……」は『拾遺和歌集』哀傷部に収められた紀貫之の歌に、次の「夏果つる……」は『新古今和歌集』夏部の壬生忠岑《みぶのただみね》の歌にもとづく。二首の古歌で法皇の崩御とその時期が示されたのである。

しかし、この歌占は事実ではなく、物語としての虚構であった。歴史書『愚管抄《ぐかんしょう》』巻四にこの逸話のもとになった託宣の記事が載せられている。それによると、託宣をうけたのは鳥羽法皇ではなく、白河法皇であった。白河法皇が熊野詣の際、熊野の宝殿の御簾《みす》の下から手が差し出されて二、三度ほど打ち返したのを目撃したという。それを不思議に思った法皇が熊野の巫女たちにたずねたところ、七歳の巫女に神が憑依し、「世の末には手のうらを返すようにのみあらんずることを見参らせつるぞかし」と申したのだという。世の中に手のひらを返すような変化があるという託宣の内容自体は同じだが、それは歌で示されたのではなかった。

ここからわかるのは、著名な古歌による歌占の演出によって、『保元物語』が鳥羽法皇の崩御の予言をきわめて印象深く描きだしたということだ。

では、この話は、なぜ鳥羽法皇のものとされたのだろうか。その背景には鳥羽法皇の占いへの関心があった。源　師時《みなもとのもろとき》（一〇七七～一一三六）の日記『長秋記《ちょうしゅうき》』（大治四年〈一一二九〉五月二十日条、六月九日条など）には、まだ上皇であった鳥羽法皇が「覆物占」、つまり覆い隠されたものが何かを当てる占いを自分でおこなったり、近臣におこなわせたりした記事がある。法皇は熊野に何度も参詣していることから、この話は法皇の占いを好む性向と熊野信仰とが交差するところに生まれたと言ってよいだろう。

高僧の歌占

天皇や法皇だけでなく、高僧にも歌占のエピソードがある。鎌倉時代の説話集（『古事談』巻三、『十訓抄』巻六）には天台宗の僧源信《げんしん》（恵心僧都、九四二～一〇一七）の歌占に関する話が収められている。源信は平安時代に念仏と浄土信仰を広め、『往生要集』を撰述したことで名高い。藤原道長《ふじわらのみちなが》も帰依したほどの高僧である。

仏教の僧侶が巫女に占ってもらったという逸話に違和感を覚える人もいるかもしれないが、当時は神と仏は同体とも考えられ、神社とお寺が同じ境内にあり、僧侶が神を信仰し、神前で経典を唱えるのも一般的だった。日本の神は仏教を守護するとも考えられていたため、源信が自分の願いを巫女に占ってもらったとしても不思議ではない。

具体的には次のような話である。源信が奈良吉野の金峰山《きんぷせん》にいる有名な巫女をたずねて自分の願いを占わせたところ、巫女は神がかりして、次の歌を詠んだ。

十万億の国々は　海山へだてて遠けれど
心の道の直ければ　つとめていたるとこそ聞け
（極楽浄土は海や山を隔てて遠いけれど、心の道をまっすぐに保って勤行していけば、夜が明けて翌朝になるくらい、あっという間に至ると聞いています）

源信は、心に秘めていた極楽往生の願いが叶うと告げる歌が出たことで感涙にむせびつつ帰ったという。

はやりの歌

じつは、この歌は『拾遺和歌集』（一〇〇五年ごろ成立）や『千載和歌集』（一一八八年成立）所収の「極楽ははるけきほどと聞きしかどつとめていたるところなりけり」を、平安時代末期の流行歌謡である「今様《いまよう》」形式（七五・七五・七五・七五）に改作したものである。神は人間の流行に敏感で、それぞれの時代に盛んな詩歌で託宣したのだ。

室町時代には和歌の上句と下句を掛け合う連歌が流行したこともない、五・七・五の発句や七・七の脇句形式の神詠が頻繁に現れるようになったという（伊藤慎吾「神詠と呪歌」）。伏見宮貞成親王《ふしみのみやさだふさしんのう》（一三七二〜一四五六）の『看聞日記《かんもん》』には、神と人との連歌による交流が多く記録されている。たとえば、永享八年（一四三六）四月二十二日条に慈光寺《じこうじ》持経《もちつね》が夢の中で北野天神から「まだ二葉なる松の一本」という脇句をたまわったので、ご神木の松が長い時間を掛けて成長し恩恵をもたらすという意味の発句「神に千世かけて恵みにあふ日かな」を貞成親王が付け、それをもとにつくった連歌を神に奉納したとある。

古歌による歌占

興福寺の学僧壱和《いちわ》僧都（八九〇〜九六七）にも歌占の逸話がある。壱和が維摩会《ゆいまえ》の講師役でライバルに先を越されたことに失望して寺を離れ、諸国遍歴の旅に出たときの話で、『春日権現験記絵《かすがごんげんげんきえ》』巻八—四に載る。壱和が熱田神《あつたじん》宮《ぐう》に詣でたところ、神がかりの巫女が壱和の恨みがましい心中を見抜き、本寺に戻るよう歌占でいさめたという。『後撰和歌集』所収の次の歌である。

　つつめども隠れぬものは夏虫の身よりあまれる思ひなりけり

（蛍を袖で包んでも、その光は隠れず漏れてしまうように、どうしてもあふれてきてしまう思いなのです）

『後撰和歌集』では童が袖に蛍を包んで即興で詠んだとされる歌だが、巫女の歌占では維摩会の講師に執着してライバルを恨む気持ちをとどめられない壱和の状態を示すものとして解釈されている。この歌の神託によって壱和は興福寺へ戻ったという。

このように、歌占の逸話では有名な古歌がもちいられることが多かった。よく知られた

図17　「歌占の図」（『伊勢参宮名所図会』巻五，1797年，国立国会図書館デジタルコレクション）

歌には話そのものを強く印象づける効果がある。さらに、こうした古歌が以後の歌占でも活用されていることも考えあわせると、人の心を動かしてきた名歌は大切なメッセージを伝えるのに適したメディアであり、だからこそ歌占にもちいられたといえるのではないだろうか。

くじ形式の誕生
―能の「歌占」

院政期から室町時代にかけて、勅撰和歌集に収められるような有名な歌が歌占にもちいられ、それが固定化していった。それを示すのが、次にあげる謡曲「歌占」に見える巫者《ふしゃ》の歌占である。

歌占は本来、人の求めに応じて神がかりした巫者が託宣歌を詠み出し、それを読み解くものだった。しかし、時代が下るにつれて、歌占にもちいられる歌は固定化し、あらかじめ決まった複数の歌から任意の一首を選んで占う、くじ形式の歌占がおこなわれるようになった。

謡曲「歌占」は、室町時代初期、世阿弥《ぜあみ》の長男とされる観世元雅《かんぜもとまさ》（?〜一四三二）がつくった能の台本である。その名の通り「歌占」を題材にしたもので、伊勢の神職による歌占の様子が具体的に描かれている。

伊勢二見浦《ふたみがうら》の男巫《おとこみこ》である度会《わたらい》の某《なにがし》は、諸国を巡りながら歌占をおこなっていた。巫者は短冊を結びつけた小弓の弦《つる》を打ち鳴らして、その場に神を招く。占う人が弓の短冊から一枚を選び、そこに書かれた和歌を巫者が解釈して吉凶を占うのである。

この男巫が加賀の白山《はくさん》の麓で歌占をしているとき、実の父を探す少年幸菊丸と連れの男がやってきた。まずは連れの男が自分の父親の病についてたずね、次の歌を引いた。

北は黄に南は青く東白《ひがししろ》西紅《にしくれなゐ》にそめいろの山

（北は黄色に、南は青く、東は白、西は紅に、蘇迷盧《そめいろ》の山が染まっている）

仏教世界の中心にある須弥山《しゅみせん》（蘇迷盧《そめいろ》の山）の四方が異なる色に染まっている様子が詠まれている。男巫は五句目の「そめいろ」を「蘇命路」、つまり命が蘇る途中であり、父は重病だが一命をとりとめると解釈した。

次に少年が父の行方を占うと、次の歌が出た。

鶯《うぐいす》の卵の中のほととぎす　しゃが父に似てしゃが父に似ず

（鶯の巣の卵の中に混じっているホトトギスは、自分の父に似ているようで似ていない）

男巫は、この歌の「鶯」という字に着目した。鶯の音読みは「オウ」（歴史的仮名遣いで「アフ」）。父の行方を知りたいという少年の願いに対し、「逢」瀬の「オウ」、即ち「逢う」が示されたことから、探している父にすでに逢っているはずだと男巫は解釈した。これを不思議に思った男巫が少年の素性をたずねると、まさにその男巫こそが少年の実の父だと判明した。歌占をきっかけに父と子の再会が果たされたのだ。

このやりとりから、当時の歌占がどのようにおこなわれていたのかが知られる。とくに注目したいのは巫者による和歌の解釈である。「そめいろ」を命が蘇る路という意味の「蘇命路」と解釈したり、「鶯」から「逢う」を導いたり、悩みに合わせて歌を自在に読み解いている。時には歌の意味から離れて、歌中のことばや漢字のみを解釈の手がかりとすることもある。このように、和歌をどう読み解くかが歌占の醍醐味であり、巫者の腕の見せどころだった。

伊勢国北村家

謡曲の「歌占」に登場する男巫の子孫と言い伝え、歌占に携わった家が江戸時代まで残っていた。伊勢国二見郡三津村《みつむら》の北村家である。

江戸時代の『伊勢参宮名所図会《いせさんぐうめいしょずえ》』巻五は北村家に伝来する「歌占の弓」の実態を伝えている。その木弓は長さ三尺（九十《チ》セン）ほど、弦には八枚の短冊が結びつけられており、そのうちの二枚に先の「北は黄に……」と「鶯の……」の二首が記され、残りの六枚には次の歌が一首ずつ書かれていたという。各歌の下に典拠を示した。それらを見ると、一首をのぞいて有名な古歌をふまえたものとわかる。

ますかがみ底なる影に向かひゐて知らぬ翁《おきな》にあふ心地する（拾遺集・雑下・旋頭歌）

年を経て花のかがみとなる水は散りかかるをや曇るといふらん（古今集・春上・伊勢）

末の露もとの雫や世の中のおくれさきだつためしなりけり（新古今集・哀傷・遍昭）

物の名も所によりて変はりけり難波の葦《あし》は伊勢の浜荻（菟玖波《つくば》集・雑連歌・救済）

ちはやぶる万の神も聞こしめせ五十鈴の河の清き水音（典拠不明）

ぬれて干す山路の菊の露の間に散り初めながら千代も経にけり（古今集・秋下・素性）

先に紹介した「北は黄に……」も当時の俗謡をふまえており、「鶯の……」も『万葉集』巻九の高橋虫麻呂の長歌を改作した短歌にもとづくもので当時流行していたという（松岡心平「「歌占」の鶯の歌」、黒田彰「歌占考」）。歌占は、このような歌を自在に読み解いておこなわれていたのだろう。

北村家の存在から、歌占を生業とする巫者がかつては数多く活動しており、伊勢を拠点に諸国の霊場を巡っていたのではないかとも考えられている。
謡曲「歌占」は能の台本だから脚色されているだろうが、これ以前に弓をもちいた歌占の様子を示す文献は見出されていない。その点で歌占の実態を推測するための貴重な手がかりなのである。

伊勢の託宣と神歌

じつは「歌占」という曲には謎が多い。歌占の巫者は伊勢の神職とされ、地獄に落ちて蘇生したため総白髪の異形となったという。諸国をめぐり歩く白髪の巫者については、若いころから白髪で知られて「白太夫」と呼ばれた伊勢の神職度会春彦《わたらいはるひこ》が祖とも考えられているが（永池健二「歌占と白太夫」）、そもそもなぜ謡曲「歌占」の巫者は伊勢の神職なのだろうか。この謎を説きあかす手がかりが伊勢信仰の歴史の中にある。貞成《さだふさ》親王の『看聞日記』応永二十八年（一四二一）七月一日条に、「伊勢の宮人《みやびと》」が神歌を伝えたという記事があり、伊勢信仰を伝える宗教者と和歌との結びつきが注目される。

この神歌が都に伝えられたときの状況については瀬田勝哉の優れた分析がある（「伊勢の神をめぐる病と信仰」）。以下、それにしたがい、伊勢の宮人が伝えた神歌について紹介したい。

応永二十七年の夏は異常な日照りであった。その原因は春日明神や貴船明神の祟りと噂されていた。翌年には世の中が飢饉となり疫病も蔓延し、朝廷は「天下飢饉病」の祈禱のために諸神社へ奉幣し、都を守るために陰陽道の祭「四角四境祭」をおこなった。大寺院では大般若経の転読がつづけられた。京都郊外の町や村でも、おびただしい死者を供養し、病者を祈禱するため「百万遍念仏」が唱えられたという。

そのようななか、貞成親王のもとに一人の「伊勢の宮人」がおとずれ、一ヵ月ほど前に伊勢の御託宣があったという。それによると、二年前に李氏朝鮮が対馬を襲った応永の外寇は伊勢の神威で撃退されたが、そのときに亡くなった人が怨霊となって疫病を起こし、いま多くの人をとり殺しており、託宣の神歌もあったのだと語る。親王は、このような話は信仰しないと書きながらも次の神歌四首を記録している。

（1）　ちはやぶる神も居墻はこえぬべし　向かふ箭先《やさき》にあくま来たらず

（神も鎮座する斎墻《いがき》を越えていくだろう。敵に向ける弓矢の先に悪魔が来ることはない）

（2）　ちはやぶる神の前なるやくぶさめ　引くとは見れど放つ箭もなし

（神の前では、敵の「やくぶさめ」が弓を引いても放つ矢もない）

（3）　風吹くと梢《こずえ》動かし花散らし　荒ぶる神のあらんかぎりは

（風が吹くと梢を動かし花を散らせるのだ。荒ぶる神がいるかぎりは）

（4）　ちはやぶる神のしき地に松植へて　松もろともに我も栄へん

（神のいる土地に松を植えて、松とともに我も栄えよう）

これらの四首には一連の展開があると考えられている。つまり、⑴伊勢の神こそが神社の垣根を越えて異国の敵を撃退したのであり、⑵その神の前では敵も攻撃できず、⑶荒ぶる怨霊がいるかぎり、風が吹いて花が散らされるように大勢の人の命が散るから、⑷松を植えて伊勢の神を降臨させることで我々も栄えるのだと伊勢の神が呼びかけたという流れである。

しかしながら、これらの神歌は伊勢神宮自体が公表したものではなかった。この神歌を書き留めた貞成親王もこんな話は信仰しないと書いているし、もとより伊勢神宮が託宣を否定し、非難していたのである。

では、「伊勢の宮人」はいったい誰なのか。それは、各地で伊勢信仰の布教を担う御師《おし》か、それに類する民間宗教者だったのではないかと推測されている。実際、「伊勢」の名のもとに疫病退散の信仰を広め、国主神として崇高であった伊勢の存在を身近なものにしたのは、伊勢の御師たちの働きであった。

この神歌が都に伝えられてからしばらくして、洛中洛外に伊勢の神を新たに勧請した「今神明《いましんめい》」や「今伊勢」が人々の信仰を集めるようになった。永享十年（一四三八）、こうした状況に対して、伊勢皇大神宮と豊受大神宮《とようけだいじんぐう》（三重県伊勢市）は、洛中洛外に「今神

図18　職人歌合絵断簡「梓巫女」（鎌倉時代後期，京都国立博物館所蔵）

明」として大神宮の御殿を造立することを停止する解状《げじょう》を朝廷と幕府に提出している。伊勢の宗教者たちが神宮の正式の許可なく京都進出をはかり、彼らが伝えた神が流行神の様相を帯びるようになっていたのを、伊勢神宮側は阻止しようとしたのだった。

ここで思い浮かぶのが謡曲「歌占」だ。諸国をめぐって歌占をおこなう伊勢の巫者は、伊勢の託宣と神歌を喧伝した「伊勢の宮人」のように、地方に伊勢信仰を伝える宗教者、いわゆる御師だったのではないだろうか。伊勢信仰が民衆化するにともない、民間信仰の持つ現世利益的な面を取り入れて呪術化することは避けがたかったとされる（新城常三『社寺参詣の社会経済史的研究』）。こうしたことから、謡曲「歌占」の巫者が伊勢の神職とされる背景には、伊勢信仰を広めようとする宗教者たちの活動があったのではないかと思われるのである。

神おろしの呪歌

和歌は神霊を招き寄せるためにもちいられることもあった。そのとき唱える呪文の歌を「呪歌《じゆか》」という。まじない歌である。

室町時代の謡曲「葵上《あおいのうえ》」には、神霊を招くために梓弓《あずさゆみ》を打ち鳴らして神おろしの呪歌を唱える巫女が登場する。「寄人《よりびと》は今ぞ寄りくる長浜の芦毛《あしげ》の馬に手綱《たづな》ゆりかけ」という歌で、神が寄り憑《つ》くように「寄る」の繰り返しがある。御伽草子『鴉鷺《あろ》物語』でも鵐《しとと》の巫女が雀藤太《すずめのとうた》の霊を呼び出すために同じ歌を唱えて神がかり状態となっている。

室町時代後期ごろの成立とされる御伽草子『花鳥風月』は巫女姉妹の花鳥と風月による占いと降霊の口寄せを描いた物語である。ここにも神おろしの歌が登場する。葉室《はむろ》中納言邸でおこなわれた扇合《おうぎあわせ》で、ある扇に書かれた人物が在原業平《ありわらのなりひら》か光源氏かをめぐって論争になった。それに決着をつけるため、巫女の姉妹が招かれた。はじめに、短冊と梓弓をもちいる占いと口寄せをおこなって業平の神霊が呼び出された。次に、光源氏を招くため神鏡を取り出して祈禱をおこなった後、「年を経て花の鏡となる水は散りかかるをや曇るといふらん（ただの鏡は塵がかかると曇ってしまうけれど、長いあいだ花を映す鏡となっている水面は、花が散りかかるのを曇るというのだろうか）」という歌を唱えると、巫女の脳裏に、紫の上が須磨へ向かう源氏との別れを悲しんで「鏡を見ても慰めてまし（あなたの姿が鏡にとどまるなら鏡を見ても慰められるでしょうけれど）」という歌を詠んだことが浮かんだ。

さらに祈り続けて「雲隠れせし夜半の月、光を又やあらはさん（雲に隠れた夜半の月は、その光を再び現すだろうか）」と三回繰り返すと、光源氏の姿が鏡に浮かび上がったのである。

これら二首の鏡の歌は神おろしの役割を持つものだろう。一首目の「年を経て」は『古今和歌集』所収の伊勢の歌である。先に紹介した北村家の「歌占」の短冊にも同じ歌が含まれており、神おろしと歌占の関連が推測される。さらに二首目の「雲隠れせし」の呪文は隠れていた月が再び姿を現すだろうかという意で、目に見えない神霊をおもてに呼び出す役割をはたしている。

このように、占いや口寄せで霊を招き寄せるときには呪歌が必要であった。神霊と人をつなぐために歌が唱えられたのである。

夕占の作法

占いの前に呪歌を唱え、その占いが的中するように祈る風習は古くからあった。『万葉集』の時代から、夕方に道行く人の言葉を聞いて吉凶を占う「夕占《ゆうけ》」の風習があった。

歴史物語『大鏡』には藤原道長の母時姫にまつわる夕占の話がある。

時姫がまだ若かったころ、都の二条大路で夕占をした。すると、見知らぬ白髪の老女から声を掛けられ、「もしやあなたは夕占をしているのですか？　もしそうなら、どんなことも望みのままに実現して、この二条大路より広く長く栄えるでしょう」と言われたという。

時姫は中級貴族である摂津守藤原中正《なかまさ》の娘であったが、後に関白となる藤原兼家《かねいえ》の正妻となり、道隆《みちたか》・道兼《みちかね》・道長・超子・詮子を生んだ。このうち、男子三人は摂政・関白となり、娘二人は一条天皇と三条天皇を生んで、帝二人の祖母にもなった。地方官である受領《ずりょう》の娘として異例の成功といってよい。

このエピソードでは、白髪の老女のことばが類まれな栄華を予言するお告げになっている。能の「翁」において白髪の老人が神に変身するように、神は白髪の老人として表現されることが多かった。この老女も「白髪」が神を想起させる。

夕占でも占う前に呪文の歌を唱える。平安時代後期の歌学書『袋草紙』には、夕占の前に唱える歌が紹介されている。

ふなとさへ夕占の神に物問はば道ゆく人よ占正《うらまさ》にせよ

（道の神、道祖神、夕占の神に物をおたずねするときは、道行く人よ、占いの言葉をただしく言ってください）

「ふなと（岐）」は道の神、「さへ（塞へ）」は道祖神とされる。平安時代末期〜鎌倉時代に成立した百科事典『簾中抄《れんちゅうしょう》』『拾芥抄《しゅうがいしょう》』『二中歴《にちゅうれき》』は、この歌による歌占の作法を

図19　「辻占」（『北斎漫画』第十一編）

紹介している。『拾芥抄』には、午年《うま》の女性三人が午の日に黄楊《つげ》の櫛を持って辻へ行き、右の歌を三度唱え、自分の周囲に境界を引いて米を撒いた後、櫛の歯を三度鳴らし、はじめに境界内へ入った人の言葉を聞いて吉凶を占うとある。「黄楊」の櫛をもちいるのは、神の「告げ」と音が通じるからだろう。

このような呪歌は室町時代末期から江戸時代にかけてつくられた遊戯的な和歌占いにも取り込まれた。それを示すのが室町末期の成立とされる阪本龍門文庫《さかもとりゅうもん》蔵『歌占』である。

占いの前の呪歌

その序文によれば、占いの前に次の呪歌を三回唱える。

天は澄み地は濁りつつ半ばなる人の心に占まさしかれ

占いは天と地の間にある人の心に関するものであり、その占いの結果が的中するよう祈る歌である。

呪歌を唱える作法は江戸時代の歌占本にも引き継がれた。天神（菅原道真《すがわらのみちざね》）を歌占の神とする『天満宮《てんまんぐう》六十《ろくじゅう》四《し》首《しゅ》歌占《うたうら》御鬮《みくじ》抄《しょう》』（一七九九年刊、以下『天満宮歌占《てんまんぐううたうら》』）では、次の歌を三度唱えてから占う。

ちはやぶる神の子どもの集まりて作りし占《うら》ぞ正《まさ》しかりける

（神の子たちが集まって作った占いは的中したのだなあ）

「ちはやぶる」は神にかかる枕詞で、神の勢いのすごさをあらわすとされる。先に伊勢の神歌としてあげた四首のうち、三首の冒頭も「ちはやぶる神」であった。

『天満宮歌占』以外の歌占本でも、「いにしへの神の子どもの集まりて作りし占ぞまさしかりける」（『せいめい歌占』）、「千早振《ちはやぶる》神の御末の我なれば御告げの占のまさしかるべき」（蔵瀬家所蔵『哥占《うたうら》』）など、よく似た呪歌を唱える。

このうち江戸時代の写本『哥占』を所蔵する蔵瀬家は両部神道に属する祈禱師で、神社に奉仕する法者の家であった。『哥占』は蔵瀬氏が実際におこなった歌占のテキストだったと考えられている（岡中正行「対馬の歌占」）。呪歌に含まれる「神の子ども」や「神の御末の我」という表現も巫者（シャーマン）の存在を想起させる。このような表現が呪歌にもちいられるのは、神と人をつなぐ巫者が歌占をおこなっていた名残といえるのではないだろうか。

神と人をつなぐ歌

こうした呪歌は神に捧げる神楽歌とも通じあう。長崎県平戸《ひらど》市（旧平戸藩領内）の神社でおこなわれている平戸神楽の供米《くまい》舞で歌われる神楽歌には「古《いにし》への神の子どもの集まりて作りし占ぞまさしことう」という歌詞がある。歌占で唱える呪歌が神をもてなす饗宴の場で歌われる神楽歌と類似するのは、歌占の根幹にも神が存在するということだろう。さらには、神楽と歌占が担い手や場を共有していた可能性もあるのではないだろうか。つまり、神と人をつなぐ巫者が、あるときは呪歌を唱え、あるときは神楽歌を歌っていたのではないかということである。

島根県の隠岐島《おきのしま》で現在もおこなわれている島前《どうぜん》神楽の巫女舞でも、神をおろすために神歌が唱えられる。大御幣《おおごへい》と榊《さかき》を手にした巫女が「久方の天の八重雲かきわけて」という上句を歌うと、その場の一同が太鼓を激しく鳴らしながら「下りし神を我ぞ迎えん」という下句を続ける。このとき天井からつるされた天蓋が次第に大きく揺らされ、その下で巫女が神を勧請するための祝詞を唱えると神がかりがおこるという。現在はその形式をわずかに残すのみだが、かつてはこの神がかりによる託宣が神楽で最も重要なものとして位置づけられていた。

人は神を迎えたいという想いを和歌や祝詞で伝え、神がそれを聞き届ける。それによって神がかりがおこり、託宣が人に示される。このとき、「久方の天の八重雲かきわけて／下りし神を我ぞ迎えん」という掛け合いの歌は、神を迎えたいという人の願いを神に伝えるものとして機能している。

神と人をつなぐために、歌が必要とされたのである。

和歌で占う

ひろがりと変化

江戸の歌占

七夕の恋の歌占

これまで述べてきたように、神の託宣歌は、平安中期、『拾遺和歌集《しゅういわかしゅう》』の時代から勅撰和歌集に収められるようになった。平安時代末の院政期には『俊頼髄脳《としよりずいのう》』や『袋草紙』などの歌学書に神々の託宣歌が多く載せられ、巫女が神のお告げを和歌で伝える歌占もおこなわれていた。

同じころ、百首からなる歌占が鳥羽《とば》法皇の后である美福門院得子《びふくもんいんなりこ》の周辺でつくられていた。源　師時《みなもとのもろとき》の日記『長秋記《ちょうしゅうき》』に、長承二年（一一三三）七月六日庚申の夜、得子が師時らに百首の歌占をつくらせたという記事がある。牽牛星と織女星をまつる乞巧奠《きっこうでん》の前で、男女七人が七夕にまつわる古歌百首を選び、それをまとめたものを一巻に仕立て、それで歌占をおこなうと的中するのだという。歌は翌年まで東戸の上に置いておき、翌年の七夕で歌占にもちいるが、それまでにネズミに齧られるなどして戸の上から落ちたら七夕を待たずに占いをするとある。

七夕を題材とする古歌というと、牽牛星と織女星が年に一度だけめぐりあうという七夕伝説をふまえた歌が多い。たとえば次のような歌である。

年ごとに逢ふとはすれど七夕の寝《ぬ》る夜の数ぞ少なかりける

（毎年逢うとはいっても、七夕の夜の数は少ないものだなあ）

（古今和歌集・秋上・詞書「七日の日の夜よめる」・凡河内躬恒《おおしこうちのみつね》）

美福門院得子らがつくった歌占は現存しないが、おそらくは七夕にちなんで恋歌を主にした占いだったのではないだろうか。室町時代の『歌占』（阪本龍門《さかもとりゅうもん》文庫所蔵）をはじめ、江戸の和歌占いも恋占いとみられるものが多い。おそらく和歌占いには恋占いのイメージがあったのだろう。

風雅な占い

江戸時代にはさまざまな歌占が流布したが、歌占は和歌に精通した人向けの風雅なものととらえられていたようだ。幕末に出版された『天保大雑書《てんぽうおおざつしょ》万歳暦《ばんざいれき》』（一八三四年刊、図20）に高貴な女性が歌占を楽しむ様子が描かれていることから、それがうかがえる。『天保大雑書万歳暦』によれば、歌占は日本の占いで、周易や亀卜にもとづくのではなく、古人の詠歌を書いた短冊を引いて、その歌の意味を解釈して吉凶を

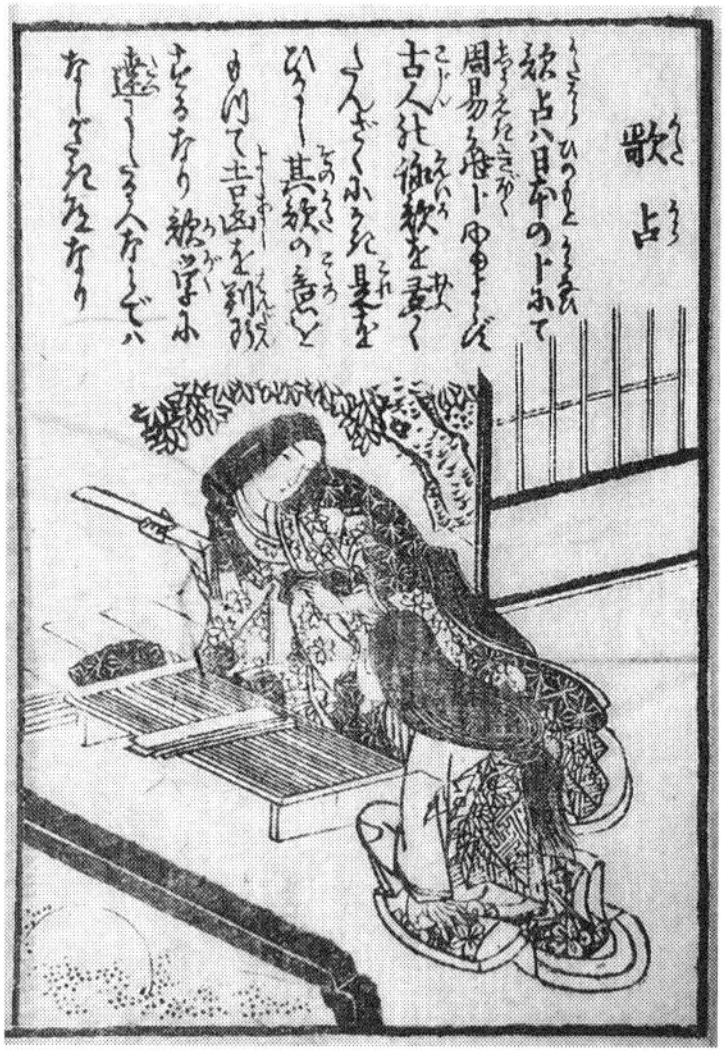

図20　『天保大雑書万歳暦』（1834年刊，著者所蔵）

判断するもので、和歌に詳しい人でないとできないのだという。

後で述べるように、江戸時代の歌占本の多くは易占の影響を受けているが、古くは美福門院得子のおこなった百首の歌占のように、易占とかかわらないものもあったのだろう。占いの結果として出た歌を悩みにあわせて自在に読み解くためには、歌のことばや意味を深く理解している必要がある。だからこそ、歌占は和歌に詳しい人でないとできないと言われるのだ。もともとの歌占に吉凶がなかったのは、和歌の解釈が悩みによって吉にも凶にもなりうるからだろう。

歌占本の誕生―龍門文庫蔵『歌占』

室町時代には、弓の弦に結びつけられた和歌短冊から一枚を選ぶ形式の歌占がおこなわれていた。巫者の歌占である。先に紹介したように、室町時代の謡曲「歌占」には、その様子が描かれている。こうした籤形式の歌占は、やがて書物にまとめられた。本書では、それらを「歌占本」と呼ぶことにする。

歌占本は、どのようなものだったのだろうか。以下、具体的に見ていこう。

現存最古の歌占本は阪本龍門文庫所蔵『歌占』である（以下、龍門本『歌占』とする）。室町時代の終わりごろに書写されたものとみられ、江戸時代に出版された歌占本のさきがけといえる。序文で占いの方法を示した後、計六十四首の和歌が載る。各歌には「天」「地」「人」と一～三の数、歌の内容にかかわる絵も添えられている（図21）。

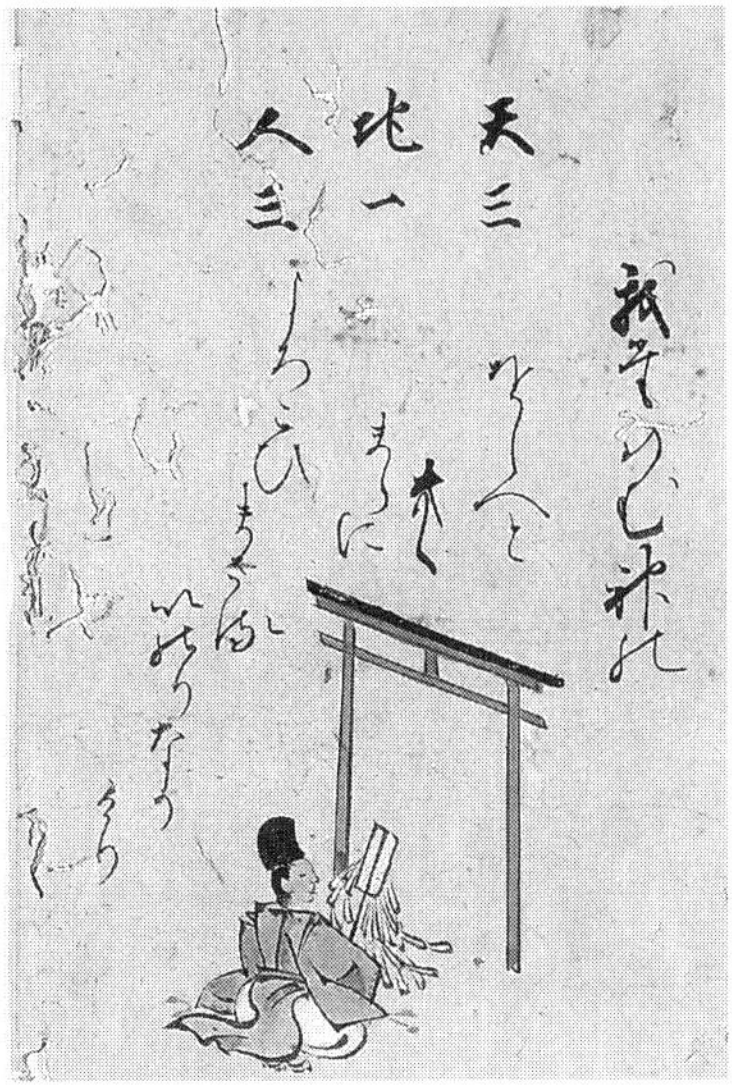

図21　『歌占』（公益財団法人阪本龍門文庫所蔵）

歌占の方法

その序文によれば、歌占は次の(1)～(3)の手順でおこなう。

(1)　心を静かに落ち着けて占いたいことを思い浮かべながら「天は澄み地は濁りつつ半ばなる人の心に占まさしかれ」という歌を三回唱える。

(2)　賽を投げて「天」「地」「人」の数の組み合わせを得る。

（3）　（2）で出た組み合わせに該当する和歌と絵を解釈して、（1）で思い浮かべたことについて占う。

要は、賽を振って出た「天」「地」「人」の文字の組み合わせで選ばれた和歌と絵を解釈して占ったのである。

このときもちいる賽は九つで、「天」「地」「人」の文字を表に記した賽を各三つ用意したと推測される。各歌の上部に記された「天」「地」「人」と一〜三の数字の組み合わせは賽を振った結果を示しており、合計六十四通りある。

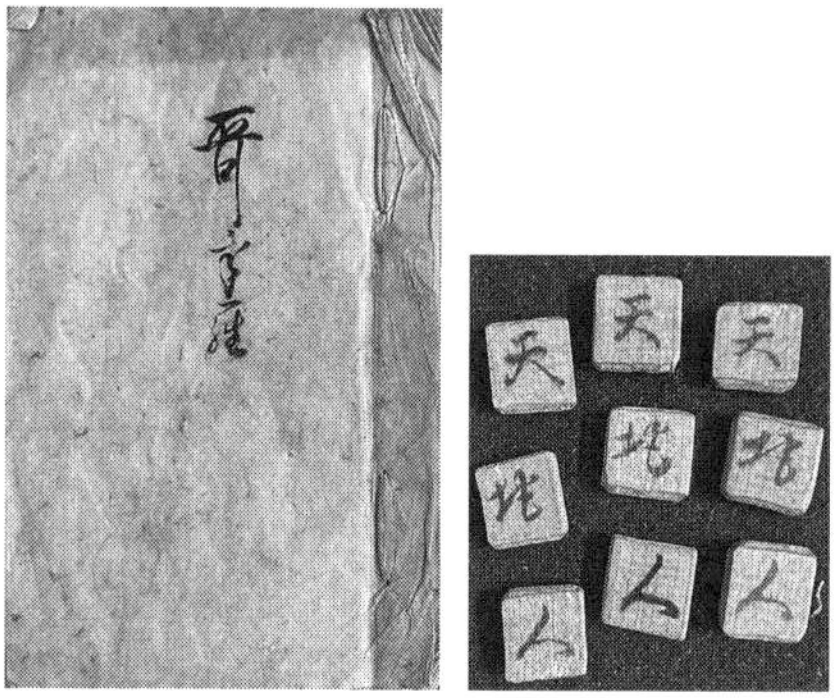

図22　歌占本と天地人の賽（著者所蔵）

たとえば、九つの賽のうち表《おもて》に見えている字が「天」三枚、「地」一枚、「人」三枚であれば「天三　地一　人三」となり、「天」一枚、「地」二枚、「人」がすべて裏向きの場合は「天一　地二」となる。

歌占に使う賽が付属する歌占本もある（図22）。九つの賽は「天」「地」「人」を表に記したものが各三片ずつで、裏には何も記されていない。おそらく龍門本『歌占』でも同様の賽がもちいられたのだろう。

同じことを二度問うべからず

歌占では同じことを二度占うべきではないとされる。龍門本『歌占』の序文にも「同じ事を二度問ふ事あるべからず」とある。江戸時代の随筆『甲子夜話《かっしやわ》 続編』巻九は「『歌卜《ウタウラ》』と標題したる故冊」の表紙に同様の記述があることを紹介し、「此占、神験ある事、霊妙なり。疑念を去て正真に問時は一番にして応ずる。二度問事なかれ」と述べている。末尾の「二度問事なかれ」は龍門本『歌占』に通じており、同じことを二度占ってはいけないというのが歌占の決まりであったことがわかる。

漢詩みくじの例だが、江戸の百科事典『和漢三才図絵《わかんさんさいずえ》』巻第七十「大慈山小松寺」項の「籤」に関する記述にも同様の内容がある。卜籤をしようとするものは至誠心をもって観音および神仏の名号を念誦し、いささかも疑う心をおこしてはならず、何度も籤を引くと穢れ、そうなると応験はないという。

先にあげた『甲子夜話 続編』巻九は、『歌卜』には「神験」、つまり神の霊験があると書いている。これは、歌占が神につながるものとして意識されていたということだ。先に触れた「三度鬮」のように三度引くことで信頼性を確かめることもあったが、おみくじは本来、神仏の前で祈りを込めて引くものであるから、何度も引くのは神仏を信頼していないことになる。信仰する神仏の前で集中して引くからこそ、その結果が特別な意味を持つものになるのであり、そのためには、一回を大切にすることが重要なのだろう。

歌占本の共通点 ―呪歌・六十四首・神の歌

歌占では、賽を振ったり棒や紙片を引いたりして選んだ一首が占いの結果となり、それを悩みや願いにあわせて解釈する。初期の歌占本は、和歌のみ、あるいは和歌と挿絵のみが書かれたもので、吉凶や解説はついていなかった。そのため、和歌の素養のある人々が楽しむものだったと推測されるが、江戸時代になると、元三大師《がんさんだいし》御籤の流行を受け、吉凶や運勢の説明、病や方角などの項目ごとの解説が添えられて現在のおみくじに近いものになり、より多くの人に親しまれるようになったと考えられる。

後述するように江戸時代にはさまざまな歌占本が出版された。例外はあるが、①和歌を解釈して占う、②占う前に呪歌を唱える、③六十四首から一首を選ぶ、④神にかかわる歌を含む、この四点が共通点としてあげられる。

順に説明していこう。まず①「和歌を解釈して占う」のは歌占の根幹である。歌占は和歌をどう解釈するかが最も重要だが、歌占本には歌だけでなく挿絵のあるものも多い。龍門本『歌占』の序文には、歌はもちろん、必要に応じて挿絵も解釈するようにという指示がある。挿絵も占いの結果を示し、歌と同じく解釈の手がかりとなる。

ルーツとしての易占―算木・六十四卦と六十四首

②「占う前に呪歌を唱える」のは、先の「占いの前の呪歌」で述べた神おろしの役割を持つ呪歌が歌占に取り込まれたものだろう。延享三年（一七四六）写『三社御歌うらなひ』（天理図書館蔵）の冒頭には、先にあげた『天満宮歌占』の呪歌「ちはやふる神の子どもの集まりて作りし占はまさしかりけり」の「占」を「サン木（算木《さんぎ》）」とする呪歌がある。

イニシヘノ神ノコドモノアツマリテツクリシサン木マサシカリケリ

この歌を三回唱えた後、三本の算木を無念無想で投げ、それらに刻まれた線の数で結果を見るという。ここでもちいられる算木は易占の道具であり、この呪歌の「算木」は歌占と易占の結節点といえる。

なお、『三社御歌うらなひ』の「三社」は、三社託宣の神である八幡大菩薩・天照大神・春日大明神だろう。この三神の託宣を記した掛け軸を信仰することが室町時代から江戸時代にかけて流行しており、安倍晴明《あべのせいめい》を作者に仮託した歌占本『せいめい歌占』（江戸後期刊）も歌占の前に三社の御名を唱える作法がある。

③「六十四首から一首を選ぶ」というのも易占とかかわる。易占の基本は八卦と八卦を組み合わせた六十四卦にある。『せいめい歌占』の序文に「易の六十四卦をかたどり、六十四首の和歌を集めて歌占と名付く」とあるように、歌占の六十四首は易占の六十四卦に

ちなむものである。

歌占本が多く出版された十八世紀半ばは、易学を中興した新井白蛾《あらいはくが》（一七一五〜九二）の影響で易占が一般に広まった時期でもある。易占の流行を受けて歌占本がつくられたのだろう。

神のお告げから歌占本へ

④「神にかかわる歌を含む」については、歌占本に神のお告げの歌が含まれていることを指摘しておきたい。たとえば、先にあげたように「手にむすぶ水に宿れる月影はあるやなきかの世にはありける」は鳥羽法皇の崩御を予言した歌だ。これは『拾遺集』哀傷部に収められる紀貫之の歌にもとづくが、『保元物語』では熊野の神のお告げの歌とされ、それが江戸時代の歌占本にも入れられたのである。

歌占本には、清水観音《きよみずかんのん》の託宣歌として伝わる「ただ頼めしめぢが原のさしもぐさ我世の中にあらんかぎりは」（『せいめい歌占』、『天満宮歌占』）や神を詠み込む「我頼む神の教えを聞くままに喜びまさる祈りなりけり」（龍門本『歌占』）など、神にかかわる歌が収められている。さらに、神のお告げがしばしば和歌で示されてきたことを考えあわせると、歌占の根幹には神のお告げの歌があり、後代の歌占にもその名残があるといえるのではないだろうか。

歌占本の系譜

江戸時代中期以降、書物の出版が盛んになり、歌占本も多く刊行された。江戸時代までの主な歌占本は次の(A)～(D)の四系統に整理できる。

以下、(A)～(D)に分けて説明していこう。まず、江戸時代の歌占本の主流は(A)(B)の系統である。

(A)　天地人系は天・地・人を記した賽を振った組み合わせで結果を示す。このタイプの占い方は先に「歌占の占い方」のところで解説した。この形式の本として室町時代末期の龍門本『歌占』と江戸時代の歌占本がある。いずれも六十四首からなり、天・地・人の組み合わせと和歌のみで結果が示され、吉凶や解説はない。江戸時代最後の天皇である孝明《こうめい》天皇（一八三一～六七）が自ら書写した写本も存在する。勅撰和歌集等の古歌も収められ、和歌の素養を持つ人々に享受されたと考えられる。

(B)　三数字系は、一一一・一一二・一一三・一一四のように、一・二・三・四の数字三つの組み合わせで六十四首から結果の一首を示す。和歌のほか、挿絵や吉凶、和歌の内容を何かに喩えた「～ごとし」の文を記載する。この系統のうち、安倍晴明の歌占とされる『せいめい歌占』と天神の歌占とされる『天満宮歌占』は和歌や比喩の文に共通点が多い。とくに『天満宮歌占』は『金比羅大権現御鬮記』や『弘法大師御鬮記』との関連もみとめられる。(A)(B)の具体的な特徴は後述する。

百人一首の歌占本

(C)　百人一首系は、百人一首と結びついた歌占である。江戸時代には百人一首がおおいに流行し、とくに幕末の天保から嘉永ごろにかけて注釈書が多く刊行されていた（吉海直人編『百人一首註釈書目略解題』）。ちょうどこの時期、百人一首をもじった狂歌や百人一首をおもしろおかしく解釈した戯講釈も流行していた。落語「ちはやふる」が崇徳院《すとく》の「ちはやふる神代も聞かず龍田川からくれなゐに水くくるとは」を「ちはや」という名の遊女の逸話として解釈するのはよく知られている。その成立の背景には『百人一首戯講釈』（芝全好、一七九四年）などの戯講釈の流行があった。

こうした百人一首ブームのなかで百人一首の歌占本も刊行されたのだろう。次の三点が知られている。

①『百人一首倭歌占』天保十四年（一八四三）刊
②花淵松濤著『百人一首歌占鈔』二巻二冊、嘉永元年（一八四八）刊
③歌卜斉著『百人一首歌占』嘉永五年（一八五二）写

いずれも百人一首に易や陰陽思想を結びつけたものである。①は八卦占いをもとに目を閉じて歌を指さして占い、②は易の六十四卦が百首に当てはめられている。③は「縁談」「旅立」などの項目ごとの簡略な解説が主である。

表2　歌占本の系統別一覧

系統	書名	刊写時期	所蔵
(A)　天地人	『歌占』	室町末期写	阪本龍門文庫
	『萩の八重垣』	享和元年（一八〇一）刊	天理大学附属天理図書館他
(B)　三数字	『天満宮六十四首歌占御鬮抄』	寛政十一年（一七九九）以前	道明寺天満宮他
	『せいめい歌占』	江戸後期刊	成蹊大学図書館他
	『金比羅大権現御鬮記』	江戸後期刊	個人蔵
	『弘法大師御鬮記』	天保五年（一八三四）刊	個人蔵
(C)　百人一首	『百人一首倭歌占』	天保十四年（一八四三）刊	早稲田大学図書館他
	『百人一首歌占鈔』	嘉永元年（一八四八）刊	新潟大学附属図書館他
	『百人一首歌占』	嘉永五年（一八五二）写	大阪市立中央図書館他
(D)　その他	『毘沙門天即座占』	明和四年（一七六七）刊	個人蔵
	『易術和歌占』	天明六年（一七八六）刊	十文字学園女子大学図書館他
	『歌占考』	嘉永二年（一八四九）奥書	国文学研究資料館
	『源氏歌占』	嘉永六年（一八五三）自序	早稲田大学図書館
	『弁財天御歌御籤』	安政四年（一八五七）写	実蔵坊真如蔵
	『神代正語籤』	安政六年（一八五九）序	個人蔵、国書データベース
	『弘法大師いろは歌占』	刊年不明	早稲田大学図書館
	『歌占』	書写年次不明	長崎県立対馬歴史民俗資料館（宗家文庫）

(D)　その他には、さまざまな歌占がある。易、神話、弘法大師、毘沙門天、弁財天、源氏物語などの歌占で、これまでに見てきた安倍晴明や天神、百人一首の歌占と同じく、当時の流行と結びついている。

「天地人」の歌占

(A)天地人系の歌占は、室町時代の龍門本『歌占』が古く、江戸時代の『萩の八重垣』に引き継がれた。特徴として、(1)天・地・人の組み合わせで六十四の結果を示す、(2)呪歌に天・地・人を詠み込む、(3)吉凶や解説がない、(4)勅撰和歌集や謡曲「歌占」所収の古歌を摂取している、以上の四点があげられる。

(1)(2)で「天」「地」「人」がもちいられるのも易の思想とかかわりがある。天地人は世界を形成する要素であり、宇宙に存在する万物を指す。天地人は「三極」ともいわれ、『易経』の「繫辞上篇」に「六爻之動、三極之道也」とある。これは、「六爻」、つまり易占の結果を示す六つの陰陽のあり方が、宇宙の万物である天地人の三極を示す道だというのである。

(3)吉凶や解説がないのは、歌占が和歌を解釈できる人々に享受されたからだろう。歌占は本来、結果の歌を悩みにあわせて読み解くもので、吉凶があらかじめ決まっているものではなかったのである。

(4)は結果の歌に勅撰和歌集や謡曲「歌占」所収の古歌が含まれるということである。たとえば江戸時代の歌占本『萩の八重垣』には『古今和歌集』などの勅撰集歌が収められている。例をあげよう。

天の原ふみとどろかし鳴る神もおもふ仲をばさくる物かは
(空をふみとどろかして鳴る雷神も、思いあう二人の仲を裂くことはできるものか)
(古今集・恋・読人しらず)

沖つ風吹にけらしな住吉の松の下枝をあらふ白波
(遠い沖で風が吹いたようだ。住吉の浜の松の下枝を白波が洗っている)
(後拾遺集・雑・源経信)

どちらも多様な状況に応じて解釈できる。一首目の「天の原」の歌は、強く思い合っていれば、その関係を引き裂くことは誰にもできないという意味である。もとは恋歌だが、占いとしては恋にかぎらず、天空で鳴り響く雷神は周囲の声や不安な状況を示すものとして、「おもふ仲」は強い結びつきや思い合うもの同士として幅広く解釈できる。

二首目の「沖つ風」の歌は、沖で吹いた風で波がおこり、その波が住吉の浜の松の枝を洗っている風景を詠んだものである。占いとしては、遠いところで何か問題が生じ、その結果が身近に及んでいる状況として解釈しうる。

古歌の利用

このように、歌占にもちいられた古歌には、さまざまな悩みにあわせて解釈できるような柔軟性がある。

こうした古歌は、多様な解釈を可能にするため占い用にアレンジされることもあった。歌占本『萩の八重垣』の「年ごとに生ひそふ竹の世々を経て変はらぬ色を君にたとへて」を見てみよう。この歌は『新古今和歌集』所収の紀貫之の歌にもとづくが、次にあげるように『新古今和歌集』では賀の部に収められ、第五句は「誰とかは見む」である。

延喜御時、屏風歌

年ごとに生ひそふ竹の代々を経て変はらぬ色を誰とかは見む

（年ごとに生え増えていく竹の代々を経ても変わらない緑の色を、いったい誰と見立てようか）

延喜の御時は醍醐《だいご》天皇の時代で、宇多《うだ》法皇六十歳の長寿を祝う六十賀で屏風に添えられた歌である。第五句目「誰とかは見む」の「誰」は「宇多法皇」を意識した表現で、年月を経ても緑のまま変わらない竹に誰をたとえようかと問うことで、それは宇多法皇以外にいないとほのめかしている。奥ゆかしい表現だが、占いの歌としてはわかりにくい。そのため『萩の八重垣』では、「誰とかは見む」を「君にたとへて」に変えて対象を明確にしている。この場合の「君」は、対人関係の悩みであれば相手を指すことになるし、人間関係以外の悩みであれば「君」を自分として解釈することもできる。

恋占い『萩の八重垣』―孝明天皇の歌占本

先ほどから引用している『萩の八重垣』は江戸後期に流布した歌占本である。書名の「萩」は女性との恋の行方にたとえられ、「八重垣」はスサノオノミコトによる最古の歌「八雲立つ出雲八重垣……」を想起する語であることから、おそらく恋占として楽しまれたものだろう。

萩の葉は恋のおまじないにも使われた。片想いの人の家の近くで萩を見つけ、その葉と葉を結ぶと恋が叶うとされる。『大弐三位集』や『新千載和歌集』に収められる藤原定頼《ふじわらのさだより》（藤原公任《きんとう》の息子）と大弐三位《だいにのさんみ》藤原賢子（紫式部《むらさきしきぶ》の娘）の和歌のやりとりから、定頼が賢子に恋心を抱いて萩の葉を結ぶおまじないをしたことが知られる（繁田信一『王朝貴族のおまじない』）。

『萩の八重垣』には和歌のみの本と和歌に挿絵のついた本の二種類がある。和歌だけを載せるものは写本で、皇室伝来の資料を保管する宮内庁書陵部や東山御文庫に残されており、宮中で享受されていたことが知られる。

天皇が占いの本を書写したというと意外に感じるかもしれないが、東山御文庫には天皇自身が書写した歌占本も伝わっている。安政六年（一八五九）、江戸時代最後の天皇である孝明天皇が書写した『萩の八重垣』である。奥書には、この本を書写した経緯として孝明天皇が新大典侍徳子《なりこ》の所持していた本を暇に任せて書写したとある。徳子は安政四年に新大典侍となった勧修寺《かじゆうじ》徳子で、孝明天皇に信頼されて皇子の養育係を任されるほどの女官であった。

東山御文庫には、この本とともに「天」「地」「人」字の大小各三枚の賽、つまり大小各九枚の「歌占籤」セットも蔵されている（『東山御文庫御物　皇室の至宝5』）。歌占は天皇や貴族が楽しむ風雅な遊びでもあったのだ。

大判の刷り物

挿絵のある『萩の八重垣』は、さまざまな形で流布していた。冊子の写本もあれば、一枚の大判紙に呪文と六十四首の和歌と挿絵が色刷りされたものもある。後者の刷り物で現存するのは享和元年（一八〇一）刊『萩の八重垣』（赤松九兵衛板、図23）である。江戸時代の出版目録『享保以後江戸出版書目　新訂版』『宝暦四年刊書籍目録』を確認すると、寛延元年（一七四八）や宝暦四年（一七五四）にも同書が一枚摺で刊行されており、十八世紀半ばまでには成立していたことがわかる。

この『萩の八重垣』は中央上部に次の三首を掲げ、その周囲に天・地・人の組み合わせと六十四首の和歌を配置する。

天清くすめる心の哥占は問ふことごとに正《まさ》しかりけり
人直に二度と此《この》うら問ふまじや一たび振《ふ》れば合ふとこそ聞け

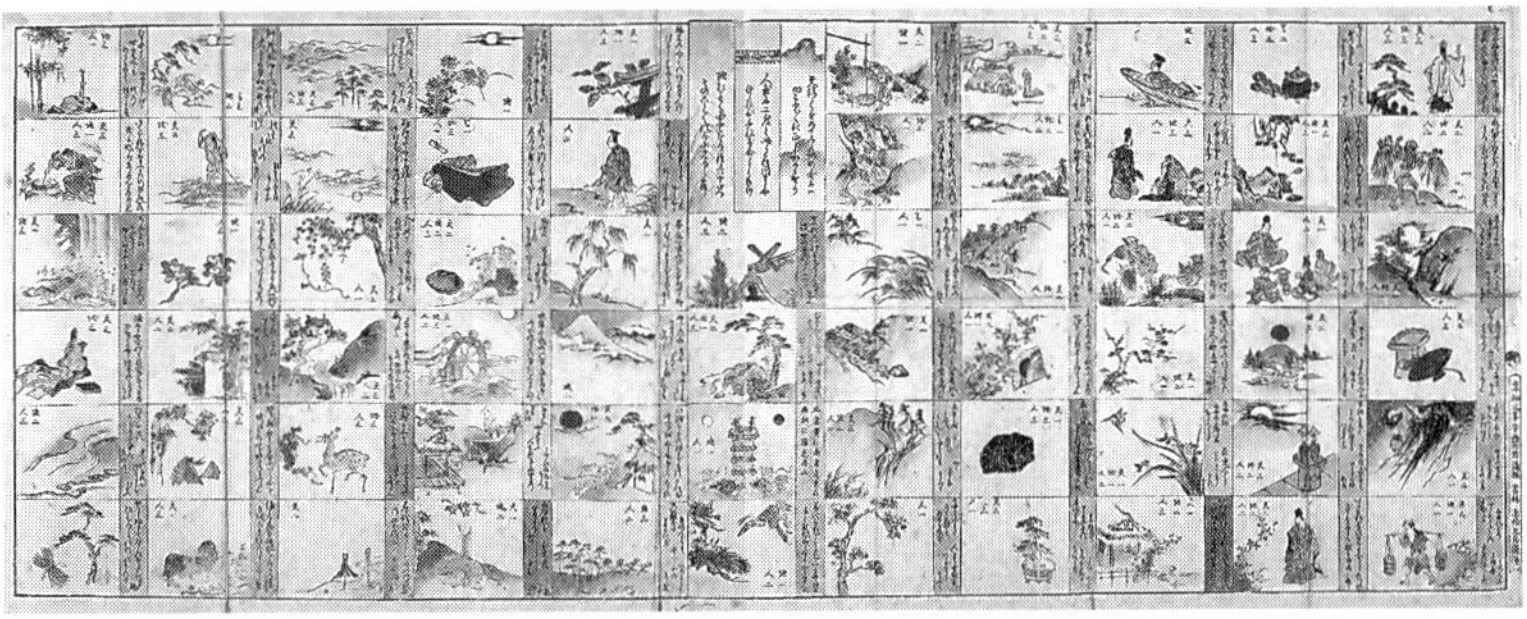

図23　『萩の八重垣』（天理大学附属天理図書館所蔵）

　地おもく国と成つつ六十四《むそじよ》つそのことごとに占に見ゆらん

冒頭がそれぞれ「天」「人」「地」で、一首目の「天清く……」と三首目の「地おもく……」は先行する龍門本『歌占』の呪歌と類似する。二首目の「人直に……」も龍門本の序文の内容に通じることから、『萩の八重垣』は龍門本から派生したものと考えてよいだろう。

この三首は歌占の前に唱える呪歌であった。『甲子夜話 続編』巻九は「『歌卜《ウタウラ》』と標題したる故冊」を紹介し、右の三首が「卜詞」、つまり占いのための呪歌であり、三首を唱えてから目を閉じて無心で歌を引くと説明している。

『甲子夜話』には『歌卜』に記されていた六十余首の歌も引用されており、その引き方の説明もある。それによると、「天一地一」等と書かれた短冊が弓に掛けてあり、それを引いて、対応する歌にあわせて吉凶を判断したという。

謡曲「歌占」では和歌そのものが短冊に書いてあったが、時代が下って歌数が増えたため、「天」「地」「人」の組み合わせだけを短冊に記し、それを本に記載された和歌と照らし合わせて占ったのである。謡曲「歌占」の発展形といってよいだろう。

三数字の歌占――『天満宮歌占』と『せいめい歌占』

(B)の三数字系は一・二・三・四の数字から三つを選んだ組み合わせで六十四首から一首を選ぶ歌占である。この系統は安倍晴明に仮託された『せいめい歌占』と天神の歌占とされる『天満宮歌占』が主で、この二書は呪歌や所収和歌などに共通点が多く、影響関係にあるとみてよい。『天満宮歌占』と『せいめい歌占』について紹介しよう。

『天満宮歌占』の占いの結果は、一〜四までの数字を記した賽を三回振って得られた三つの数の組み合わせによって知られる。たとえば、一度目が一、二度目も一、三度目が二であれば、一一二の歌を参照して吉凶を占うという具合である。

呪歌については「占いの前の呪歌」で紹介したので、そちらをご覧いただきたいが、いずれも神の子どもが集まってつくった占いが的中するという意味の歌を唱える点で共通する。

この系統の本の特徴として、歌に「〜のごとし」という比喩の一文が添えられていることとがある。この「〜のごとし」文は和歌の内容をわかりやすく表現したものである。たとえば、「喜びにまた喜びを重ぬればともに嬉しきことぞ嬉しき」（『せいめい歌占』）という歌には「おやの子にあふがごとし」とあり、喜びのうれしさが親子の再会に喩えられている。こうした比喩は、和歌の意味を補足したり、別の角度から表現したりするもので、占いの解釈を容易にし、解釈にふくらみを持たせる働きがある。

この系統の本は、写本には吉凶が記載されていないが、版本には「吉」や「凶」がある。おそらく元三大師御籤のような吉凶を記した漢詩みくじ本が流行し、よりわかりやすい歌占が求められた結果、吉凶が記載されるようになったのだろう。比喩や吉凶が記載されていれば、和歌を読み解けなくても占いの結果を理解できる。

内容を具体的に見ていこう。

安倍晴明ゆかりの『せいめい歌占』

『せいめい歌占』は、平安時代の陰陽師・安倍晴明の名を冠する歌占本である（図24）。原本の書名は『せいめい《せいめい》うた占《うら》　全』だが、ここでは『せいめい歌占』で統一する。序文や挿絵に古態を残す刊本に『安倍清明　うた占』もあるが、刊年不明の後欠本であるため（太田正弘「「おみくじ」の源流に就いて」「「おみくじ本」の内容」）、ここでは全体像を把握できる『せいめい歌占』について紹介する。

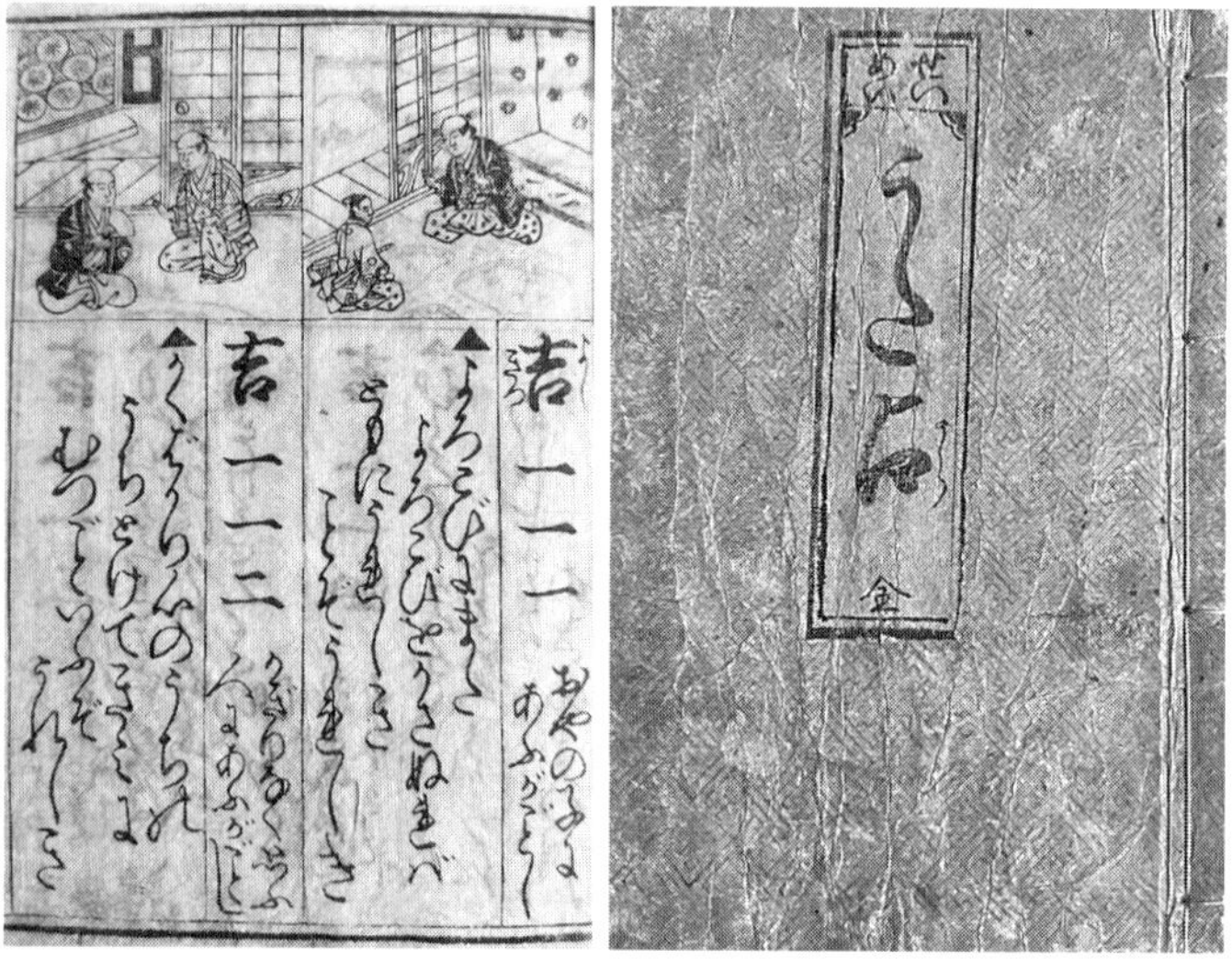

図24　『せいめい歌占』（成蹊大学所蔵）

書名に「せいめい」とあっても、実際は安倍晴明がこの本をつくったわけでも、歌占をおこなっていたわけでもない。その源流は『安倍晴明物語』（浅井《あさい》了《りょう》意《い》作、一六六二年刊）にある。安倍晴明の一代記の後に天文・日取り・人相の占いを付した仮名草子で、江戸初期に人気を博した。この『安倍晴明物語』以来、晴明は占いの名人だというイメージが広まり、『晴明通変《つうへん》占《うらない》』（一六八六年刊）やその影響を受けた浮世草子『好色通変占』（一六八八年刊）、『晴明秘《ひ》伝《でん》袖《そで》鏡《かがみ》』（一七四九年刊）、『晴明秘伝見《み》通《とおし》占《うらない》』『晴明夢はんじ』（刊年不明）など、晴明の名をつけた占書がいくつも出版されるようになった。『せいめい歌占』も、そのような中で出版されたものだろう。

現存する『せいめい歌占』の刊本は安永七年（一七七八）版が最も古い。この本は残念ながら序文を欠くが、刊年不明版（成蹊大学所蔵）の序文には、安倍晴明が入唐して伯道《はくどう》上人《しょうにん》の弟子となり、占方の伝授を受けたとある。

『せいめい歌占』は、天照大神・八幡大菩薩・春日大明神の名を三回唱えた後、呪歌「ちはやぶる……」を唱えてから賽を振って占う。占う前に唱える天照・八幡・春日は先述した三社託宣の神である。『せいめい歌占』には日吉・出雲・石清水を詠み込んだ歌も収められており、神々のご利益を意識的に取り込もうとしたふしもある。

歌占本『せいめい歌占』の刊行と時と同じくして、大人向けの絵本や漫画にあたる黄表紙でも、同じ題名の本が出版されていた。京都大学図書館林文庫所蔵『せいめい哥占』である。画工は富川房信《とみかわふさのぶ》。江戸後期に活躍し、黄表紙の絵を多く手がけた浮世絵師である。刊年は不明だが、房信の活動時期をふまえると宝暦十年（一七六〇）から安永六年（一七七七）ごろだろう。

この本の序文には『宇治拾遺物語《うじしゅういものがたり》』『東斎随筆《とうさいずいひつ》』『十訓抄《じっきんしょう》』および林羅山《はやしらざん》が書いた晴明伝の内容をふまえて子女向けの娯楽的な読み物としてつくったとある。林羅山の書いた晴明伝というのは『本朝神社考』所収の安倍晴明伝だろう。ここには晴明が入唐して易術と仙術の名人である伯道上人からの易占を伝授されたという伝記が書かれており、その内容は安倍晴明仮託の陰陽道の占書『簠簋内伝《ほきないでん》』およびその注釈の『簠簋抄《ほきしょう》』をふまえたもので、『せいめい歌占』序文に書かれた由来とも重なっている。

陰陽師のかかわり

安倍晴明の姿は『せいめい歌占』以外の歌占にも見え隠れしている。

その一つが宮内庁書陵部所蔵『萩の八重かき』（書写年不明）独自の序文である。そこには、この歌占は安倍晴明が考案したものとして世の中でもちいられていたが、仙人のおこなう術が禁止されたため長く廃絶していたものを復活させたという。すでに述べたように、晴明は江戸時代に占いの名人として知られていたが、実際に歌占をおこなったわけではない。それがなぜ歌占が結びついたのだろうか。

その結びつきを考えるうえでヒントになるのが先にあげた黄表紙『せいめい歌占』の挿絵である。この本の挿絵には女官たちの歌会で占いをする晴明の姿が描かれており、こうした作品の存在が、安倍晴明と和歌占いのイメージを醸成するのに一役買ったとも考えられる。

より実際的な結びつきとして、江戸時代の陰陽師と歌占とのかかわりがある。陰陽師が歌占にたずさわっていた痕跡が『書籍捜索記《しょじゃくそうさくき》』に残されている。この書は貞享元年（一六八四）から三年にかけて加賀藩四代藩主前田綱紀《まえだつなのり》の命令により京都で公家の記録をあつめて編まれた書籍目録である。この目録から、南都（奈良）の陰陽師が『歌占之口伝』一冊のほか、陰陽道の占書の注釈書『簠簋注』や八卦の占書『陰陽八卦根本抄《いんようはっけこんぽんしょう》』を所持していたことがわかる。

今も奈良には「陰陽町《いんようちょう》」という町がある。かつて陰陽師たちが集住していたところで、江戸時代には、そこで「奈良暦」が版行されていた。当時の陰陽師は、暦はもちろん、八卦の占いにもたずさわっていた。

歌占が六十四首からなるのは、易に関連する占いをおこなう陰陽師が歌占にもかかわったからではないだろうか。おそらく陰陽師が歌占と易占をつなぐ鍵であり、そのアイコンが「安倍晴明」だったのだろう。だからこそ、歌占と安倍晴明が結びつき、晴明の名を冠した歌占本がつくられたと推測される。

なお、奈良暦をつくった暦師兼陰陽師である吉川家の史料「吉川家文書」には、陰陽道祭でもちいられた「中臣祓祭文《なかとみのはらえさいもん》」が収められている。その祭文の末尾には祭で唱える呪歌が含まれており、陰陽師が呪歌を唱えていたことも明らかになっている（梅田千尋「近世宗教史における陰陽道」）。

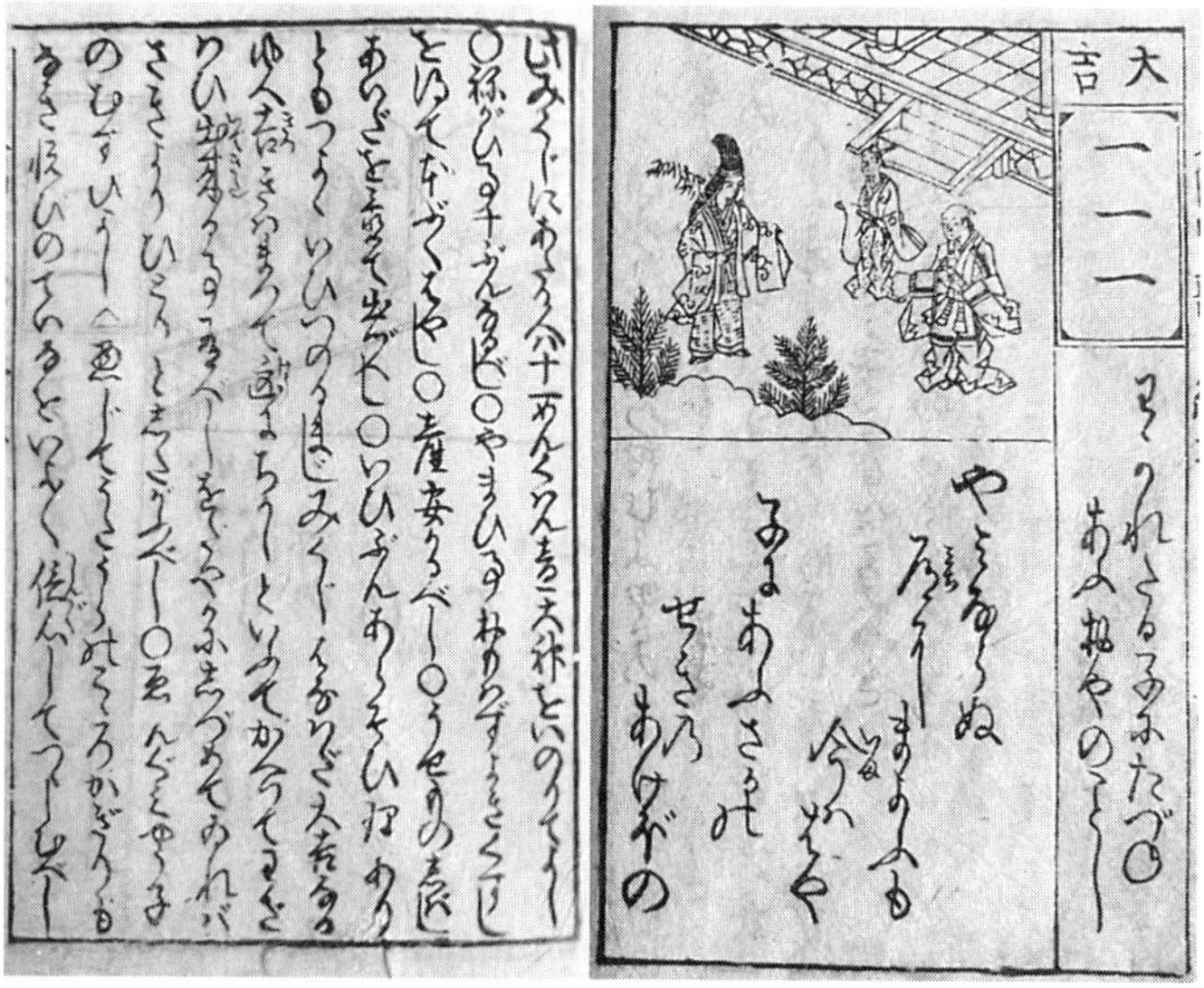

図25　『天満宮六十四首歌占御鬮抄』（著者所蔵）

『天満宮歌占』
——観音籤の影響

『天満宮歌占』は天神（菅《すが》原《わらの》道《みち》真《ざね》）が夢で示したとされる歌占本である（図25）。菅原道真は優れた学者で詩歌にも秀でており、江戸時代には学問の神として寺子屋などで盛んに信仰されていた。当時、よく流布したらしく、版本は現在も市場に出る。現在まで伝わるのは寛政十一年（一七九九）版と刊年不明版だが、享保二十年（一七三六）には出版されており（『享保以後江戸出版書目』）、『宝暦四年刊書籍目録』にも掲載されている。『古典籍総合目録』に初版は宝永（一七〇四～一一）ごろかと推測されており、十八世紀半ばまでに版を重ねていたことが知られる。

『天満宮歌占』は次のような作法で占う。春は東、夏は南、秋は西、冬は北の方角を向いて目を閉じ、心の中で天神経を三度読誦してから「大慈大悲観世音菩薩」と三十三回唱え、先に紹介した呪歌を三回唱えた後、くじを三回振って出た数の組み合わせで結果の歌が決まる。

ここで観音経と観音菩薩の名を唱えるのは、先に紹介した仏教系の観音籤（元三大師御籤）を引く作法と共通する。この当時、神と仏が本来は同じと見なされ、天神の正体は十一面観音菩薩であると考えられていた。天神の歌占で「大慈大悲観世音菩薩」と観音菩薩の名号を唱えるのも、そのためである。

観音籤は歌占本の構成にも影響を与えた。歌占本は和歌のみで項目ごとの注解が書かれていないものが多いが、『天満宮歌占』は観音籤の構成と同じく、和歌の後に「このみくじにあたる時は……」で始まる総合判断、「願事」「待人」「失物」などの項目ごとの注解、歌占の主旨を述べた部分がある。

『天満宮歌占』の正式な書名は『天満宮《てんまんぐう》六十《ろくじゅう》四首《よんしゅ》歌占《うたうら》御《み》鬮《くじ》抄《しょう》』である。題に「歌占御鬮」とあるのは、歌占とおみくじが同等のものとして認識されていたことのあらわれだろう。

易占とのかかわり

「ルーツとしての易占」で述べたように、歌占本の六十四首は易経の六十四卦と関連する。六十四卦と和歌の結びつきで注目されるのが、易の八卦による占書『古今八卦大全』（一六七一年刊）である。この本は易の六十四卦の要点を和歌で示し、各卦の意味をわかりやすくしている。

さらに天明六年（一七八六）には六十四卦を「和歌」で解釈したことを書名に押し出した日原政恒著『易術和歌占』も刊行されている。たとえば、六十四卦の第一「乾為天《けんいてん》」には「朝夕に心つげなん大空をゆきめぐる日を仰ぎ見るにも」という歌が添えられている。これは、大空にゆきめぐる太陽を仰ぎ見るたび朝夕に自分の心を天に告げようという意味で、この卦の意味をあらわしている。

易の思想では万物は「陰」と「陽」からできているとされ、この陰と陽の六つの組み合わせが六十四通りになり、それぞれに卦が配当される。このうち第一卦の「乾為天」はすべてが「陽」になる組み合わせで最高の意味を持つとされる。易占の経典である『易経』はその意味を「元亨利貞」、「元《おお》いに亨《とお》る。貞《ただ》しきに利《よろ》し」とする。これは「望みはおおいに通る。正しい態度を持続するとよろしい」という意である。

つまり、「乾為天」に添えられた歌「朝夕に……」は、望みが大いに通るという「元亨利貞」の内容を、大空の太陽に向かって朝夕に自分の気持ちを告げれば望みは叶うと表現したものといえる。

室町末期の成立とみられる龍門本『歌占』の冒頭歌は「行く末を思ふも楽し天が下もれぬ恵みに逢へるみどりご（将来のことを思うのも楽しい。天の恵みに必ずめぐりあう子どもなのだから）」で、易の第一卦に含まれる「天」が詠まれている。六十四首の歌占本の歌と六十四卦の意味内容が必ずしもそのまま結びつくわけではないが、このような例から、六十四首の歌占本は易の六十四卦とかかわると考えられるのである。

天地人の歌占と神国の易

さまざまな歌占本が出版されたころ、易学を中興した新井白蛾（一七一五～九二）の影響で易占も一般に広まっていた。歌占と易のかかわりを探るうえで新井白蛾が序文を書いた占書『肩抜占 亀卜占　神易選　全』（卜部尚国著、一七七〇年刊）も注目される。

この占いでは、天・地・人をそれぞれ記した算木を各四本、計十二本をもちいる。天・地・人で結果を示すのは、龍門本『歌占』や『萩の八重垣』と共通する。さらに結果の和歌のなかに『萩の八重垣』と同じものが含まれている。例をあげよう（図26）。

天三　人四　地一　得禄

亀卜云　常盤なる松のみどりも春くれば今一しほの色まさりけり

天一　人四　　　鬼伺

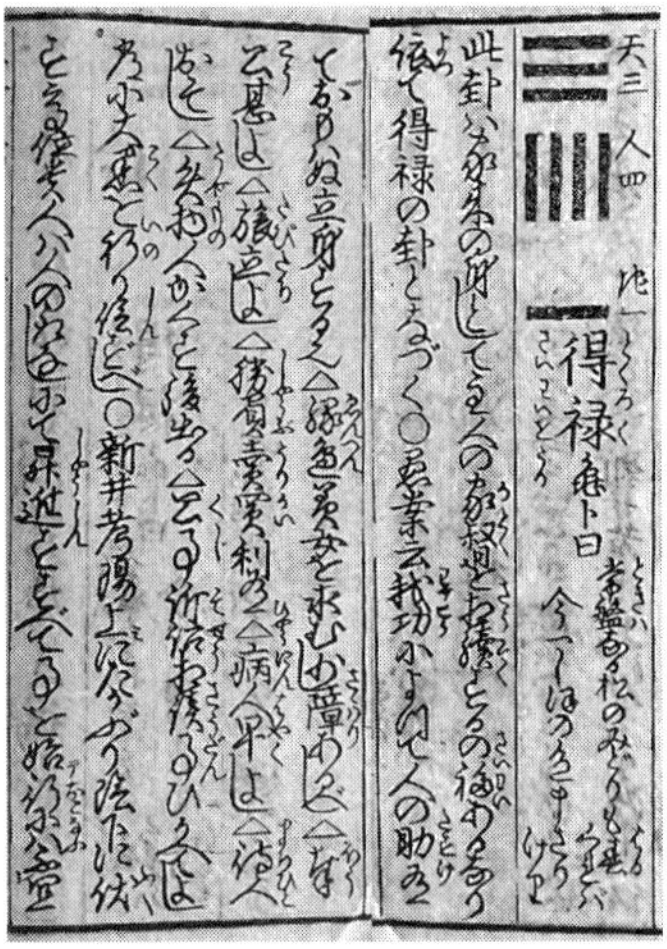

図26　『肩抜占亀卜占 神易選　全』
「得禄」（1770年刊，著者所蔵）

亀卜云　水上は鬼すみあらす川なればいつか見つけてふし付にせん

天・地・人と数字の組み合わせの後に、「得禄」「鬼伺」などの卦の名前があり、「亀卜云」に続けて和歌が記されている。これは「亀卜」の結果が和歌で示されているということで、書名に「亀卜占」とあるのにも通じ合う。

書名に「肩抜占」「亀卜占」とあるのは、この占いが鹿の肩甲骨をあぶっておこなう「太占《ふとまに》」や亀の甲羅を焼いて出たひび割れで占う「亀卜《きぼく》」に相当するということだろう。

新井白蛾の序文によれば、そもそも「占い」は、天地開闢のときに生まれた国常立尊《くにとこたちのみこと》の霊意を示すもので、天岩戸神話で天児屋根《あめのこやね》と天太玉《あめのふとだま》の二神がおこなった太占に始まるのだという。さらに、中国の易のほかに神国の易があるのを知らないのは惜しいため、その方法を知らせるのだともいう。つまり、この易占書は日本独自の神の占いとしてつくられたものであり、だからこそ亀卜の結果として日本の歌である和歌を記しているのである。

本書の末尾には『通変《つうへん》亀鑑《きかん》』『本朝人相考』など同時代の占い本の宣伝が載せられており、その中に『哥占萩八重垣』の書名も見える。『神易選 全』が明和七年（一七七〇）にはじめて出版されたのに対して、『哥占萩八重垣』は、宝暦四年（一七五四）には出版されていた。さらに、『神易選 全』と享和元年（一八〇一）刊『歌占 萩の八重垣』はともに「赤松九兵衛」が版元である。こうしたことから、『神易選 全』が先行する『歌占萩八重垣』の歌を取り込んだとみられる。

広告欄からわかること

現代でも、本の末尾には読者の関心を引くために関連本の広告が掲載される。このような広告欄は江戸時代から存在し、同時代にどのような本が刊行されたかを知る重要な手がかりである。『天満宮歌占』（平川貴大所蔵、一七九九年版）の裏表紙見返しには天保二年（一八三一）の広告があり、みくじ本がどのように販売されていたかがうかがえる。

まず『天満宮御鬮絵抄』全一冊は代金「弐匁五分」。書名横の説明に「御くじ箱そふ」とあり、番号を記した木の棒などを振り出す「御くじ箱」が付属していたことがわかる。みくじ箱付きのおみくじの代金は「弐匁五分」。現代では、いくらになるのだろうか。江戸時代の貨幣価値は時代によって変化があるため、それを正確に推測するのは難しいが、仮に蕎麦《そば》一杯を目安にして考えてみよう。まず、銀一匁＝銀十分、一匁＝六十七文とすると、銀二匁五分は約百六十七文に相当する。天保期の蕎麦一杯は十六文であったから十杯分ほどの値段となる。蕎麦一杯を五百～六百円とすると、現代の五千円～六千円程度だろうか。

もう一点は『天満宮御鬮記』全一冊で「紙の御くじ入そふ」とある。この本は実用を前提に、紙に印刷されたおみくじとともに販売されていたのだ。こちらの値段は代金八分、無表紙五分とある。表紙のあるものは八分、これは五十四文程度に相当し、蕎麦でいうと三杯分である。表紙のないものは五分、これは三十四文程度だから蕎麦二杯分ほどになる。

江戸の版本がおもしろいのは、たとえば同じ寛政十一年（一七九九）版でも、本によって少しずつ情報が異なるところだ。著者所蔵の『天満宮歌占』には広告が掲載されていないが、往来物倶楽部所蔵『天満宮歌占』の広告欄には「弘法大師御鬮記　全一冊」「金毘羅大権現御鬮記　全一冊」「稲荷大明神御鬮記　全一冊」の書名が見え、弘法大師や金毘羅大権現、稲荷大明神のみくじ本があったことが知られる。

版が同じなら、情報も同じになりそうなものだが、なぜこうした相違が生じるのだろうか。それは、同じ寛政十一年につくられた板木をもちいていても刷り直して発売した年が異なるからだ。表紙裏に印刷される広告欄は、発売時に宣伝したい本の情報が掲載されるのである。

天神のおみくじ

天神のおみくじは、『天満宮歌占』の他、『天神籤』『天満宮御鬮記』『天満宮御鬮絵抄』などが存在したことが江戸時代の版本の目録や広告欄から知られるが、それ以外にもあった。天神山貞昌院（神奈川県横浜市）には江戸後期の歌占系みくじが伝来し、現在、「天神みくじ」として貞昌院のウェブサイト上で引くこともできる。みくじ箱と吉凶と番号を記した竹簡、版木が一式揃いで現存し、おみくじの版面には「日本三体永谷天満宮」とあり、永谷天満宮で授与されていたことがわかる。

永谷天満宮は明応二年（一四九三）に相模国永谷郷の領主藤原乗国の見た霊夢のお告げによって菅原道真公の尊像をまつるために創建されたという。貞昌院は永谷天満宮の別当寺院で、明治初期まで貞昌院の住職が永谷天満宮を管理していた。

「天神みくじ」は十八世紀に貞昌院十四代住職により作られた。おみくじの解説の文章に「仏神の加護もあるべし」「本尊を一入念じてよし」「如意輪観音を拝むべし」などとあることから神仏習合の信仰が読み取れる。お告げの和歌は先に紹介した『天満宮歌占』の歌とすべて一致するわけではないが、同一の歌も散見する。

弘法大師と金比羅大権現

(B)の三数字系統には、先にあげた『せいめい歌占』『天満宮歌占』の他に弘法大師や金毘羅大権現の歌占本もある。『弘法大師御鬮記』（中澤伸弘所蔵、一八三四年刊）と『金比羅大権現御鬮記』（中澤伸弘所蔵、江戸後期刊）である。いずれも『せいめい歌占』や『天満宮歌占』にある「〜のごとし」という比喩の文はなく所収和歌も異なるが、歌占を引く作法の一部で『天満宮歌占』と共通点があり、その影響がみとめられる。

『弘法大師御鬮記』は、春は東、夏は南、秋は西、冬は北を向き、真言陀羅尼を三回、南無大師遍照金剛と十回唱えてから占う。季節によって占う方向が定められているのが『天満宮歌占』と共通する。

『金比羅大権現御鬮記』は、占う前に金毘羅大権現の御名の他、『天満宮歌占』と同じ呪歌を唱えてから占う。序文で讃岐の金毘羅大権現が天竺で釈尊を守護した神であることを記し、結果の歌には「前は神うしろは慈悲の観世音二世安楽の誓ひなりけり」（大吉・一四四）のようなものもあり、神仏習合の要素をもつ和歌みくじとして注目される。

宝暦四年の占書刊行

これまで見てきたように、十七世紀後半から十八世紀の終わりごろ、当時流行の易占や観音籤の影響を受けて、さまざまな歌占本がつくられていた。

宝暦四年（一七五四）に刊行された本の目録である『宝暦四年刊書籍目録』をひもとくと、歌占本をはじめ、さまざまな占書が同年に出版されたこともわかる。先にあげた『天満宮歌占』や『歌占萩乃八重垣』をはじめ、『八卦秘密箱』『晴明秘伝袖鏡』『新選八卦諺解』『同拾穂抄』『観音三十二卦占』、観音籤の『百籤和解』、紫式部や小野小町《おののこまち》に仮託した『紫式部千種占』『小野小町風雅占』、これらの他にも『御伽智恵占』『天神籤』『天時占候』の名が見え、この時代に多彩な占い本が出版されていたことがわかる。

小野小町や紫式部がなぜ占いと結びつくのかは明らかでないが、『小野小町風雅占』は歌人の「小野小町」の「風雅」な占いということからすると和歌占いと推測される。紫式部に関連するものとして後述の『源氏歌占』がある。

源氏物語の歌占―源氏香図・易占

『源氏歌占』（早稲田大学図書館九曜文庫所蔵）は『源氏物語』五十四帖所収の和歌による占いである。素鵞川照信《そががわてるのぶ》による嘉永六年（一八五三）の序文によれば、土佐国佐川の遊甫という翁が都に上り、『源氏物語』による占いの方法を考案したという。

内容は二部構成で、前半は源氏香の図と挿絵に『源氏物語』五十四帖の各巻の歌二首とその解説を添えたもので、後半は『源氏物語』各巻と易占が結びついた占いである。占いの結果は、易占の六十四卦に『源氏物語』五十四帖と巻名のみ伝わる雲隠《くもがくれ》巻を加えた五十五帖の巻名を重ねあわせて示されている。占いを楽しみながら源氏物語の内容に触れられることから、占いを通して教養を身につけられる本といえる。

この歌占で「易占」に「源氏香図」が重ねられたのは、なぜだろうか。それは、香の図

図27　「源氏香の図　明石」（一陽斎豊国画，国立国会図書館デジタルコレクション）

形と卦の形が類似しているからだろう。線の縦横や本数に違いはあるが、易の「乾」卦は源氏香の「帚木《ははきぎ》」図に似ている。

「源氏香」は「組香《くみこう》」の一種で、和歌や物語を主題として複数の香木の組み合わせを当てる遊びである。五種の香木の組み合わせを五本の縦線と横線で五十二通りに示した図に、源氏の五十四帖が結びつけられた。

組香の主題には和歌がもちいられることが多い。源氏香図は和歌をともなって浮世絵の題材にもなった。図27は右上に源氏香「明石《あかし》」が掲げられ、『源氏物語』明石巻の場面が描かれている。

『源氏歌占』が書かれた江戸末期、浮世絵だけでなく、源氏のカルタや双六《すごろく》に源氏香図と歌が添えられることもあった。『源氏歌占』の歌は、それらにもちいられた歌とも共通している。源氏香を通して歌占・カルタ・双六が『源氏物語』と結びついたのである。

『源氏歌占』後半では源氏の巻名に易占の卦が当てはめられ、占い結果を示す易経の卦《か》辞《じ》と源氏物語の歌も載る。「明石」の場合、「晋」の卦が当てられており、『易経』の「晋」の卦辞「明‐出二地上一晋。君子以自昭二明徳一」と源氏物語の明石巻で光源氏が帰京に際して明石の入道との別れを惜しんで詠んだ「みやこ出でし春の嘆きに劣らめや年ふる浦をわかれぬる秋」が書かれている（図28）。

明石巻に当てられているのは、明るく進むことを意味する「晋」の卦だ。卦の意味を示す卦辞に「明、地上に出ずるは晋なり。君子以て自ら明徳を昭《あきら》かにす」とある。これは、明るいものが地上に出たことを示すのが「晋」で、君子が自分の明らかな徳をさらに昭《あき》らかなものにする意味だという。明石巻に「晋」卦が当てられたのは、卦辞の「明」が「明石」に通じ、明石から帰京した光源氏の華やかな未来にふさわしいからだろう。

『源氏歌占』の末尾には、この書が「男女会合を以て体と為」し、天地の陰陽の働きを

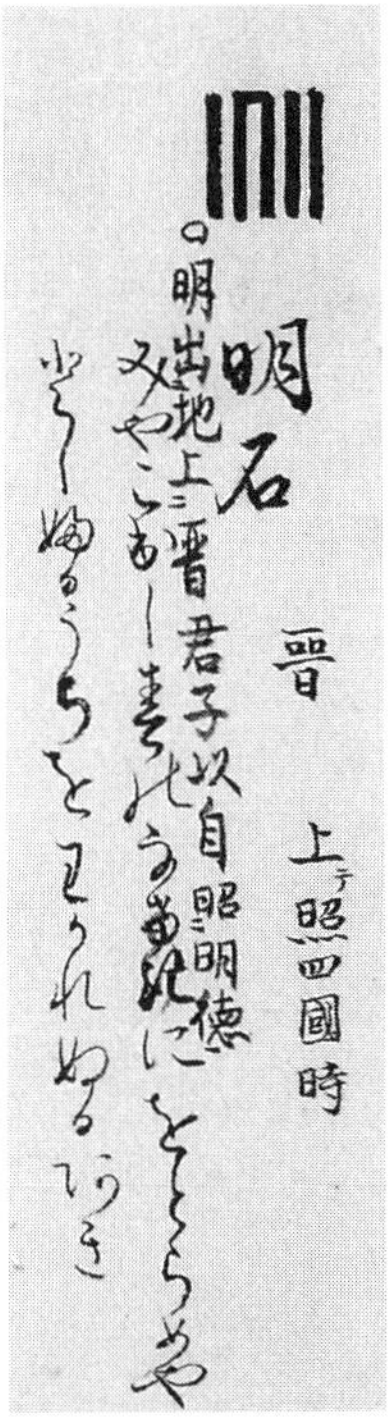

図28 『源氏歌占』「明石」（1853年，早稲田大学図書館所蔵）

示し、日本の「易」というべきものだとある。男女の恋愛を描いた源氏物語は男を「陽」、女を「陰」とする易の思想と関連づけられたのだった。

都々逸との結びつき

幕末から明治にかけて、都々逸《どどいつ》などの当時流行した俗謡による占い本も「歌占」として出版された。俗謡の占い本に一荷堂半水《いっかどうはんすい》編著『縁の糸 恋の歌占』（一八六二年以後刊か）や春霞楼主人著『辻占端唄 とゞ一大よせ』（一八六八年以前刊か）がある。

『縁の糸 恋の歌占』の序文と挿絵「歌占を見る図」（図29）を見ると、その占い方がわかる。まず、歌の題を記した短冊五十枚をよく混ぜて元の通りに重ね、その中から任意の一枚を抜き出し、自分の引いた短冊の題を本書と照らし合わせると縁談の吉凶がわかるのだという。歌の文句は、当時、婦女子に流行していた俗謡の歌詞の一部を占い用に選び出したものという。五十枚の短冊に合わせて、五十の歌が収められ、それぞれに題・歌詞・解説が記載されている。

たとえば「ゆかりの月」の題の場合、歌詞は「広い世界に住みながら狭ふ楽しむまことまことと」、解説は「この歌は互ひに飽きも飽かれもせねども、世間晴れては添われぬ縁と知るべし」とある。世間におおっぴらにできない秘密の恋である。他にも、すぐに告白したほうがよい恋、夫婦円満になる恋、喧嘩してしまう恋、いろいろな恋のあり方が描か

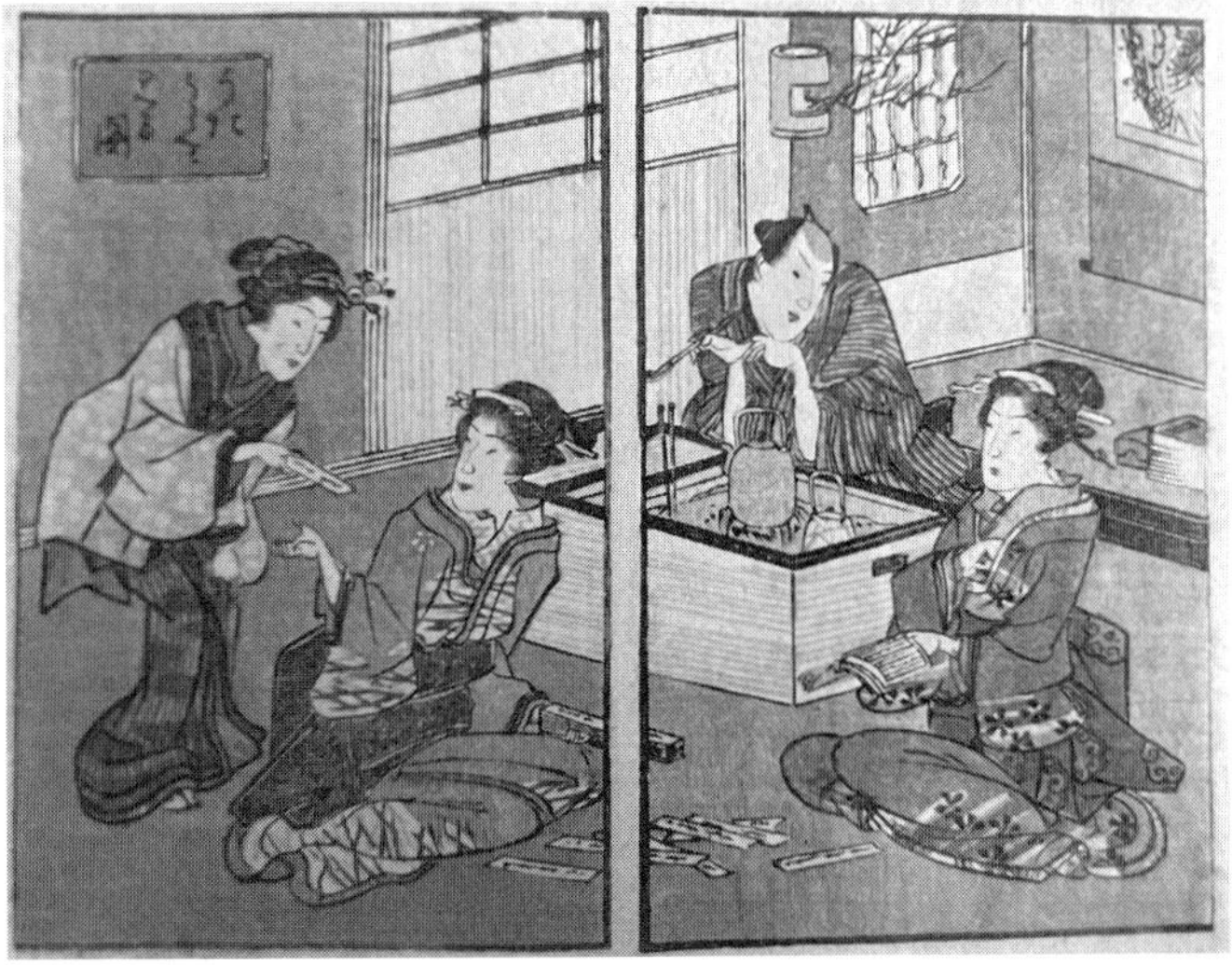

図29　『縁の糸　恋の歌占』「歌占を見る図」（著者所蔵）

れていて、読み物としてもおもしろい。

編著者の一荷堂半水は幕末から明治のはじめに活躍した大坂の戯作者である。江戸末期の流行歌を集録した『粋の懐』のほか、大津絵節、よしこの節、都々逸といった俗謡の歌詞を集めた書を多く刊行し、世の好評を博した。流行の俗謡に精通し、情歌の宗匠でもあった半水は、その歌詞を当時流行していた占いにもちいたのだった。

このように、江戸の歌占は、易、観音籤、天神、神話、安倍晴明、百人一首、源氏物語、都々逸など、当時の流行に影響を受けながら普及していったのである。歌占はその時代の流行を映し出す鏡のような存在であった。

和歌みくじの明治維新

これまで述べてきた通り、和歌みくじは神のお告げの歌や巫者の歌占に由来する。室町時代には複数の歌から一首を選ぶくじ式の歌占が登場し、江戸時代後期になると易占や漢詩みくじの流行にともない歌占本が多く出版された。

しかし、江戸時代に流布した歌占系のおみくじは、明治時代になると徐々にもちいられなくなった。いったいなぜだろうか。それは明治維新を一つの画期として、神社や国学者が日本独自のおみくじをめざして新たな和歌みくじを意識的につくりだしたからである。

以下、幕末から明治・大正時代にかけて和歌みくじに何がおこったかを見ていこう。

日本神話の和歌みくじ―『神代正語籤』

江戸時代、仏教系の漢詩みくじ、いわゆる観音籤・元三大師御籤は、寺院だけでなく神社でも活用されていた。それを示すのが、安政六年（一八五九）の序文を持つ『神代正語籤《かみよのまさことのくじ》』である。著者は上野国高崎の熊野神社の神職高井心足《たかいうらたり》で、『海内俳家人名録《かいだいはいかじんめいろく》』（一八五三年序）によれば、「平花庵」「白檮蔭」「白髭翁」などの名を持つ俳人でもあった。

書名の「神代正語」は、本居宣長《もとおりのりなが》による古事記の注釈『神代正語』（一七九〇年刊）に拠ったものだろう。序文には、この神籤《みくじ》が『日本書紀』『古事記』の神代巻から言い伝えてきた神のことばを八十ばかり選んだもので、熊野神社秘蔵の「太占」と同じく決してはずれることがないとある。はじめに触れたように、「太占」は鹿などの肩甲骨を焼いてできたひび割れで吉凶を判断する古代の占いで、日本神話で神々もおこなう聖なる占いであった。

さらに序文は、この神籤が中国の占いや仏教の影響を排除した、日本独自のおみくじであることを強調している。序文が書かれた安政六年は、横浜港が正式に開港し、外国人居留地が設置された年にあたる。江戸幕府が開国に揺れ、尊王攘夷運動が活発になっていたころだ。嘉禄六年（一八五三）のペリー来航以後、国学の影響で民族意識が高まり、日本独自の神に意識が向けられた時代であった。このようなときに日本神話にもとづくみくじ本が刊行されたことは注目に値する。

江戸時代の歌占では占いの前に呪文の和歌を唱えたが、この本では神籤を引く前に神に捧げる祝詞《のりと》を唱えるよう定められている。「掛巻《カケマク》毛《モ》可畏《カシコ》岐《キ》其《ソレノ》大神能《オホカミノ》……」で始まり、神に吉凶の教え諭しをいただくことを祈願する祝詞である。

おみくじは、第一〜第八十までの番号、全体の内容を一言で示した「……兆」、吉凶、漢字で表記された和歌の順で記載されている。和歌の後には解説があり、さらに「此みくじにあふ人は……すべし」のような総括の文章と「やまひ（病）」「やつくり（家作り）」といった小項目の解説もある。こうした構成は江戸時代の漢詩みくじの形式に準ずるものである。

独自の特徴として（1）日本神話にもとづく和歌が漢字で表記されている、（2）吉凶の表示に多様性がある、（3）「〜の兆《うらかた》」で運勢を示すという三点があげられる。このうち、（1）和歌が漢字で表記されるのは『古事記』や『日本書紀』が漢字で書かれていたことを意識したものだろう。（2）は通常の吉・凶などのほか「吉凶未分」「平」「向吉（吉に向かう）」などがある。（3）「〜の兆」の「兆」は、占いの結果を意味する。もとは古代の亀卜や太占で動物の骨や亀の甲羅を焼いたときにできる結果を示すひび割れのことで、そこから占いの結果を意味するようになった。

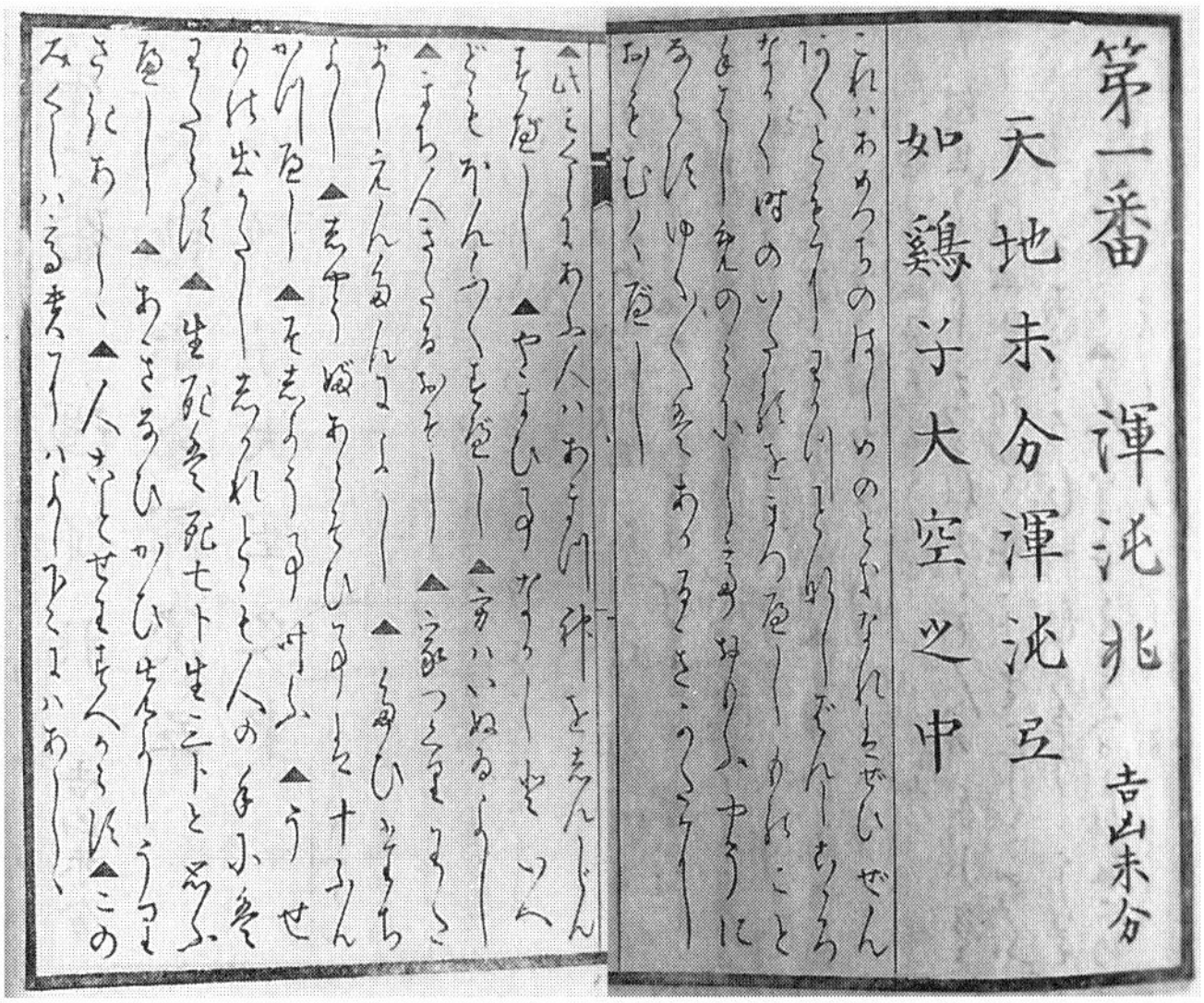
第一番　渾沌兆　吉凶未分
天地未分渾沌弖
如鶏子大空之中

図30　『神代正語籤』第一番（著者所蔵）

このおみくじの最大の特徴は（1）の日本神話にもとづく歌が漢字で表記されている点にある。第一番の例をあげよう（図30）。

第一番　渾沌兆　吉凶未分

天地未分渾沌弖（あめつちのいまだわかれずまろがれて）
如鶏子大空之中（とりのこなせるおほぞらのなか）

歌は天地が渾沌として卵のようであった天地開闢の神話をふまえたもので、その内容を一言であらわすと「渾沌兆」となる。結果が「吉凶未分」なのは、天地が分かれていなかった状態だからだろう。

右の（　）内は、本書で示されてい

る上の歌の読みである。なぜ和歌が漢字で書かれているのだろうと不思議に思うかもしれないが、もともと日本語は独自の文字を持っておらず、古くは中国から輸入された漢字の音を借りて表記されていた。神への祈りのことばである祝詞では漢字の音を借りて日本語を表す宣命書きがもちいられる。「天地未だ分かれず」などは漢文だが、「渾沌弖《まろがれて》」の「て」に「弖」を当てるのは日本語の読みを漢字で表記したものだ。

教派神道の神占

明治時代になると、明治政府に認可された教派神道の教団でも、この神籤がもちいられた。大成教《たいせいきょう》（現在の神道大成教）の小林泉《こばやしいずみ》編『神《しん》占《せん》禁《きん》厭《えん》祈《き》禱《とう》初《しょ》門《もん》伝《でん》習《しゅう》書《しょ》』（一八九六年刊）や神習教の芳村正秉《よしむらまさもち》編『大中臣神秘伝《おおなかとみしんぴでん》　神籤《みくじ》活《かつ》断《だん》』（一九〇二年刊）は『神代正語籤』とほぼ同じ内容である。

さらに、『神代正語籤』の歌は教派神道の御嶽教《おんたけきょう》から派生した新宗教天津教《あまつきょう》でも使われていた。天津教の開祖竹内巨麿《たけうちきよまろ》（一八七四〜一九六五）は古代文書を装った偽書「竹内文書」をつくったことで知られている。その伝記に巨麿が修行中に神の託宣として感得したとされる歌が載っており（長峯波山『竹内巨麿伝』、竹内義宮『竹内巨麿伝　デハ話ソウ』）、その一部に『神代正語籤』の歌と同じものがある。

この神籤は現代でも戸隠《とがくし》神社（長野県長野市）で授与されている。先述の教派神道の関連教団と戸隠神社が同じ『神代正語籤』をもちいているのは、なぜなのだろうか。

御嶽教という補助線を引くと、そのつながりが見えてくる。明治維新の神仏分離にともなって戸隠山顕光寺《けんこうじ》は教派神道の神道修成派となり、それが現在の戸隠神社の母体となった。神道修成派は関東・東海地方の御嶽講員二万人を傘下におさめていた（井上順孝『教派神道の形成』、戸隠神社編『戸隠信仰の歴史』第三章「旧衆徒と戸隠神社」）。『神代正語籤』と同内容のおみくじをもちいていた大成教と神習教は、どちらも御嶽教とのかかわりが深い。大成教の初代管長平山省斎《ひらやませいさい》は御嶽教の初代管長を兼務していたし、神習教の芳村正秉は御嶽山で修行して山岳信仰や修験の影響を受けていた。天津教の竹内巨麿も御嶽教に入っていた時期がある。これらがどのような関係にあるかは明らかではないが、幕末につくられた『神代正語籤』やその歌が、御嶽教とかかわる場で継承、あるいは摂取されていることは注目される。

明治維新の影響――『神籤五十占』『神国歌占鑑』

前述したように、『神代正語籤』は尊王攘夷運動が高まった幕末期につくられた。幕藩体制が崩壊して明治時代に入ると、新政府は天皇制にもとづく中央集権的な近代国家をつくるため、さまざまな改革を断行した。この一連の改革が明治維新である。

明治元年（一八六八）、明治政府は神仏分離令を発布、幕府による寺院の檀家制度にもとづく仏教支配体制を否定し、神道を国教とする政策をすすめようとした。それまでは神社と寺院は今のような区別がなく、神宮寺をはじめとして、寺院の住職が神社の別当を兼ねることはめずらしくなかった。こうした神社の仏教的色彩を排除しようとしたのが、神仏分離政策である。

『神代正語籤』の序文にうかがわれた、神社独自の和歌のおみくじをつくりだす動きは、明治維新を機にさらにはっきりしてきた。それを示すのが明治三年（一八七〇）刊の白幡《しらはた》義篤《よしあつ》編『神籤五十占《しんせんごじっせん》』である。編者の白幡義篤は平田派の国学者であったとみられている（宇津純「元三大師とおみくじ」）。平田派は江戸後期の国学者平田篤胤《ひらたあつたね》の思想を信奉する国学の流派である。その思想は外来の儒教や仏教、習合神道を廃して日本古来の精神を重視し、天皇を崇拝するもので、幕末の尊王攘夷運動に大きな影響を与え、明治維新の原動力ともなった。

『神籤五十占』序文にも、その思想がうかがえる。序文によれば、明治維新以前は神社でも「仏占百番」で吉凶を見ていたが、明治維新で神仏分離令が発せられて神仏習合の両部神道が廃止されたため、出雲大社《いずもたいしゃ》の神に祈って神歌のお告げをいただいたのだという。神々の占いである「太占」の心を受け継いで、このおみくじを広く天下の神社の前に置いて神の御心として知らせれば人々の助けになるだろうと考えてつくられたものだともある。

要するに、神仏分離令の影響で、それまで寺院と同様に観音籤をもちいていた神社が、仏教色のない、神社にふさわしい神歌によるおみくじを必要とするようになったのである。これ以後、それまで使っていた「仏占百番」、つまり仏教系の漢詩みくじである観音籤をやめて、神社独自の和歌みくじをもちいる神社が増えていったのだろう。

先に紹介した『神代正語籤』の明治版には著者高井心足と親交のあった国学者新居守村《あらいもりむら》の跋文があり、そこには心足が「元三大師御籤」にならって『神代正語籤』を独自につくったと書かれているという（中澤伸弘「「みくじ」の変遷と諸相」）。

同様の事情は、明治二十年（一八八七）に刊行された鷲尾里暁《わしおりぎょう》編『神国歌占鑑』からもうかがえる。序文によれば、明治維新で神仏分離となり、「元三大師百御鬮」が世の中でもっぱらもちいられていたが、今（明治二十年）は仏法が衰えて神社が盛んになったので、長年広めたいと願っていた「神国歌占考」を改正して出版に至ったのだという。この歌占をつくるにあたっては、室町時代の謡曲「歌占」の歌の短冊から発想を得たともある。なお、同書所収の「鷲尾略伝記」によれば、鷲尾里暁は文化八年（一八一一）の生まれで、徳島県阿波国名東郡徳島佐古村に住む士族であるという。

こうして明治維新を一つの画期として、寺院は漢詩みくじ、神社は和歌みくじというすみわけが生まれたのだった。しかし、こうした変化は一気に進んだわけでもなかったらしい。そのことは、次にあげる戸隠神社の例からうかがわれる。

戸隠神籤の変遷

戸隠神社では、先述したように日本神話の和歌みくじ本『神代正語籤』にもとづくおみくじが授与されている。しかし、このおみくじが公に授与されるようになったのは昭和八年（一九三三）のことである。昭和七年までは元三大師御籤がもちいられていたが、昭和八年に日本神話の天地開明から神武天皇即位までの神々の事績に鑑みて吉凶を卜する「八十玉籤《やそたまくじ》」に切り替えられたという（二澤久昭「戸隠の縁起と記録」）。「八十玉籤」の由来は未詳だが、その内容は『神代正語籤』と共通する。戸隠には天岩戸神話で天手力雄命《あめのたぢからおのみこと》の放り投げた岩戸が「戸隠山」になったという伝説があり（『戸隠山顕光寺流記』等）、『神代正語籤』は日本神話にルーツをもつ聖地戸隠のおみくじとしてふさわしい。さらに先述のように、明治維新後の戸隠は教派神道の御嶽教とも関係があった。御嶽教とかかわる教派神道の教団で『神代正語籤』と同内容のおみくじが活用されていたことは先に述べたとおりである。推測ではあるが、戸隠神社のおみくじに『神代正語籤』が採用されたのは御嶽教とのつながりが関連するのではないだろうか。

一方で、昭和七年まで戸隠神社で仏教系の元三大師御籤がもちいられていたのはなぜだろうか。

その答えは、戸隠神社と元三大師のかかわりにある。そもそも戸隠の信仰の母体には仏教があった。「漢詩みくじの伝来と展開」で述べたように、戸隠で信仰された戸隠権現は観音菩薩の化身とされ、元三大師御籤の成立と深くかかわっていた。そのきっかけは江戸幕府の宗教政策を支えた天台宗の大僧正天海《てんかい》の見た霊夢であった。

寺院統治の面からも、天海と戸隠は深く結びつく。天海は寛永二年（一六二五）に東叡《とうえい》山寛永寺《ざんかんえいじ》を建立して天台宗を統括する本拠地とし、寛永十年には戸隠山を寛永寺の直接の支配下においた。このとき戸隠別当をつとめたのが天海の弟子とされる俊海《しゅんかい》であった。江戸幕府は修験道の聖地であった戸隠山を神領として崇めると同時に、別当を支配者とすることで天台宗寺院組織に組み込んだのである。

このような関係の深さから、戸隠神社では明治維新後も長く元三大師御籤がもちいられていたのだろう。それを示すのが、明治三十二年（一八九九）の『戸隠神社御籤文』跋文（長野県立図書館所蔵）である。それによれば、戸隠神社では観音の百籤を戸隠神籤と呼び、明治維新の際にも改正せず、戸隠神社の講員に配布していたが、世の変化に応じて文章の改正が必要となったので、戸隠講に諮って賛助を得て改訂に至ったという。

この跋文から、戸隠神社では明治維新後も元三大師御籤を使い続けており、明治三十二年に従来の元三大師御籤を改版したことが知られる。とくに跋文の「維新の革命にも改正を加えず」というくだりは、明治維新を機におみくじを改正する神社が多かったことを、はからずも示している。社会の変化に応じておみくじの解説文を改訂する必要性があると述べる『戸隠神社御籤文』の跋文は、おみくじを授与する神社がそれを意識していたことを示す言説として注目に値する。

幕末・明治・大正の和歌みくじ

現代の和歌みくじの基礎は幕末から明治にかけてつくられた。現在まで継承されているものに以下の四種がある。先述した通り、1『神代正語籤』と2『神籤五十占』は明治維新の前後に神社独自の和歌みくじを意識してつくられたものである。

1　『神代正語籤』一冊、全八十番、安政六年（一八五九）序
2　『神籤五十占』一冊、全五十番、明治三年（一八七〇）刊
3　女子道社製の和歌みくじ、全五十番ほか、明治三十九年（一九〇六）以後
4　和歌みくじ一式、全五十番、明治・大正期

3女子道社製の和歌みくじは現在も全国の神社で広くもちいられている。女子道社は和歌みくじを多く制作するおみくじ製造業者のパイオニアで、後述するように、二所山田《にしょやまだ》神社（山口県周南市）の宮本重胤《みやもとしげたね》宮司が明治三十九年に考案したものにはじまる。

4は一番から五十番まで一式が揃いで十文字学園女子大学図書館に所蔵されている。成立の経緯は不明だが、明治末期から昭和初期までのおみくじを収集した新城文庫所蔵『おみくじ集』に廣田神社（兵庫県西宮市）のおみくじとして同じものが収められている。さ

らに現在でも廣田神社のおみくじにこのおみくじと同一の歌が含まれており、おみくじ歌の継承が確認できる。

消えた歌占

このように、明治維新の前後につくられて現代まで継承されている和歌みくじがある一方で、江戸時代までの特徴を持つ歌占は姿を消してしまった。国立国会図書館デジタルコレクションに以下の四点の歌占本が収められているが、いずれも現在はもちいられていない。刊行順に示す。

(1)鷲尾里暁編『神国歌占鑑 乾・坤』二冊、明治二十年(一八八七)刊、全六十四番
(2)富井楠次郎編『源氏遊びうた占』一冊、明治二十六年刊、全五十三番
(3)稲廼舎鑾水(田辺小七)著『斬新奇抜 みくじの占 一名 新占三十六歌仙』一冊、明治三十六年刊、大日本天地学会、全三十六番
(4)岡部弥次郎著『歌占』一冊、大正二年(一九一三)刊、全六十四番

(1)の『神国歌占鑑』(図31)については先に触れたが、神仏分離により寺院の僧侶が神官となって元三大師御籤が衰えたため、編者の鷲尾里暁が新たに考案した歌占である。新たに考案したといっても、江戸の歌占本『天満宮歌占』や『せいめい歌占』と同じく六十四首から構成され、各歌には右の歌占本と同じく「国をへだてて子にあふがごとし」のようなたとえの一文も添えられている。能の「歌占」の男巫の子孫という北村家の歌占か

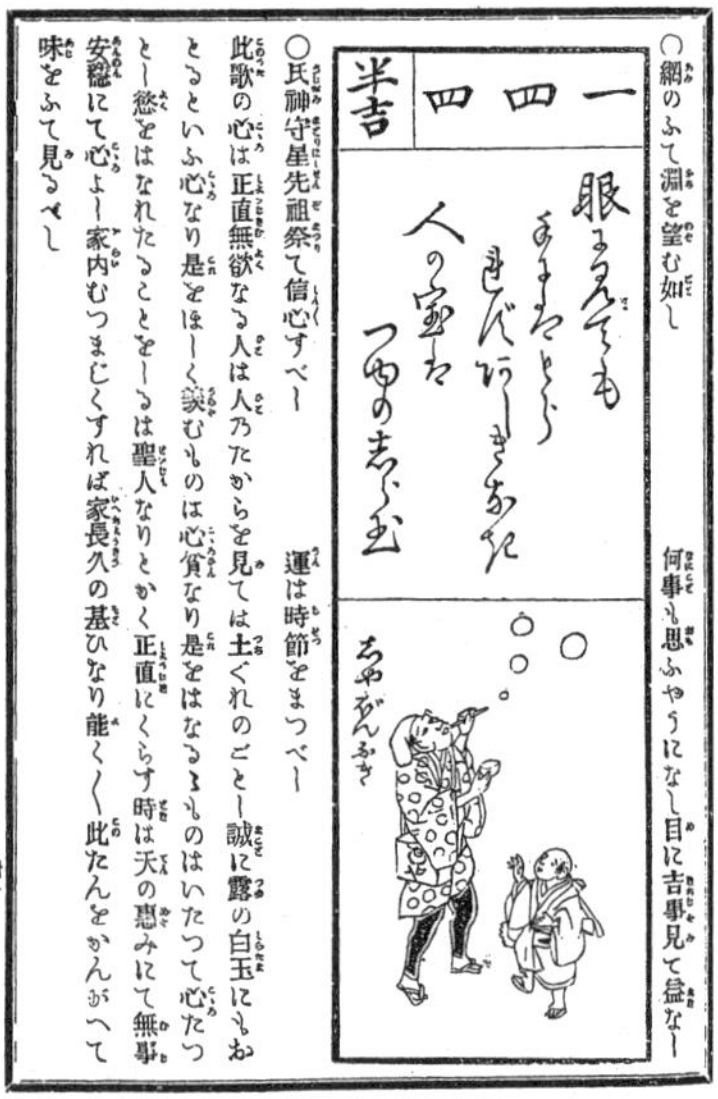

図31　鷲尾里暁編『神国歌占鑑』乾（1887年，国立国会図書館デジタルコレクション）

ら着想されたものともあり、江戸までの歌占の影響が残されている。

同じく江戸の歌占を引き継いだのが、（4）岡部弥次郎著『歌占』で、『せいめい歌占』と同一の歌が掲載されている。井上《いのうえ》円了《えんりょう》『妖怪学講義』巻四（哲学館、一八九六年刊）に「又俗間に伝はる書には、安倍晴明の歌うらなひと称して、天照太神、八幡大菩薩、春日大明神、此三社の神の示現にまかせ、易の六十四卦をかたどり六十四首の和歌を集めて歌占と名くる」とあり、『せいめい歌占』が明治時代に継承されたことが知られる。

本書が『せいめい歌占』と異なるのは、和歌の解説と、望事・病気・待人・縁談・売買・訴訟・失物・相場・品物・サワリ・数・方位など、項目ごとの解説が加わっていること、『せいめい歌占』にあった安倍晴明や三社託宣にかかわる序文がなく特定の神とのかかわりが排除されていることである。宗教色をなくし、より手軽に占えるようになっているのが特徴といえよう。

（2）『源氏遊びうた占』は「江戸の歌占」で紹介した『源氏歌占』のように、源氏物語の和歌と源氏香図にもとづく遊戯的な占い本である。同志社女子大学の今出川図書館には一枚の摺物（画工 川井四郎）と遊戯用の駒札がともに残されており、陰陽五行の構成要素である「木・火・土・金・水」を記した駒札が各五枚、合わせて二十五枚付属する。二十五枚の五行の札を五人に配り、手元に回ってきた札の組み合わせで源氏物語のどの巻の歌に相当するかを知るのだという。

（3）『斬新奇抜 みくじの占 一名 新占三十六歌仙』は独自の和歌みくじである。書名に「三十六歌仙」とあるが、三十六歌仙の和歌が記されているわけではなく、所収歌はある人の求めに応じて詠出したものという。第一番中吉は「日のいづる国は神くに山は富士たかきいさほを立てよ世の人」という歌で、神国としての日本と大和心を強調する。構成は、番号、吉凶、和歌に続けて、「歌のこころは……」で始まる歌の解釈、「此みくじにあたる人は……」から始まる全体運、商法・望事・縁談・病気・失物・待人・高下《こうげ》・訴訟・天時・地理・人事・身体・生物・器物・雑門の項目をあげる。

おみくじを引く前後には、祈願の祝詞、あるいは和歌を唱える作法が定められており、「婦女子」は祝詞でなく和歌を唱えるのもよいとある。「漢詩みくじの伝来と展開」で紹介したように、観音籤にはおみくじを引く前後に願文や奉送文を唱える作法があった。この作法は、それを祝詞と和歌におきかえたものと考えられ、おみくじ引きの作法の展開例として注目される。

和歌みくじの創出と漢詩みくじの継承

これまで述べてきた通り、和歌みくじの画期は明治維新前後にある。そのルーツには、日本神話における神々の占いやお告げの歌、能「歌占」に見える弓の歌占があり、それらは江戸時代に出版された歌占本に影響を与えた。漢詩みくじの影響を受けて歌占に吉凶がつき、解説や項目を加えた歌占本もつくられるようになった。江戸時代以前は、神社で仏教の観音籤が活用されることも多かったようだが、幕末の尊王攘夷運動や明治維新の神仏分離を境にして、そのような例は次第に少なくなった。そのかわりに和歌みくじが日本独自の神のおみくじとして意図的に創出されるようになったのだった。現代の神社のおみくじも、この流れのなかにある。

その一方、いま紹介してきたように、十八世紀の半ばから十九世紀後半にかけて、当時の流行と結びついてさまざまな和歌みくじ・歌占がつくられた。しかし、それらは、明治時代から大正時代にかけて、ほとんどが途絶えてしまった。これは漢詩の観音籤が江戸時代以降、ずっと寺院のおみくじとして継承されているのとは対照的である。

なぜこうした違いがあるのだろうか。

それは、観音籤が天台宗寺院と結びついて定着したのに対して、幕末以前の歌占や和歌みくじが特定の神社と結びつかず、そのときどきの流行に応じてつくられたものだったからだろう。このように江戸の歌占が流動的だったのとは異なり、幕末から明治以後につくられた『神代正語籤』や『神籤五十占』、女子道社製のおみくじなどの和歌みくじは、教派神道や神社という場に受け入れられ、それをよりどころに現代まで百年以上も続いてきたのである。

おみくじ今昔

扁額のおみくじ

文化遺産としての扁額

おみくじといえば、紙に書かれたものをイメージするのが一般的だろう。おみくじの自動販売機もあるが、多くは社務所が開いているときしか引くことができない。しかしながら、じつは二十四時間いつでも引くことのできるおみくじがある。社寺の境内に掲げられた扁額のおみくじである。現在、その存在は忘れられかけているが、人がおみくじとどう付き合ってきたかを伝える貴重な文化遺産として注目される。

これまで紹介してきた漢詩・和歌・それ以外という紙のおみくじの分類は、扁額にも当てはまる。現在知られる最古のものは「漢詩みくじの伝来と展開」で紹介した萬福寺《まんぷくじ》伽藍堂内の「伽藍感応霊籤」である。江戸時代前期の寛文九年（一六六九）につくられたもので六十四首の漢詩が掲げられている。

和歌みくじでよく知られているのは伏見《ふしみ》稲荷《いなり》大社《たいしゃ》（京都市伏見区）の扁額だ。伏見稲荷大社のおみくじは全三十二番で、歌を記した扁額と番号付きの棒を入れたみくじ箱が、稲荷山の一ノ峰上社、二ノ峰中社、眼力社等々の諸社に備え付けられており、いつでもおみくじが引ける。

おみくじの扁額についてはウェブサイト「おみくじ好き」で情報収集されており、現在も関西を中心に多く残っていることが知られる。右サイトの情報によれば、扁額に記された詩歌の数は、萬福寺の六十四首や伏見稲荷大社の三十二首が多いほうで、ほかにも十五首、二十五首などの例もあるが、それ以外のほとんどは十二首と少ない。扁額の大きさはかぎられており、多数の歌を掲載するのは難しいからだ。

扁額には奉納時期や奉納者が記されたものもあり、おみくじの文化史を考えるうえで見逃せない。たとえば、平安時代に活躍した僧侶歌人蟬丸《せみまる》をまつる関《せき》蟬丸《せみまる》神社《じんじゃ》下社《しもしゃ》（滋賀県大津市）には、江戸時代後期の天保十年（一八三九）に奉納された扁額「関清水　蟬丸大明神歌御鬮」がある。第一番「正直をこころにとめて願ひなば　われも力を添へて守らん」から始まる全十二番のおみくじだ。この「正直を」の歌は、粟田《あわた》神社（京都市東山区）の扁額、武信《たけのぶ》稲荷《いなり》神社（京都市中京区）の「正一位武信大明神御神鬮」、知《ち》恩院《おんいん》濡髪《ぬれがみ》明神《みょうじん》

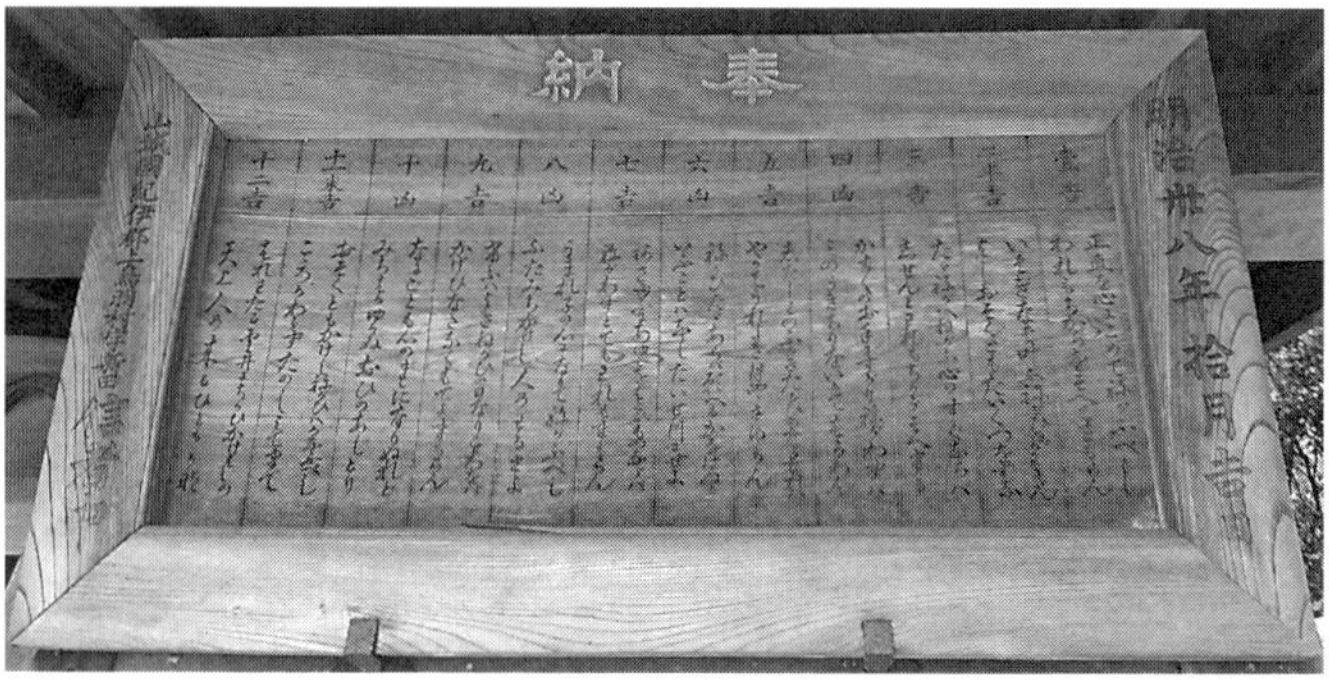

図32　楊谷寺のおみくじの扁額（平川貴大提供）

（京都市東山区）、彦田稲荷神社《ひこたいなり》（滋賀県大津市）の扁額、藤高稲荷神社《ふじたかいなり》（三重県伊賀市）の奉納御鬮歌、萬吉大《まんきちおお》神《かみ》（京都市伏見区）の「萬吉本社御籤」、楊谷寺《ようこくじ》眼力《がんりき》稲荷《いなり》（京都府長岡京市）の奉納扁額「柳谷 眼力稲荷おみくじ」など、他の神社の扁額にも見られる。その歌のルーツは不明なものがほとんどだが、このような例から扁額のおみくじ歌がある程度固定化していたことがうかがえる。

眼力稲荷の「目」の歌

楊谷寺眼力稲荷の扁額には奉納年と奉納者の記載があり、社寺の御利益に合わせて歌の一部が書きかえられたことがうかがわれる（図32）。おみくじの歌は全十二番。第一番は先にあげた「正直を心にとめて……」の歌で始まる。

とくに注目したいのは五番目の吉の歌だ。粟田神社の扁額では「親しみの深き互ひの仲なれば　やがてうれしき月や冴ゆらん」だが、眼力稲荷の扁額では、この歌の「月」が「目」になっている。なぜ、このような違いがあるのだろうか。それはおそらく楊谷寺が眼病平癒の祈願所として平安時代から信仰を集め、境内の眼力稲荷も寺の鎮守として信仰されてきたからだろう。この扁額は眼病平癒を願って奉納されたものであり、それゆえ、第五番の歌の「月」を「目」として「目が澄みきるだろう」という意味にしたのではないだろうか。ここからわかるのは、おみくじ歌は各社寺の御利益にあわせてアレンジされることがあったということだ。

この扁額の両脇には「明治卅八年拾月吉日／山城国紀伊郡上鳥羽村新田信者中」とあり、明治三十八年（一九〇五）に山城国紀伊郡上鳥羽村新田の信者が奉納したものと知られる。山城国紀伊郡上鳥羽村は、現在の京都府京都市南区上鳥羽山地区、楊谷寺から十キロほど離れた場所である。眼病平癒を願って近隣の信者たちが奉納したのだろう。

奉納という文化

楊谷寺眼力稲荷の例のように、おみくじの扁額には奉納されたものが多く、奉納された年月や奉納者が記されることも少なくない。たとえば、小椋《おぐら》神社（滋賀県大津市）の扁額には「米寿記念」「昭和二十五年奉献　三上彌市」とあり、昭和二十五年（一九五〇）に個人の米寿記念で奉納されたことがわかる。

扁額にかぎらず、おみくじは奉納で支えられていた。「漢詩のおみくじ」で紹介する龍《りゅう》

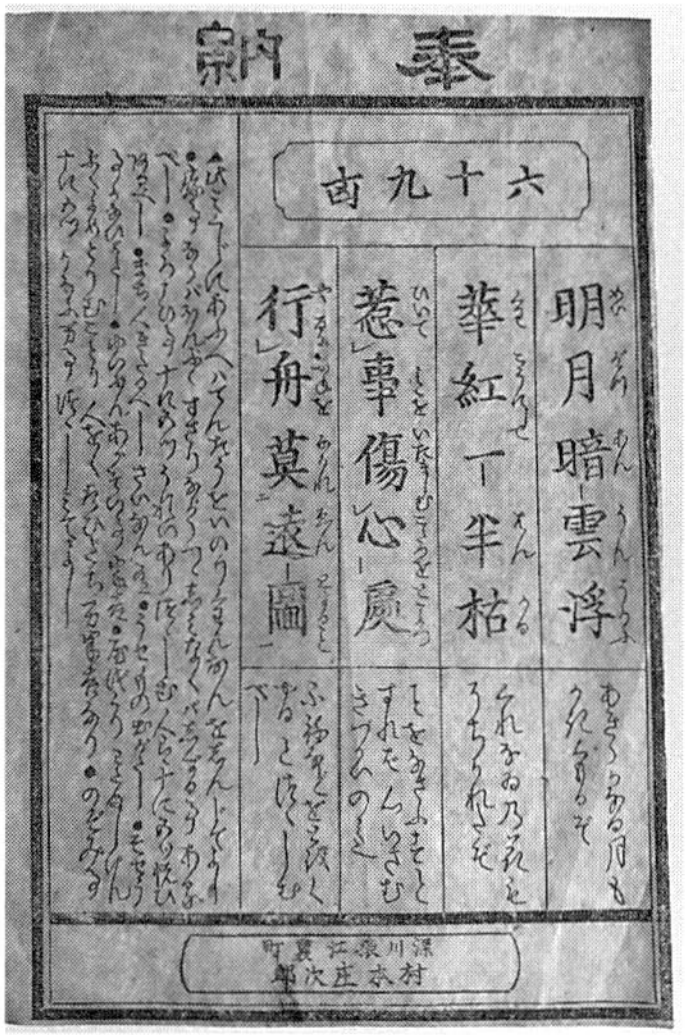

図33　奉納されたおみくじ（著者所蔵）

口寺《こうじ》（神奈川県藤沢市）の江戸時代のおみくじの版木は奉納されたものである（島武史『おみくじの秘密』）。江戸・明治時代のおみくじの紙にも奉納者の名がしばしば記載されている。図33の六十九凶の観音籤は深川森江裏町の村木庄次郎によって奉納されたものだが、八十一小吉は深川亀住町の鈴木吉太郎の奉納で、多くの人々の奉納によっておみくじがつくられていたことがわかる。現代のクラウドファンディングのように、おみくじの文化は神仏を信仰する各地の人々に資金面で支えられていたのである。

奉納された和歌みくじの扁額で古いものは、先にあげた天保十年（一八三九）奉納の「関清水　蟬丸大明神歌御䰗」である。それ以外で奉納年が知られるのは、文久元年（一八六一）（藤高稲荷神社）、明治二十三年（粟田神社）、明治三十八年（楊谷寺眼力稲荷）、大正十四年（荒戸《あらと》神社／滋賀県大津市）、昭和三年（天性寺天河弁財天社《てんしょうじてんかわべんざいてんしゃ》／京都市中京区）等で、江戸末期から昭和初期に至るまで、おみくじの扁額が奉納されていたことがうかがえる。

古くなった扁額が作り直され継承された例もある。白石神社（京都市山科区）の扁額は昭和九年に奉納され、平成九年（一九九七）に書き直されており、時代を超えて受け継がれていることがわかる。

扁額のおみくじの最大の特徴は、二十四時間、いつでもお告げを受けられることだ。鳥たちのさえずる早朝、日の傾く夕暮れどき、月の輝く夜、どんなときでも扁額の前にあるみくじ箱から番号を振り出すことで、神仏のお告げをいただける。扁額のおみくじは、長い間、悩める人々に寄り添って励ましや戒めのことばを示してきた。そして、そこにはおみくじを引いてきた人々の祈りの時間が染みこんでいるといえるだろう。

江戸の歌占本とのかかわり

扁額に記されたおみくじの歌の大半は典拠不明だが、なかには江戸時代の歌占本と共通するものもある。そのような例に、倭神社《しどりじんじゃ》（滋賀県大津市）の「倭大明神御歌」（全三十番）や呼聲大神（京都市伏見区深草）の扁額（全十二番）等がある。

たとえば、「かくばかり心の内のうちとけて君にむつごと云ふぞうれしき」（「倭大明神御歌」第十五番・吉）は、「江戸の歌占」で紹介した『せいめい歌占』と同じ歌である。さらに福永弁財天（京都市中京区）の扁額は、全十二番のうち、歌のない一番を除く十一首がすべて『せいめい歌占』と一致する。これは扁額のおみくじ歌が既存の歌占本を抄出してつくられたことを示しているのではないだろうか。扁額のおみくじ歌を通して江戸時代から続くおみくじ文化の一端が知られるのである。

おみくじは生きている

おみくじは引いたら結ぶもの、そう思っている人も多いのではないだろうか。プロローグで紹介したように、おみくじを結ぶ風習は江戸時代からあったが、じつは、その由来や起源について記した信頼できる文献は見つかっていない。

明治・大正・昭和のおみくじ収集―新城文庫『おみくじ集』

おみくじを引いたら結ぶのが一般的になっている一方で、持ち帰って保存するのがよいという考え方もある。戸隠《とがくし》神社のおみくじ用の紙袋には「此のおみくじはお持ち帰りの上日常の指標にしてください」と書かれているし、東大寺《とうだいじ》二月堂《にがつどう》の「はんだんみくじ」欄外には次の注意書きがある。

　此みくじは保存して下さい。もし御不用なれば堂の占に納めなさると祈念して焼きます。

木の枝、道のほとりのものに括ると、結ばれて永く思ひごとが叶ひません。

おみくじを結ばずに保存するよう指示し、木の枝にくくりつけると思いごとが結ばれて叶わないのだという。近年では、木の生育に差し障ることなどから、木の枝に結ばず、おみくじを結ぶ場所を境内に設けている社寺も多い。

右の東大寺二月堂のおみくじの注意書きは明治時代の終わりごろには書かれていた。それを示すのが国立国会図書館新城文庫所蔵『おみくじ集』である。これは明治末期から昭和初期のおみくじ貼込帳、つまりスクラップブックで、宇宙物理学者であり東洋天文学の研究者でもあった新城新蔵（一八七三〜一九三八）旧蔵の天文学・暦学関係書コレクションの一冊である。そこに七十二点のおみくじが保存されており、同じ注意書きを記す東大寺二月堂のおみくじが貼られている。『おみくじ集』に収集されたおみくじは京都や大阪など関西の社寺のものが多いことから、新城が京都帝国大学につとめていた明治末期から昭和初期までのものとみられる。

明治三十九年（一九〇六）に考案された女子道社製のおみくじが形を変えて現在ももちいられていることは後で述べるが、この『おみくじ集』は、女子道社のおみくじが普及する以前のおみくじの実態を伝えるタイムカプセルである。保存されたおみくじを見ると、何が変化し、何が変化していないのかがわかるからだ。

同集所収のおみくじは、漢詩のものが三十六点、和歌のものが二十五点、漢詩と和歌を併記するものが一点、その他が十点ある。

漢詩みくじの大半は観音籤で、先にあげた東大寺二月堂をはじめ、大津《おおつ》三井寺《みいでら》、音羽山《おとわさん》清水寺《きよみずでら》、信貴山《しぎさん》、四天王寺《してんのうじ》、竹生島宝厳寺《ちくぶしまほうごんじ》など、寺院のものがほとんどだが、天神をまつる服部天神宮《はっとりてんじんぐう》のものもある。それ以外には、関帝籤《かんていせん》、黄檗《おうばく》宗の隠元《いんげん》作とされるおみくじ、広済寺《こうさいじ》境内の妙見堂《みょうけんどう》のおみくじなども含まれている。

和歌みくじで典拠がわかるのは、「和歌みくじの明治維新」で紹介した1『神代正語《かみよのまさことの》籤《くじ》』にもとづくもの（縣《あがた》神社・住吉《すみよし》大社・堀川地車稲荷《ほりかわだんじりいなり》神社）、2『神籤五十占《しんせんごじっせん》』によるもの（宇治神社・玉姫稲荷明神安居《やすい》神社・播磨明石人丸柿本《かきのもと》神社）、３十文字学園女子大学図書館所蔵の和歌みくじと共通するもの（赤土大明神・今宮《いまみや》神社・廣田神社、図34上左）である。

典拠不明のものも多いが、そのなかで現在まで同じかたちで授与されているのが住吉楠《なん》珺《くん》神社（大阪市住吉区）の歌占だ（図34下左）。「歌占」の名が和歌みくじに継承されており貴重である。

法案寺《ほうあんじ》南坊（大阪市中央区、図34上右）のおみくじには「歌占」とあり、寺院でも歌占が存在したことを示すものとして注目される。

見逃せないのは現存する扁額のおみくじの歌と同じものがあることだ。「朝夕にあゆみをはこぶものならばねがへば願へ神はまもらん」（第七番吉、図34上中央）がそれで、「扁額のおみくじ」で紹介した萬吉大神や楊谷寺眼力稲荷などの扁額にも同様の歌が記載されている。こうした例を見ると、かつては扁額のおみくじ歌が印刷されて授与されていた可能性もある。なおこの歌は佐藤幸代が紹介する玉津岡《たまつおか》神社（京都府綴喜《つづき》郡）のおみくじ歌「朝夕にあゆみをはこぶものなればねがはずとても守りこそせん」（第七番吉）にも酷似する（「おみくじの歴史と変遷」）。

その他のおみくじ十点には和歌や漢詩が記載されていない。諏訪《すわ》神社、産湊比売許曽《ひめこそ》稲荷《いなり》神社、瓢箪山稲荷《ひょうたんやまいなり》神社、松尾《まつのお》神社などが、それに該当する。このうち、現在も同様のかたちでもちいられているのが諏訪神社（長崎県長崎市）と瓢箪山稲荷神社（東大阪市）のおみくじである。諏訪神社のおみくじ（図34下右）は、日本で初めてつくられた英文みくじとして知られる。鎮西大社諏訪神社ウェブサイトによれば、大正三年（一九一四）に旧制長崎中学校の英語教師であった釘本小八郎《くぎもとこはちろう》がつくったものという。

消える和歌・変わる和歌

「和歌みくじの明治維新」で述べたように、現代のおみくじのルーツとして明治時代の和歌みくじがある。そのなかには当初のまま継承しているものもあれば、かたちを変えてしまったものもある。和歌みくじは、

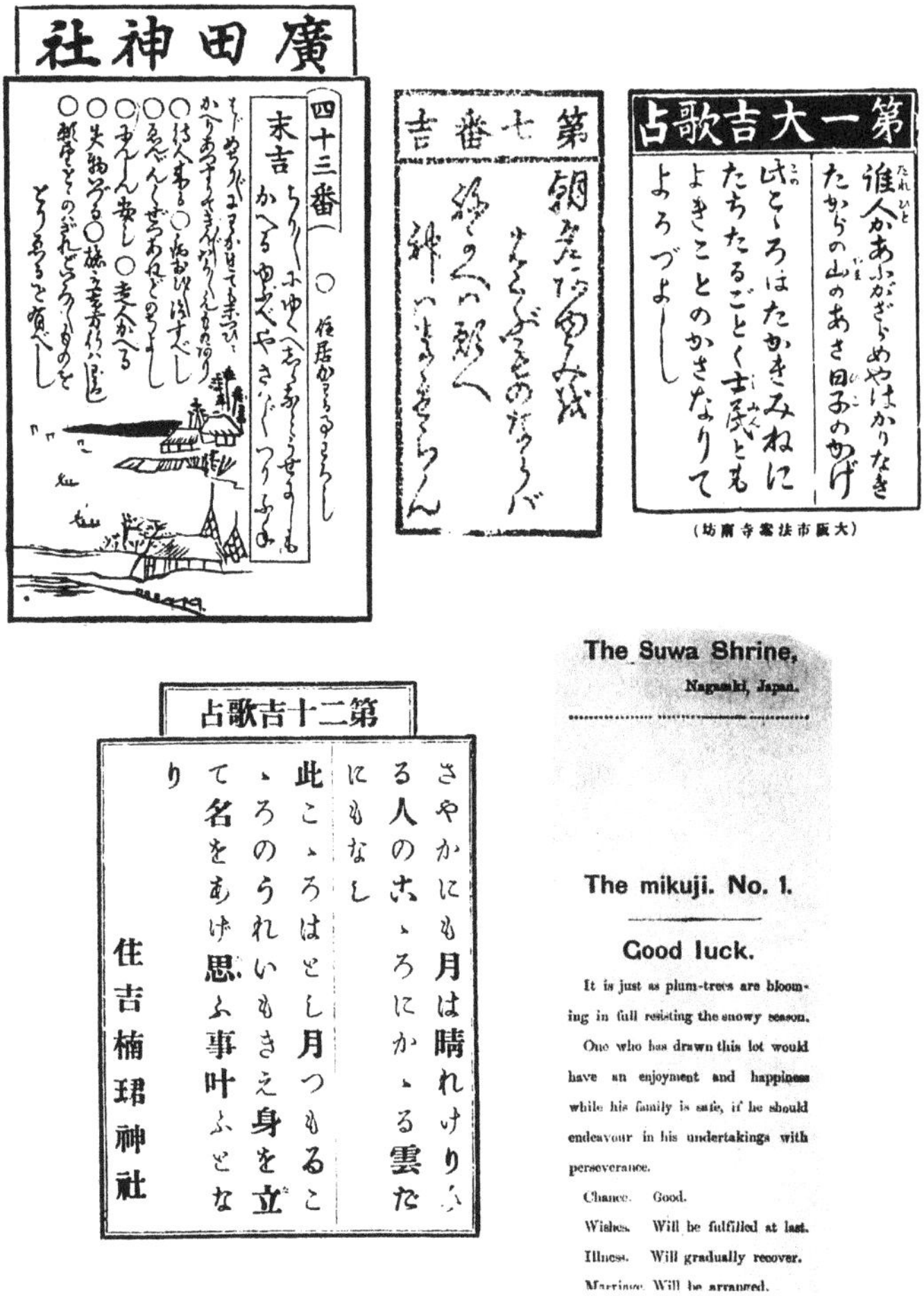

図34　新城文庫『おみくじ集』所収おみくじ５点（国立国会図書館所蔵）

これからどうなっていくのだろうか。

たとえば、かつては埼玉県大宮市の氷川《ひかわ》神社でも幕末の和歌みくじ本『神代正語籤』にもとづくおみくじをもちいていたが（島武史『おみくじの秘密』）、現在は和歌が省略され、「岩戸《いわと》開《ひらきの》兆《うらかた》」のように「……の兆」として示される結果にその名残を留めるばかりである。「江戸の歌占」で述べたように、『神代正語籤』の歌は神話の内容にもとづくもので、すべて漢字で表記されている。そのため、神話の知識がないと理解しがたく、和歌にもかかわらず漢字で表記されているのも厄介だ。難解なところが多いため、和歌が省略されてしまったのだろう。

おみくじのデザインは継承されたものの、和歌が消えてしまった例もある。『おみくじ集』所収の白米稲荷《しらよねいなり》社（大阪市北区）のおみくじは、鹿や牛の肩甲骨を焼いて吉凶を占う「太占」の骨をかたどった枠の中に、和歌や解説が書き込まれている（図35）。

このおみくじのデザインは現在も大阪天満宮でもちいられている。骨の後ろに描かれている植物は太占で骨を焼く際にももちいる波波迦《ははか》の木とみられる。「太占」は先に紹介したように、国生み神話や天の岩戸神話にも登場し、日本の神がもちいた占いである。このような太占の骨と穀をおみくじのデザインに取り込んだのは、それが太古の神の占いに遡る神聖なものであることを示したかったからだろう。

なお、白米稲荷社は大阪天満宮の摂社で、現在は図35とは異なるおみくじがもちいられている。

一方で、住吉大社のように、『神代正語籤』にもとづく和歌みくじ（図36右）から御祭神にゆかりの和歌みくじに変更されたケースもある。図36を見るとおみくじの番号は住吉大社の第二十八番と『神代正語籤』の第五十二番で異なるが、漢字表記の同じ和歌である。住吉大社の新たな和歌みくじでは御祭神や住吉にゆかりの歌がもちいられており、和歌が神のお告げであることが意識されている。

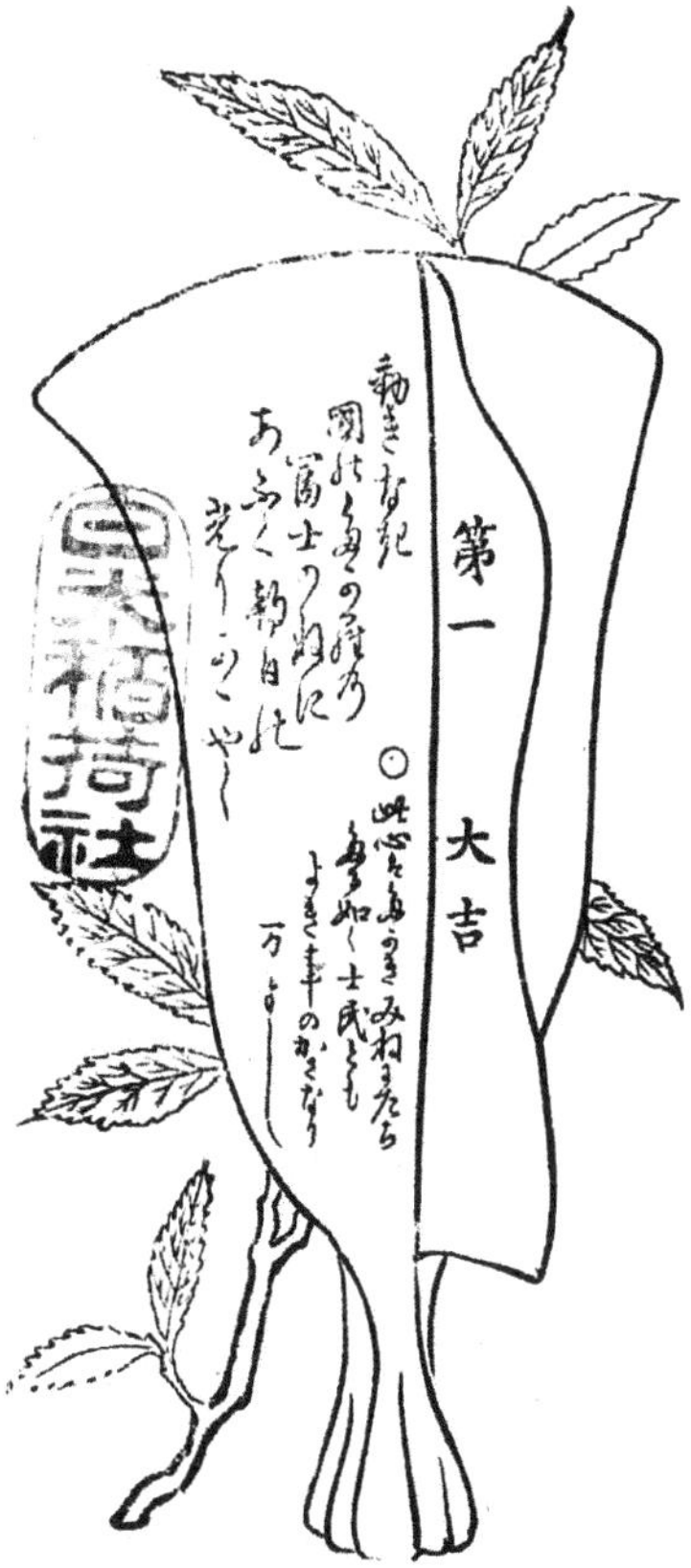

図35　白米稲荷社（『おみくじ集』所収，国立国会図書館所蔵）

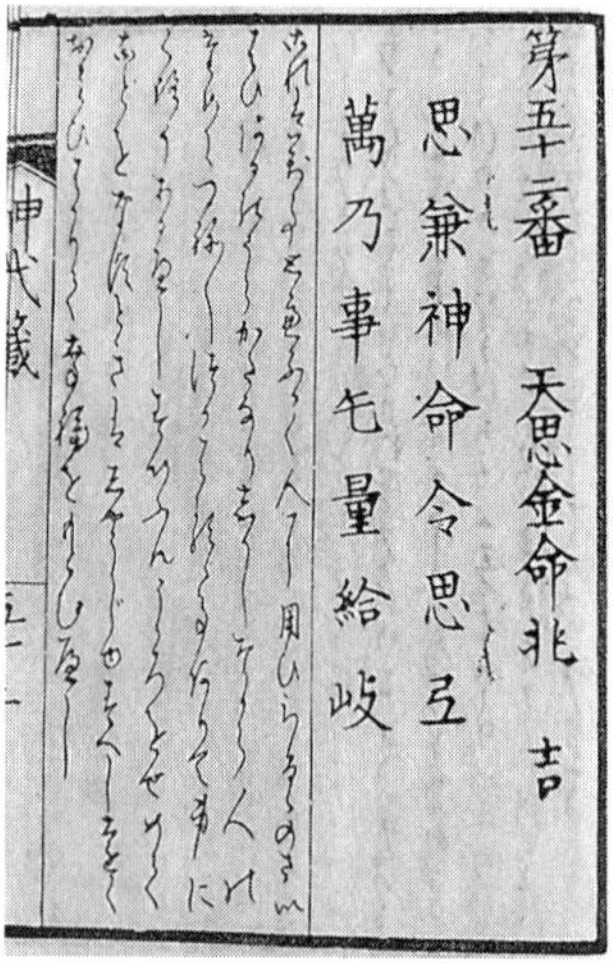

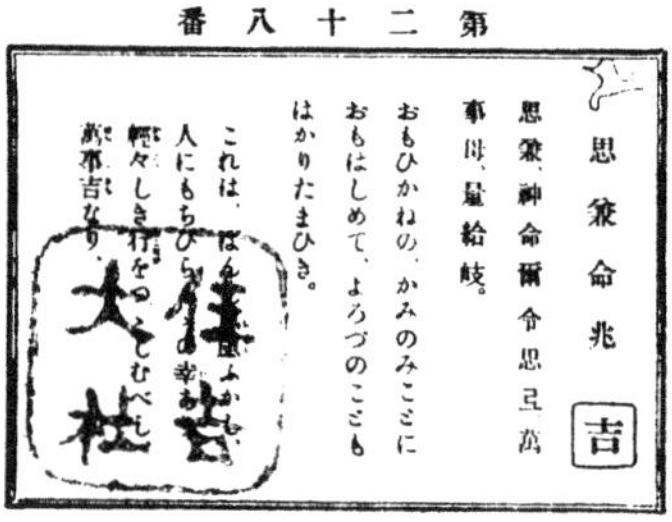

図36　『神代正語籤』第五十二番（左，著者所蔵），『おみくじ集』所収「住吉大社おみくじ」第二十八番（右，国立国会図書館所蔵）

『神籤五十占』は京都の神社を中心に多く使われていたが、こちらも少しずつ変化している。たとえば、賀茂《かも》別《わけ》雷《いかずち》（上賀茂《かみがも》）神社（京都市北区）では以前は『神籤五十占』にもとづくおみくじを授与していたが、平成二十年（二〇〇八）から御祭神や神社ゆかりの和歌を記した独自のおみくじに変更された。

　こうした変化はなぜおこるのだろうか。これはおそらく、御朱印やパワースポットが話題となり神社仏閣めぐりが流行するなかで、各神社の個性がより求められるようになっているからだろう。住吉大社や上賀茂神社のような参拝者の多い神社が独自のおみくじに切り替えたことは、独自のおみくじの需要が高まっていることを物語るのではないだろうか。

変わる挿絵と変わらない詩歌

以上、新城文庫『おみくじ集』所収のおみくじを中心に、おみくじの世界の移り変わりを見てきた。それにしても、おみくじの歴史を知ると、神のお告げに相当する和歌がおみくじから消えてしまうのは惜しく思われる。しかし、理解不能なものが省略されてしまうのは文化変容の一つのパターンでもある。「漢詩みくじの伝来と展開」で述べたように、中国の『天竺霊籤《てんじくれいせん》』が日本にもたらされて「観音籤」「元三大師御籤《がんさんだいしみくじ》」として広まったとき、漢詩はそのまま引き継がれたが、その解説は時代によって変化した。それだけでなく、漢詩に添えられた挿絵は『天竺霊籤』のものから離れて日本風の絵に書きかえられた。日本人は漢詩を理解することはできても、漢詩と対応しない挿絵の意味は理解できなかったからだ。

たとえば、『天竺霊籤』の挿絵には「鹿」が多く描かれている。第五十三番（図37左）の挿絵には鹿が描かれているが、漢詩に鹿の文字はない。それはなぜか。この挿絵で鹿が描かれるのは、漢詩の四行目に「時亨禄自遷」に「禄」という語があるからだ。「鹿」は中国語で「lù」と発音し、これは財禄を意味する「禄」と同じ発音である。つまり、『天竺霊籤』の「鹿」の絵は財禄の象徴として描かれていたというわけである。しかし、当時の日本人はそれが理解できなかったため、日本の「元三大師御籤」の挿絵には鹿が描かれ

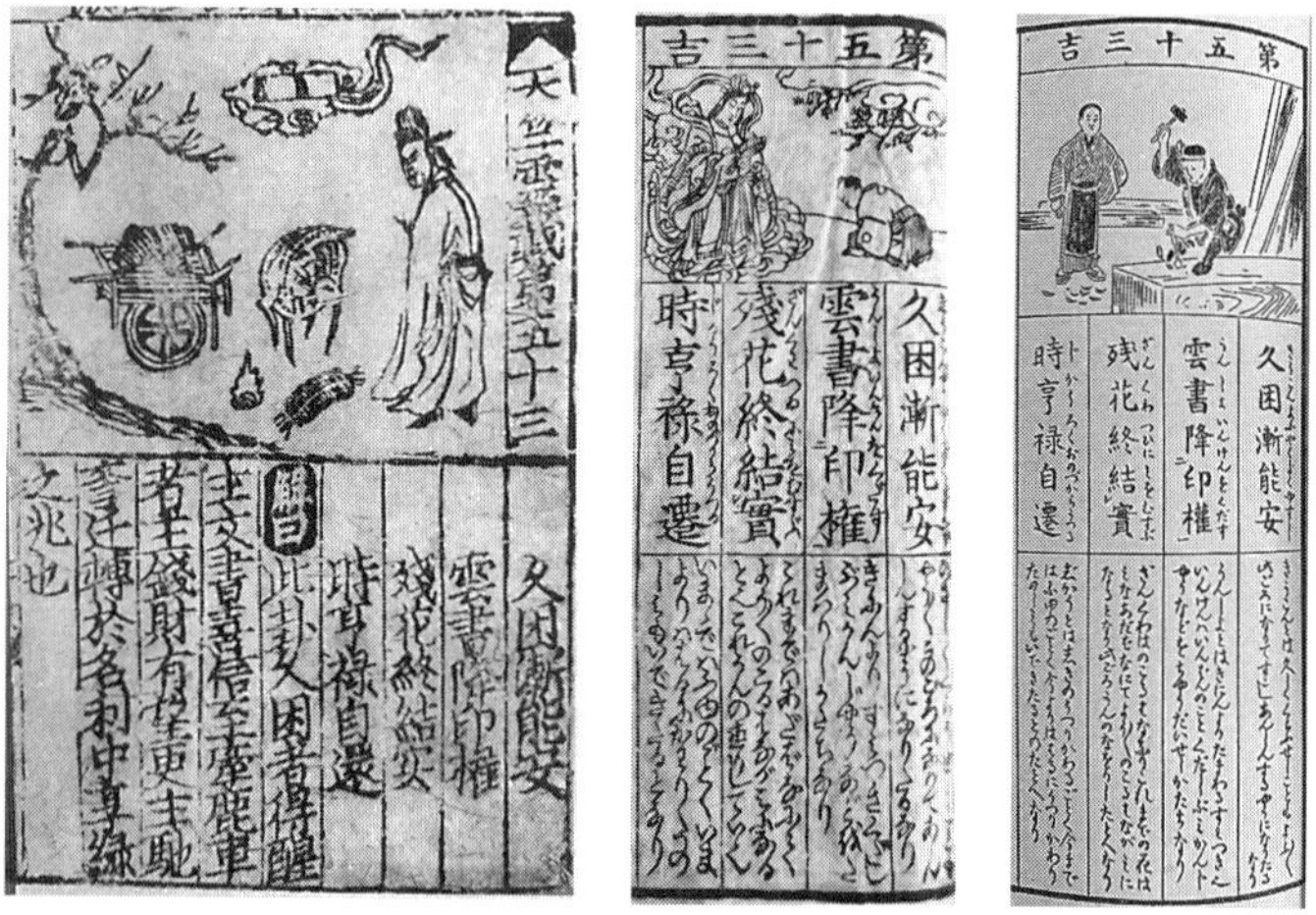

図37　左より『天竺霊籤』中国，南宋時代（12〜13世紀，鄭振鐸編『中国古代版画叢刊』第一冊所収，上海古籍，1998年），『元三大師百籤判断抄』江戸時代（18〜19世紀，著者所蔵），『元三大師御鬮』（1915年，著者所蔵）

ることはなかったのである（図37中・右）。

時代による変化もある。江戸時代の元三大師御籤の挿絵には江戸時代の風俗が多く描かれている。たとえば、図37中の『元三大師百籤判断抄』第五十三番の挿絵で天女に祈る男の姿は江戸時代の装いだが、右の大正四年（一九一五）刊行『元三大師御鬮』では散切り頭の大工と主人らしき男が描かれている。第五十三番の番号と漢詩は同じだが、挿絵は時代によって明らかに変化している。

仏菩薩のお告げである漢詩は軽々しく変えることはできない。しかし挿絵や解説は、あくまでも漢詩の理解を助けるものだった。だからこそ、時代に応じて変えられたのだ。変わらない漢詩と変わりゆく挿絵や解説が共存しつつ継承されていく。おみくじ研究の醍醐味の一つは、それらの変遷を明らかにするところにある。

おみくじの変遷についてはオンラインデータベースからわかることもある。国立国会図書館のデジタルコレクションのウェブサイトで「御籤」「御鬮」を書名に含むものを検索すると、明治維新の直後には元三大師御籤本の出版が少なく、明治末期になると増加する傾向が見出せる。法華経や黄檗宗《おうばくしゅう》のみくじ本にも同様の傾向があることから、明治維新による神仏分離令の影響が仏教系漢詩みくじの出版にも及んだと推測される。

神仏のお告げというと絶対的で不変のものというイメージを抱くかもしれないが、おみくじの行方は時代の動向と無縁ではない。わたしたち人間は神仏に祈り、おみくじで神意を知ろうとする。神意を知るために、人は詩歌をつくり、解説や挿絵をつける。このように神仏と人間は切っても切れない関係にあり、人の世とともにおみくじも変わっていく。おみくじは、わたしたちとともに生きているのである。

現代の漢詩みくじ

漢詩みくじの分類

漢詩みくじは江戸時代に普及した観音籤（元三大師御籤）が現在も主流だが、じつはそれ以外にもさまざまな種類がある。おみくじにはルーツがはっきりしないものも多いが、漢詩みくじの場合、漢詩に着目すると系統が見えてくる。ここでは現代のおみくじを系統別に分類して紹介したい。

現在、寺社で授与されている漢詩みくじは表3のように分類できる。①〜③は仏教寺院、④⑤は少数だが神社、⑥は中国の霊廟のおみくじである。

観音籤

①の観音籤は最も一般的で、その歴史は「漢詩みくじの伝来と展開」で詳述した。浅草寺の観音籤は先に紹介したように漢詩と解説のみだが、江戸時代に流布した元三大師御籤本と同様、一般的な観音籤には挿絵のついたものも多い。

表3　漢詩みくじの分類

番号	分類	主な寺社
①	観音籤	延暦寺，寛永寺をはじめとする全国の寺院
②	法華みくじ	最上稲荷，長國寺，身延山久遠寺など日蓮宗寺院
③	妙見みくじ	龍口寺，広済寺
④	菅原道真の漢詩みくじ	北野天満宮
⑤	七言四句の漢詩みくじ	道明寺天満宮，祐徳稲荷神社
⑥	中国の聖人や神の漢詩みくじ	関帝廟，媽祖廟，孔子廟

法華みくじ

②法華みくじは法華経の偈句《げく》にもとづくおみくじである。観音籤ほど一般的ではないが、最上《さいじょう》稲荷《いなり》山《やま》妙教《みょうきょう》寺《じ》（岡山県岡山市）や長國寺《ちょうこくじ》（東京都台東区）、身延山《みのぶさん》久遠寺《くおんじ》（山梨県南巨摩郡）など、日蓮宗や法華宗の寺院で授与されている。

このうち江戸時代の歌占との関連で注目されるのが、最上稲荷山妙教寺のおみくじである。法華経の一節とともに江戸時代の和歌占い本『せいめい歌占』所収の和歌と「〜のごとし」という文を併記するところに特徴がある。最上稲荷は法華経の信仰にもとづく稲荷で、伏見稲荷（京都市伏見区）・豊川稲荷《とよかわいなり》（愛知県豊川市）とあわせて日本三大稲荷とも言われる。稲荷といえば神社を想起するかもしれないが、最上稲荷は日蓮宗寺院である。現在も神仏習合の祭祀形式が残されており、法華経の偈と神のお告げである和歌を併記する点も、江戸時代以前の信仰のあり方をうかがわせる。

法華宗寺院で酉の市の寺として知られる長國寺では、天保三年（一八三二）ごろから明治にかけて出版された法華経のみくじ本『法華経御鬮霊感籤』にもとづくおみくじがある。毎年十一月の酉《とり》の市《いち》限定で授与されており、僧侶が目の前で、邪悪を退けて幸せを運び一切の難を払って願い事を叶えよという意を込めて「善星皆来、悪星退散」と唱えながら、みくじ棒を振り出してくれる。このおみくじは全九十六番で、日蓮宗の根本である法華経の重要偈句が引かれている。長國寺のウェブサイトでは住職の音声つきでこのおみくじを引くことができる。

日蓮宗の総本山である身延山久遠寺の法華みくじは現代的である。自分の必要に応じて「日常」「交友」「学問」「事業」の箱から一つ選んで引くもので、法華経の一節と日蓮聖人のことばが教えとして示されている。教えや運勢の記述も右の四テーマに沿っており、かつては僧侶に解説してもらっていたおみくじをできるだけ多くの人に親しみぶかく受けてもらおうという工夫がある。なお、久遠寺の奥の院では日蓮大聖人のことばを示したおみくじも授与されている。

妙見堂のおみくじ

③妙見《みょうけん》みくじは江戸時代の妙見信仰にもとづくおみくじである。

日蓮の法難で知られる龍口《たつのくち》の刑場跡に建立された龍口寺《りゅうこうじ》（神奈川県鎌倉市）で現在も授与されている（図38）。龍口寺のおみくじは文政三年（一八二〇）につくられた五言四句の漢詩六十四首からなり、明治二十八年（一八九五）に檀家の斉藤吉次郎が再版して奉納したものにもとづくという（島武史『おみくじの秘密』）。

それ以外の伝来は明らかでないが、このおみくじが江戸時代に龍口寺以外でも授与されていた証拠が、江戸の男女の恋愛を描いた人情本『春色梅児誉美《しゅんしょくうめごよみ》』（為永春水《ためながしゅんすい》作、一八三二・三三年刊）の中にある。作中で江戸柳島《やなぎしま》の妙見堂（法性寺《ほっしょうじ》）のおみくじが登場し、吉原の花魁《おいらん》である此糸《このいと》が恋の行方を占うのだが、そのおみくじの番号と漢詩が龍口寺のおみくじと一致するのである（中村公一『一番大吉！　おみくじのフォークロア』）。

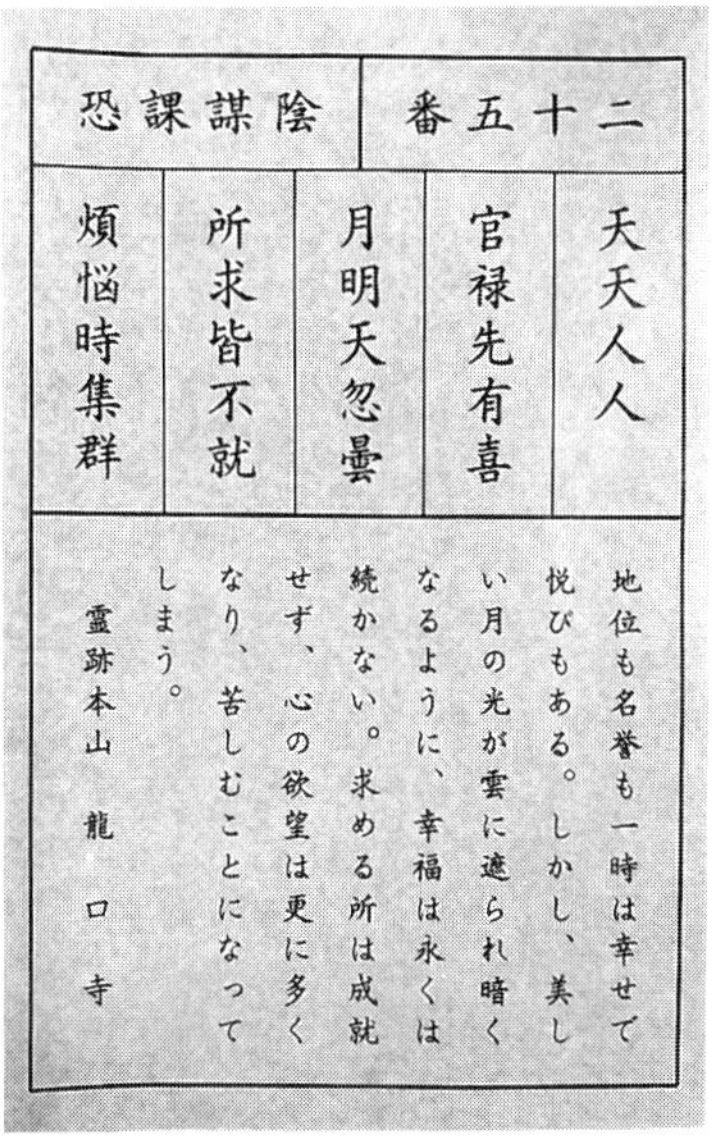
二十五番　陰謀課恐

天天人人
官禄先有喜
月明天忽曇
所求皆不就
煩悩時集群

地位も名誉も一時は幸せで悦びもある。しかし、美しい月の光が雲に遮られ暗くなるように、幸福は永くは続かない。求める所は成就せず、心の欲望は更に多くなり、苦しむことになってしまう。

霊跡本山　龍口寺

図38　龍口寺おみくじ　第二十五番

日蓮が北極星を神格化した北辰《ほくしん》妙見《みょうけん》菩薩《ぼさつ》を信仰したことから、龍口寺の境内には妙見堂がある。妙見菩薩は日蓮宗で盛んに信仰され、そのおみくじが江戸時代に流布していたのだ。現在の龍口寺では妙見堂のおみくじとして授与されているわけではないが、江戸時代のおみくじが現代まで継承された例として非常に貴重である。

さらに、このおみくじが天・地・人の組み合わせによる六十四首で構成されることも注目される。「江戸の歌占」で述べたように、六十四は易の六十四卦をふまえたもので、六十四という数を通して漢詩の妙見みくじと和歌占いがつながるからだ。

このおみくじは江戸時代からのおみくじらしく凶が多いが、「凶」なしのおみくじも多い昨今、「凶」だけでなく、「恐」という結果を含む点も特筆される。

伝近松門左衛門作の妙見みくじと易占

現在は授与されていないが、江戸時代に浄瑠璃作者として活躍した近松門左衛門《ちかまつもんざえもん》作と伝わるおみくじがある。近松の菩提寺である広済寺《こうさいじ》（兵庫県尼崎市）の妙見堂のもので、近松と広済寺中興の開基である日昌上人《にっしょうしょうにん》との合作と伝わる。八言三句の漢詩による全六十四番の版木が近松記念館（尼崎市）に蔵されている。

このおみくじを近松作とするのは伝承だが、近松作の浄瑠璃『最明寺殿百人上臈《さいみょうじどのひゃくにんじょうろう》』（一七〇三年）には、出家して最明寺殿と称した鎌倉幕府五代執権北条時頼《ほうじょうときより》が、天下の政道に誤りがあるかどうかについて源頼朝《みなもとのよりとも》の木像の前で神易となづけた六十四首のみくじで占わせる場面がある。「新易」という名からもわかるように六十四は易占の六十四卦に関連する。

北野天満宮の漢詩みくじ

少数ではあるが、神社にも漢詩みくじがある。④として分類したのがそれで、菅原道真《すがわらのみちざね》を天神としてまつる北野天満宮《きたのてんまんぐう》では、道真の漢詩の一節が掲げられている。天満宮では道真の和歌をおみくじに掲げるところが多いが、じつは道真が実際に詠んだ歌はそれほど多く残されていない。さらに、道真は平安時代を代表する漢詩人で『菅家文草《かんけぶんそう》』『菅家後集《かんけこうしゅう》』などの漢詩集もあるから、その漢詩をおみくじの根幹をとするのは理にかなっている。

北野天満宮のおみくじを調製した由来が、昭和三年（一九二八）に北野神社宮司の山田新一郎が書いた『北野天満宮御詠詩籤』（写本、成蹊大学所蔵）の「北野天満宮御詠詩神籤調制始末」に記されている。現在、北野天満宮で授与されているおみくじはさらに改訂されているようだが、その基礎となったのが『北野天満宮御詠詩籤』とみられる。

同書によると、このおみくじを企図したのは大正六年（一九一七）に山田新一郎が宮司職に就任したときであったという。文の道の大祖であり世間の讃仰をあつめる北野天満宮のみくじは独自のものであるべきで、祭神が詠んだ詩文が多くあるのだから、まさにこれを神籤の根本にするのがよいと考えるに至ったとある。選出した神の詩句に私意をはさむのは神意を冒瀆する恐れがあるため、いにしえの聖人の精神のよりどころである「易」の道理を考え合わせることで籤文を定めることにしたという。宮司の依頼で道真の詩句と易卦を組み合わせて籤文を書いたのは、著名な物理学者で易学にも精通した玉名程三《たまなていぞう》（一八六一～一九三七）であった。玉名は東京大学で物理学を修めた後、第三高等学校（現在の岡山大学）教授をつとめた人物である。晩年は科学的に易理を研究するために易学を研鑽したという。大正十四年に依頼された後、宮司の意見を聞きながら籤文を大成したと書かれている。

さらに、おみくじの歴史を考えるうえで興味深いのは、「当社の有名なる三本神籤は明治に至り廃せられ、天満宮神籤なる幾種の刊本は世上に流布せるも今日之を採用するには適当のものにあらず」とある部分である。ここには、北野天満宮では三本神籤が有名だったが明治維新で廃れたこと、当時流布していた『天満宮神籤』の刊本を採用するのは適当ではないことが書かれている。三本神籤の実態は明らかでないが、「三本」とあることから「占いからおみくじへ」で紹介した三度鬮に近いものだったのではないだろうか。「天満宮神籤」は「江戸の歌占」で紹介した『天満宮六十四首歌占御籤抄』のようなみくじ本と推測される。いずれにしても、大正時代のはじめに祭神の詩句をおみくじとすることが考案され、そのきっかけとして明治維新による従来のおみくじの廃止があったことを特筆しておきたい。

なお、天満宮の中でも、⑤に分類した道明寺《どうみょうじ》天満宮（大阪府藤井寺市）のおみくじは、七言四句、いわゆる七言絶句形式の漢詩で、道真作の漢詩ではない。その由来は不明だが、祐徳稲荷神社《ゆうとくいなり》（佐賀県鹿島市）の玉みくじと同じ系統のものとみられる。

中国のおみくじ

「漢詩みくじの伝来と展開」で述べたように、中国にはかつて数多くの霊籤があった。明・清代には霊籤が隆盛したが、文化大革命（一九六六～七六）の後、おみくじは迷信として禁止され、霊籤を引ける寺院や廟は少なくなってしまった。しかし、台湾や香港、シンガポールなど、古くからの中国文化が残るところでは、いまも多くの寺院や廟の境内におみくじ筒が備え付けられ、参拝者が神妙な面持ちでおみくじを引いている。

図39　関帝廟（横浜）のおみくじ引き

中国式のおみくじには独特の作法がある。まずは精神を集中して木筒に入った番号付きの棒くじを引き、杯珓《はいこう》・神筶《しんばえ》などと呼ばれる三日月型の木製の神具を二つ同時に振る（図39）。この二つの杯珓の表裏の組み合わせで神意を知ることができるという。たとえば表と裏の組み合わせなら引いた番号のおみくじでよいという意味で、表・表あるいは裏・裏なら引いたおみくじは神の御心とは異なるということになる。その場合は棒を引き直して、再び二つの杯珓を振って神意をうかがう。

こうした中国式のおみくじは日本でも引くことができる。⑥がそれで、関帝廟（横浜・神戸）や媽祖廟《まそびょう》（横浜）などで引ける。

関帝霊籤・天上聖母霊籤

関帝廟は三国時代に蜀《しょく》・漢《かん》の武将として活躍した関羽《かんう》を神としてまつっている。そのおみくじは、七言四句の漢詩による関帝霊籤である。

明・清の時代に大流行した中国を代表する霊籤で、現存する中国の霊籤と薬籤二百十五種の一覧を見ると、関帝霊籤、観音霊籤、聖母霊籤、観音聖母霊籤の数が多く、その人気がうかがえる（小川陽一「関羽のおみくじ（関帝霊籤）とその世界」）。

「漢詩みくじの伝来と展開」で紹介したように、清国では関帝廟と天后廟《てんごう》に霊籤があったという。天后廟は媽祖廟で、日本では横浜の中華街の媽祖廟に「天上聖母霊籤」がある。「天上聖母」は、広東・福建地方や台湾など海沿いの地域で信仰された海の守護神「媽祖」のことで、「天后」「天妃」などとも言われ、もとは中国宋代に実在した巫女とも伝えられる。

なお、現在、横浜や台湾の関帝廟や媽祖廟でおこなわれている霊籤は、漢詩の内容から見て江戸時代に日本で流布した関帝霊籤とは異なるようである。

変わらない漢詩と変わる解説

すでに述べたように、漢詩みくじは、南宋でつくられた『天竺霊籤』をルーツとする。その漢詩は八百年前からほとんど変わっていないが、解説や項目は時代によって変化がある。

たとえば、江戸時代のおみくじの解説は「武士」「僧侶」「百姓」など当時の人々の立場別に書かれていたが、このような書き分けは現在では見られない。江戸時代には観音菩薩をはじめとして特定の神仏への信仰を推奨する文章も一般的だったが、現在ではあまり書かれていない。つまり、仏菩薩のお告げとしての神聖な漢詩は同じだが、それをどう解釈するかは時代によって変化していくのである。

じつは、これは和歌みくじにも当てはまる。神のお告げとしての和歌は変わらないが、その解説は変化し続けている。しかし、和歌みくじの場合、お告げであるはずの和歌が省略されてしまうことも多く、漢詩みくじより変化が激しい。次に、それを見ていこう。

現代の和歌みくじ

すでに述べたように、和歌みくじは神社に多い。神のお告げの歌をルーツとするからだ。漢詩みくじに比べて種類が多いのは和歌みくじの特徴である。典拠となる本や内容の違いで分類すると、次ページ表4の①〜⑥にわけられる。①〜③はおみくじ専用につくられた歌、④⑤は祭神の歌や古歌、⑥は典拠や由来が不明の歌である。このうち④祭神の歌と⑤有名な古歌は両方の要素を含むものもあるため、表4の授与している社寺の項目では便宜的にどちらかに記してある。

和歌みくじの分類

日本神話の歌——『神代正語籤』

①は幕末の安政六年（一八五九）につくられた『神代正語籤』によるおみくじである。上野国高崎の熊野神社の神職高井《たかい》心足《うらたり》が神道の独自性を意識して刊行したもので、『古事記』や『日本書紀』に載る日本

表4　和歌みくじの分類

番号	歌の内容	典　拠	授与している社寺
①	日本神話	『神代正語籤』	戸隠神社，杭全神社，天河神社
②	神の教訓	『神籤五十占』	廣田神社，王子神社，吉田神社，松尾大社，安井金刀比羅宮など
③	自然の風景	女子道社など	全国各地
④	祭神のことば	各祭神の詠歌	明治神宮，太宰府天満宮，湯島天満宮，二宮報徳神社，宗忠神社，乃木神社，梨木神社など
⑤	有名な古歌	勅撰和歌集，百人一首，物語などの古典作品	下賀茂神社相生社，東京大神宮，石山寺，三室戸寺，伴林氏神社，近江神宮，今宮神社，鎌倉宮，武蔵野坐令和神社など
⑥	その他	江戸の歌占本など	最上稲荷，笠間稲荷，ときわ台天祖神社，よみうりランド妙見堂

神話の内容にもとづく八十首の和歌と解説が収められている。

このみくじ本については「和歌みくじの明治維新」に詳説したが、かつては住吉大社（大阪市住吉区）をはじめ、多くの神社でこの本にもとづくおみくじがもちいられていた。しかしながら、その難解さゆえか、このおみくじを継承するところは少ない。

そのようななか現在でも授与しているのは杭全《くまた》神社（大阪市平野区）、天河《てんかわ》神社（奈良県吉野郡）、戸隠神社（長野県長野市）などである。

戸隠神社御神籤　このうち戸隠神社の「戸隠神社御神籤」は『神代正語籤』の構成と内容をほぼ継承しており、日本神話にもとづく和歌を主として、吉凶と歌の解釈、信仰すべき神、方角、待ち人、旅立ち、縁談、商い、生死などについて示す。「祈禱御神籤《きとうおみくじ》」とも称され、その引き方にも特徴がある。自分で引くのではなく、神職が祈禱して引いたものをいただくのである。具体的には、参拝者が自分の年齢と性別を神職に伝え、神職はそれらを含む祝詞を唱えてからおみくじを引く。「和歌みくじの明治維新」で述べたように、おみくじを引く前に神に祝詞を唱える作法は『神代正語籤』にも記されている。おみくじをいただくためには神への祈りが必要なのである。

内容を具体的に見てみよう。

第六番　自基呂嶋兆（おのごろしまのうらかた）吉

瓠葛天御矛歴曽（ひさかたのあめのみほこのしたたりぞ）

己登凝弖嶋成来（おのれとこりてしまはなりける）

「自基呂嶋兆」の「おのごろしま」は、国生み神話でイザナキ・イザナミの男女神がはじめてつくった島である。和歌は、二神が天の浮橋に立って天の沼矛《ぬほこ》で海原をかき混ぜたあと、その矛先からしたたり落ちた滴が固まって島ができたことを詠んだものである。

解説には「是は万事目うえの人にしたがひ、教えをうけて事をなすときはとげずといふ事なし」とある。これはイザナキとイザナミが天津神《あまつかみ》の命令により天の沼矛を使っておのごろ島を創造したことをいう。その他の解説の「女は懐妊のこころあり」はイザナキとイザナミの国生みを、「他へ出て事をなすによろし」はこの二神が高天原を出て天の浮橋で天の沼矛をかき回したことを、「よろず相談事、魚と水とのごとくなるべし」は天津神のアドバイスで海から島ができたことから導き出されたものだろう。いずれも神話の内容が運勢の解説に生かされており、その解説は歌だけでなく国生み神話全体をふまえたもので味わいぶかい。

神の教訓歌―『神籤五十占』

②は明治三年（一八七〇）に明治政府の許可を得て出版された『神籤五十占』にもとづくおみくじである。神のお告げとしての五十首の和歌を収める。「和歌みくじの明治維新」で述べたように、明治維新によって神社が仏教色のない独自の神籤を必要としたために『神籤五十占』がつくられた。

この本にもとづくおみくじは、現在も王子《おうじ》神社（東京都北区）、大阪城豊國《ほうこく》神社（大阪市中央区）、廣田神社（兵庫県西宮市）、松尾大社（京都市西京区）、安井金刀比羅宮《やすいこんぴらぐう》（京都市東山区）、吉田《よしだ》神社（京都市左京区）などで授与されており、関西の神社に多いようである。

廣田神社の二十四番の歌を見てみよう。

第二十四番　吉

ひとめをばしのべどいかに天地の神のみゆるしたまふものかは

廣田神社のおみくじには和歌の意味や解説が記されていないため、『神籤五十占』二十

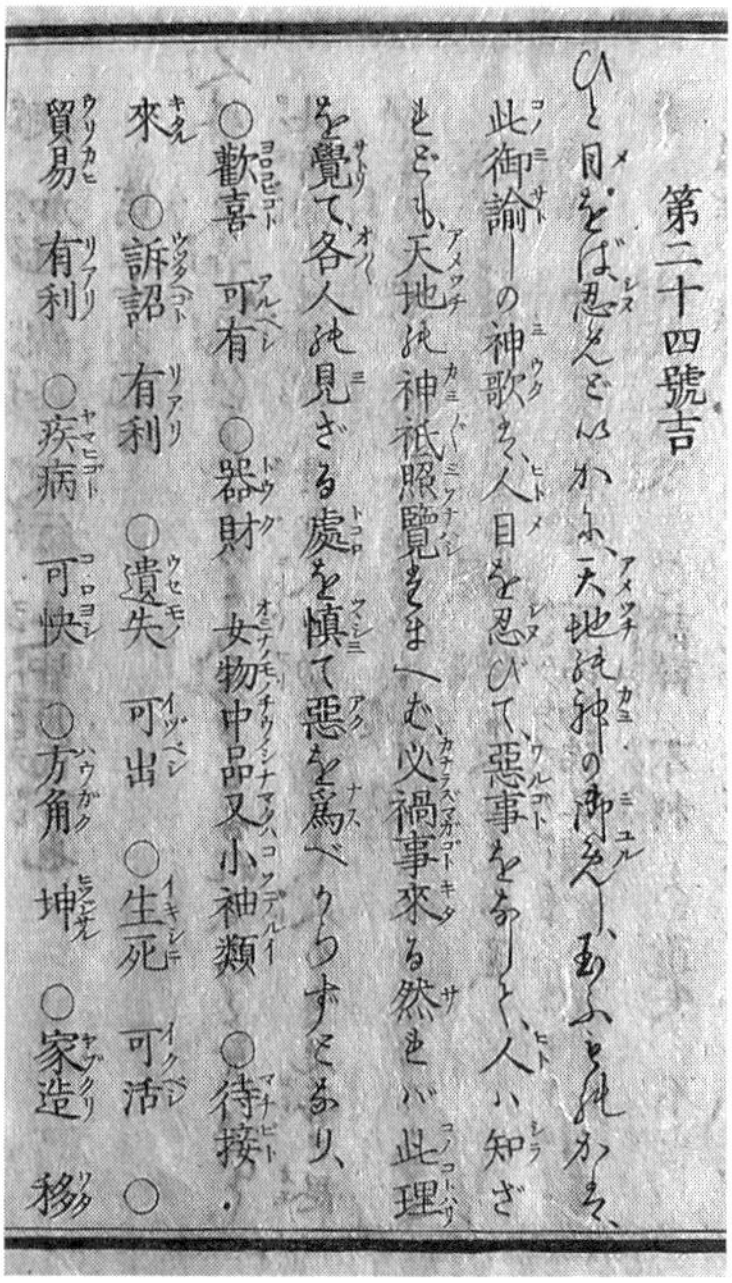

第二十四號吉

ひと目《メ》をば忍《シノ》んではかるゝ天地《アメツチ》の神《カミ》の御見《ミユル》し玉ふとはしらで、

此《コノ》御諭《ミサト》しの神歌《ミウタ》は、人目《ヒトメ》を忍《シノ》びて悪事《ワルゴト》をなしても人《ヒト》は知《シラ》ざれども天地《アメツチ》の神祇《カミガミ》照覽《ミソナハシ》ま[illegible]、必《カナラズ》禍事《マガゴト》來《キタ》る然《サ》れば此理《コノコトハリ》を覺《サトリ》て、各人《オノオノ》の見《ミ》ざる處《トコロ》を愼《ツツシミ》て悪《アク》を爲《ナス》べからずとなり、

○歡喜《ヨロコビゴト》　可有《アルベシ》　○器財《ドウグ》　女物中品又小袖類《オミナノモノチウノシナマタコソデルイ》　○待接《マチビト》・來《キタル》　○訴詔《ウツタヘゴト》　有利《リアリ》　○遺失《ウセモノ》　可出《イヅベシ》　○生死《イキシニ》　可活《イクベシ》　○貿易《ウリカヒ》　有利《リアリ》　○疾病《ヤマヒゴト》　可快《コロヨシ》　○方角《ハウガク》　坤《ヒツジサル》　○家造《ヤヅクリ》　移

図40　『神籤五十占』第二十四番（著者所蔵）

四号（図40）を参考に読みといてみたい。お告げの歌の意味は「人目を忍んだとしても、どうして天地の神はお許しになるだろうか。いやそんなはずはない」である。『神籤五十占』の解説によれば、人目を忍んで悪事をおこない、たとえ他の人が気づかなくても、天地の神々はご覧になっているから必ず悪いことが起こるはずであり、それゆえ人が見ていないところでも慎み深くして悪事をおこなってはいけないというのである。

このように、『神籤五十占』の歌は神のお告げを伝えるものだが、明治三年（一八七〇）に刊行されてから約百五十年が経過しており、その受容のされ方はさまざまだ。廣田神社のように和歌と項目ごとの解説だけを示す場合もあれば、吉田神社のように解説も含めて示される場合もある。西宮《にしのみや》神社（兵庫県西宮市）では、和歌はそのままだが解釈を現代的な表現でわかりやすくしている。

以上、①『神代正語籤』と②『神籤五十占』にもとづくおみくじを見てきた。続いて、現在最も流布しており、日本全国の神社で引くことのできる和歌みくじを紹介しよう。

女子道社

③女子道社製の和歌みくじである。女子道社は山口県にあるおみくじの製造会社で、その母体は二所山田《にしょやまだ》神社（山口県周南市）にある。明治三十九年（一九〇六）、同神社の宮司宮本重胤《みやもとしげたね》は女性の自立を促す教化活動の一環として機関誌『女子道』を創刊した。おみくじは、その資金源として考案されたものという。全国の社寺に設置されているおみくじ自動頒布機も女子道社の考案で、日本全国、どんな地域でもおみくじを引けるのは女子道社の功績といってよいだろう。

女子道社では、さまざまなおみくじがつくられている。シンプルな白黒の「神教みくじ」「甲みくじ」、赤や金で表書きされた「金みくじ」「赤みくじ」の他、「開運みくじ」「英和文みくじ」「万葉みくじ」「こどもみくじ」「恋みくじ」などがあり、その多くに和歌が記されている。『万葉集』の歌による「万葉みくじ」のような例外もあるが、女子道社のおみくじの和歌のほとんどは、明星《みょうじょう》派《は》の歌人であった第二十一代宮司宮本重胤とアララ

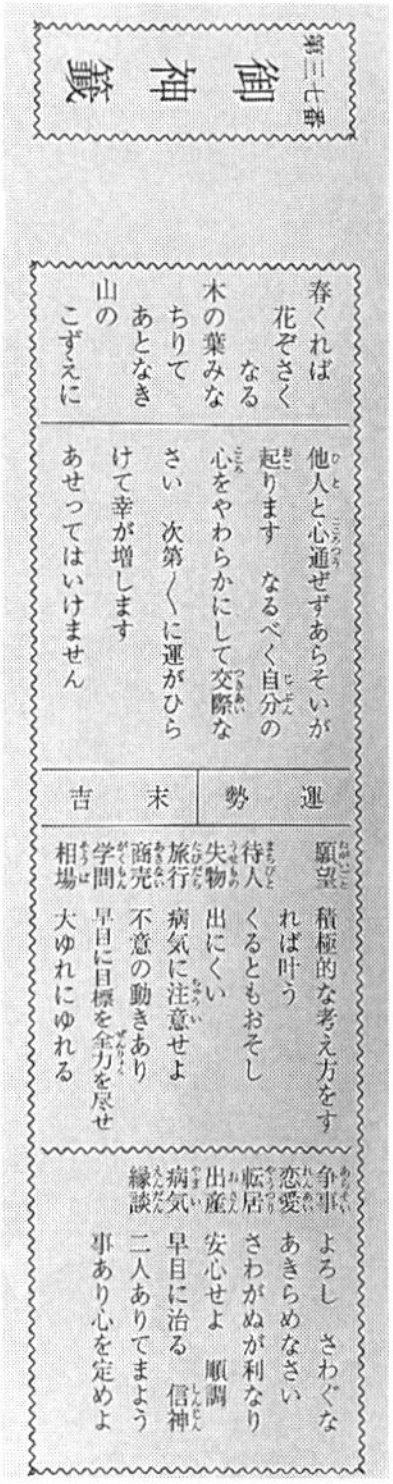
第三七番
御神籤

春くれば
花ぞさく
なる
木の葉みな
ちりて
あとなき
山の
こずえに

他人《ひと》と心通《こころつう》ぜずあらそいが
起《おこ》ります　なるべく自分《じぶん》の
心《こころ》をやわらかにして交際《つきあい》な
さい　次第〱に運がひら
けて幸が増します
あせってはいけません

運勢	末吉

願望《ねがいごと》　積極的な考え方をす
れば叶う
待人《まちびと》　くるともおそし
失物《うせもの》　出にくい
旅行《たびだち》　病気に注意《ちゅうい》せよ
商売《あきない》　不意の動きあり
学問《がくもん》　早目に目標を全力《ぜんりょく》を尽せ
相場《そうば》　大ゆれにゆれる

争事《あらそいごと》　よろし　さわぐな
恋愛《れんあい》　あきらめなさい
転居《やうつり》　さわがぬが利なり
出産《おさん》　安心せよ　順調
病気《やまい》　早目に治る　信神《しんじん》
縁談《えんだん》　二人ありてまよう
事あり心を定めよ

図41　女子道社おみくじ　第三十七番

ギ派の歌人であった第二十二代宮司の宮本清胤《きよたね》によるものという。

女子道社のおみくじの歌は、多くが自然の風景を詠んで人間の運勢を示すものである。末吉の歌を一首あげてみよう。

春くれば花ぞさくなる木の葉みなちりてあとなき山のこずえに

（第三十七番・末吉、図41）

山の木々は冬になるとすべての葉が散り跡形もなくなってしまうが春には花を咲かせることを詠んだ歌である。ここでポイントとなるのは上句の「春くれば花ぞさくなる」、つまり、いまは何もないように見えても春になれば花が咲くという点である。和歌の下に書かれた解説に「他人《ひと》と心通ぜずあらそいが起こります　なるべく自分の心をやわらかにして交際《つきあい》なさい」とある。これは、花が咲くはずの木が落葉していることを思惑や期待が外れた状態と解釈したものだろう。「自分の心をやわらかに」というのは、季節の移ろいによって木々の様子が変化するように物事は変化するのだから、気持ちを柔軟にということである。解説には「次第〳〵に運がひらけて幸が増します　あせってはいけません」という助言もある。これは、いまは落葉している木々も春を迎えれば花が咲くことから導かれたものだろう。この歌が「末吉」なのもうなずける。

このように自然を詠んだ歌に人の状況を重ねあわせるのは、日本の歌の古くからの伝統でもある。それを身近に感じられるのが女子道社の和歌みくじの魅力といえよう。

大正時代の神占

女子道社の標準的な和歌みくじは裏面に「神の教」が記されている。

右の歌の場合は「よいもわるいも神様まかせ　行くはひとすじ　人のみち」に続いて、一寸先のことは人間には判断できないから、神様のおたすけを信じて人の道を正しく行くようにとある。この「神の教」の存在からわかるように、おみくじを通して神の教えを広めることは女子道社のおみくじの初期段階から意図されていた（小平美香「機関誌『女子道』の発行をめぐって」）。

それを示すのが、大正三年（一九一四）に発行された女子道社製の「神占」（図42・大野出旧蔵）である。この神占は現在の女子道社のおみくじの原型といえるもので、第一番から第五十番までである。第一番から第三十番は大正三年発行、第三十一番から第五十番は大正五年に発行されている。

神の教

通俗 神道訓話

祈れいのらば御祐なさる
かみのこゝろは親こゝろ

子を思ふ親の心ほど切なものはない、この親のこゝろがやがて神様のわれらをたばしめす御心である、されば母親の乳房にすがる赤子の心になつて神様にたすがりせよ、神様の強い御手に

第三十一番
吉

神占

鶯春にあふがごとし

●運勢　自分のみの我欲をさりて、他人の為めにつくすこゝろとなり、何事も實意を以てすれば、他人もまたよろこびて力をそふべし、何事も吉、男女の間柄つゝしみて交るべし
願望　他人のたすけによりて調ふべし、爭はぬやうにすべし

うぐひすの
谷の戸いづる
こゑはして
のきばの梅も
さきそめにけり

▲待人　きたるべし、よろこびあり
▲失物　いづべし、ものゝ間にあり
▲旅立　さわりなし、色情つゝしめ
▲爭事　よろしからず、負けて勝なり
▲抱人　よき人あるべし、まかせて吉
▲轉居　よろし、時機をあやまる勿れ
▲養蠶　十分ならずといへども損なし
▲商法　高きやうなれども、人氣弱くして下ることあり注意肝要
▲病氣　平癒すべし、醫師のいふにまかせて、我意をはるなかれ
▲縁談　とゝのふべし、ときの來たるものなれば、むきうに我がまゝいはずまかせてよろしかるべし

大正五年十二月十日印刷　大正五年十二月十五日發行

図42　「神占」第三十一番（女子道社製）
右下に「女子道社」と印刻がある．

注目したいのは、第一番で「通俗　神道訓話」の上に書かれていた「心の栞」が、第三十一番以降の大正五年版では「神の教」（図42右上）となっていることだ。現在の女子道社のおみくじの「神の教」も、これを継承したものだろう。

さらに、この「神占」左側の小枠内に書かれた和歌「うぐひすの谷の戸いづるこえはしてのきばの梅もさきそめにけり」は、現在の女子道社のおみくじ歌にも引き継がれている。ここからわかるのは、大正時代には右側の神道訓話が先にあったが、現代では左側の和歌と運勢を示す部分が主となっていることだ。

「神　占」「〜ごとし」

現代の女子道社のおみくじを大正初期の「神占」と比較すると、おみくじがどのような時代の空気を吸ってきたかがうかがわれる。その手がかりとなるのが、図42の中央部にある「神占」の名称と、その下にある「鶯春にあふがごとし」というたとえの一文である。

まず「神占」について述べよう。「占い」ということばを聞いたとき、どのようなイメージを持つだろうか。繁華街の一角や占いの館などでの対面式の占い、あるいは雑誌やネット上の占いを思い浮かべる人が多いかもしれない。しかし、そのような占いは信仰にもとづくものではなく、なかには霊感商法につながるような悪質なものもある。ときに社寺の神職や僧侶から「おみくじは〈占い〉ではありません」という話を聞くことがあるのは、「占い」には、遊び半分だったり、いかがわしかったりという悪いイメージがあるからだろう。

しかし、「占いからおみくじへ」で触れたように、本来、「占い」とは神意をうかがうことだった。古代の占い「太占《ふとまに》」は鹿の肩甲骨を焼いて神意を占うもので、神話ともかかわりが深い。天岩戸神話ではアマテラスが岩戸にこもって世界が暗闇になった際に他の神々が太占で解決法を占っているし、国生み神話ではイザナキ・イザナミが子を生むための方法を知るために天つ神が太占をおこなっている。日本の神々は困ったときに占いを頼りにしたのである。

このように占いは神と深くかかわるが、民間信仰とも結びついて社会に広がっていった。「神詠から歌占、和歌みくじへ」で述べたように、神がかりして歌占をおこなう巫女には偽物もいたし、全国に伊勢信仰を広めた民間の宗教者や陰陽師も歌占にたずさわっていた。

占いは聖と俗の境界にあったのである。

明治時代になると、日本の近代化をめざした明治政府は、それまで民間で多くおこなわれていた神がかりの祈禱やまじない・占いを俗信として禁止した。明治初期には政府の教部省から占いなどの俗信を禁止する通達が何度も出ている。おそらくは、その過程で「神占」の名称も「御神籤《おみくじ》」に変わってしまったのだろう。そのため、現在の社寺のおみくじで「占」の文字をもちいたものは少ないが、住吉楠珺社（大阪市住吉区）の「住吉楠珺社歌占」や高津宮（大阪市中央区）の「高津宮　神占」などに、その名残がとどめられている。

女子道社の「神占」の下に書かれた「～ごとし」は、江戸時代の歌占で多用された表現だ。大正時代までは女子道社のおみくじに江戸の歌占の文化が残っていたのである。

祭神の歌

④は各神社の祭神の歌によるおみくじである。神社にまつられている神を祭神という。神社によっては多くの祭神がまつられており、よくわからないと感じる人も多いだろう。神社の祭神は大きく分けて、アマテラスのように日本神話に登場する神、神仏習合などによって他の神仏と同一視される習合神、偉人や怨霊が死後に神となった人間神に三分類できる。まずは三つ目の祭神、つまり神としてまつられた人間が生前に和歌を詠んでおり、その歌がおみくじにもちいられたものを紹介しよう。

その代表は、天神の和歌をもちいる天満宮のおみくじである。天満宮には菅原道真が天神としてまつられている。ご存知の通り、道真は学者・政治家として活躍したが、藤原《ふじわらの》時平《ときひら》の讒言により大宰府《だざいふ》に左遷され、その地で没した。道真の死後に時平の一族が怪死したり天変地異がおこるなどして、それが道真の祟りとされたことで、道真は天満大自在天《てんまんだいじざいてん》神《じん》としてまつられた。

太宰府天満宮（福岡県太宰府市をはじめ多くの天満宮）で菅原道真の和歌をおみくじに載せるが、じつは残された歌は多くない。その中でおみくじのお告げにふさわしいものはごく少数で、和歌の内容と運勢を重ねることが難しいため、天満宮のおみくじに掲げられる道真の歌は、祭神のお告げの歌というより「祭神が詠んだ歌」という位置づけになる。

次に神話に登場する神の歌をもちいたおみくじを紹介したい。「神詠から歌占、和歌みくじへ」で述べたように、三十一文字の和歌をはじめて詠んだのは日本の神スサノオノミコトとされる。スサノオを祭神とする八坂《やさか》神社（京都市東山区）や武蔵野坐令和神社《むさしのにますうるわしきやまとのみやしろ》（埼玉県所沢市）のおみくじの第一番には、日本最古の和歌とした重んじられてきたスサノオの「八雲立つ出雲八重垣つまごみに八重垣つくるその八重垣を」が掲げられている。

神が和歌で託宣する例は平安時代の半ばごろから見られるが、神の託宣歌は現代のおみくじにも活かされている。和歌の神である住吉大神をまつる住吉大社（大阪市住吉区）や熊野の神をまつる那智《なち》大社（和歌山県東牟婁郡）のおみくじには平安・鎌倉時代から伝わる祭神の託宣歌がもちいられており、神が人に和歌でお告げを示した歴史を感じることができる。

教訓的な歌―明治神宮「大御心」

祭神としてまつられた人物が教訓となる歌を多く詠んでいる場合、その歌はお告げにふさわしい。その代表が明治天皇と昭憲皇太后をまつる明治神宮（東京都渋谷区）のおみくじ「大御心《おおみごころ》」（図43）である。十二万首以上にのぼる明治天皇と昭憲皇太后の歌から各十五首、合計三十首が厳選されたもので、その内容は「みがかずば玉の光はいでざらむ人の心もかくこそあるらし」（昭憲皇太后御歌《みうた》）のように、人生の指針となる訓戒を示している。明治神宮のおみくじには吉凶がなく、和歌と解説文のみを示す。日本古来のお告げとしての和歌のあり方を生かしたおみくじである。

このおみくじは、どのようにしてつくられたのだろうか。その中心にいたのが、近代神道史研究の第一人者で明治神宮の創建にも深くかかわった宮地直一《みやじなおかず》（一八八六～一九四九）である。太平洋戦争の後、明治神宮は国家の神社から一宗教法人となった。その際、明治神宮にふさわしいおみくじをめざし、神宮総代であった宮地の指示によって明治天皇と昭憲皇太后の歌による吉凶のないおみくじがつくられたのである。おみくじの歌の解説も宮地の手になるもので、後には、『万葉集』と『古事記』の研究で名高い國學院大學教授の武田祐吉（一八八六〜一九五八）も解説を手がけたという。

このおみくじは昭和二十二年（一九四七）の正月から授与が始まったが、当初はわら半紙にガリ版刷であった。昭和四十三年には右の三十首からさらに二十首を選んで「英文おみくじ」がつくられた。昭和四十八年からは、ぼかしの入った美しい紙に印刷されるようになり、令和二年（二〇二〇）には英訳を入れたかたち（図43）にリニューアルされた。

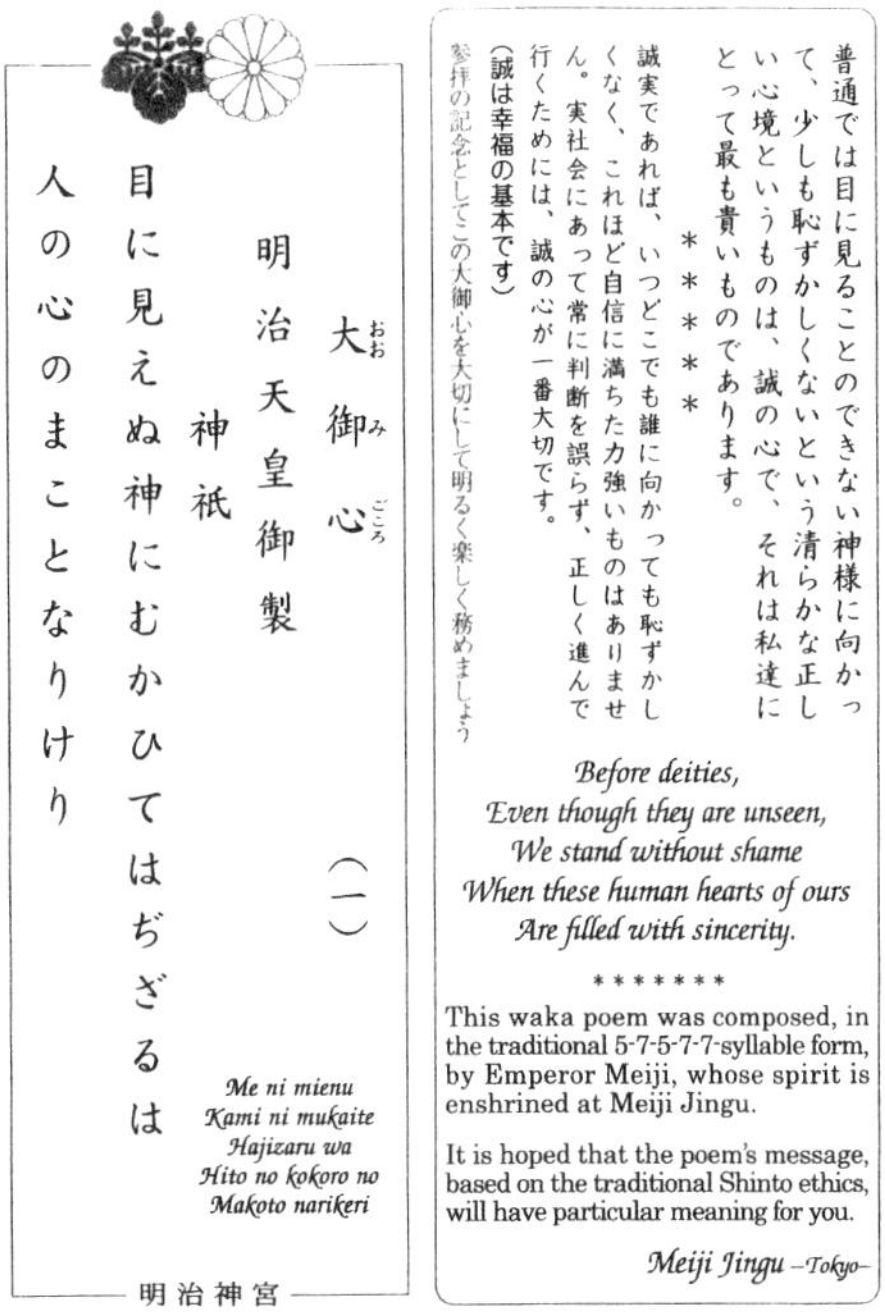

大《おお》御《み》心《ごころ》

明治天皇御製

神祇

（一）

目に見えぬ神にむかひてはぢざるは
人の心のまことなりけり

Me ni mienu
Kami ni mukaite
Hajizaru wa
Hito no kokoro no
Makoto narikeri

明治神宮

普通では目に見ることのできない神様に向かって、少しも恥ずかしくないという清らかな正しい心境というものは、誠の心で、それは私達にとって最も貴いものであります。

＊＊＊＊＊

誠実であれば、いつどこでも誰に向かっても恥ずかしくなく、これほど自信に満ちた力強いものはありません。実社会にあって常に判断を誤らず、正しく進んで行くためには、誠の心が一番大切です。

（誠は幸福の基本です）

参拝の記念としてこの大御心を大切にして明るく楽しく務めましょう

Before deities,
Even though they are unseen,
We stand without shame
When these human hearts of ours
Are filled with sincerity.

****

This waka poem was composed, in the traditional 5-7-5-7-7-syllable form, by Emperor Meiji, whose spirit is enshrined at Meiji Jingu.

It is hoped that the poem's message, based on the traditional Shinto ethics, will have particular meaning for you.

Meiji Jingu –Tokyo–

図43　「大御心」第一番

このおみくじが創始されてから七十年以上経つが、いまも古さを感じることがない。それは和歌を柱とし、時代を超えて人の心にかかわる教訓を説いているからだろう。人に寄り添う神の歌のあり方を感じさせてくれるおみくじである。

そのほか、報徳二宮神社《ほうとくにのみや》（神奈川小田原市）や宗忠《むねただ》神社（岡山市／京都市左京区）のおみくじも祭神の教訓的な歌をもちいている。報徳二宮神社は勤勉の手本として知られる二宮尊徳《そんとく》（一七八七〜一八五六）をまつる。二宮金次郎《きんじろう》の名でも知られ、かつては全国の小学校などに薪を背負って本を読む銅像が多く設置されていた。二宮尊徳は江戸時代後期に活躍した農政家で、自らの農業の実践と独学で学んだ神道・仏教・儒教から導き出した「報徳」の精神を唱え、その教えを和歌に詠んだ。それは「報徳の道の歌」、略して「道歌」と呼ばれ、おみくじでも祭神のお告げとして示されている。

宗忠神社の祭神は黒住《くろずみ》教の教祖黒住宗忠（一七八〇〜一八五〇）である。宗忠は和歌の形式で心境を詠んでいた。その歌は黒住教の教えを示すもので、宗忠神社の「開運おみくじ」に活かされている。

自然を詠んだ歌

おみくじの歌には自然を詠んだものもある。たとえば、梨木《なしき》神社（京都市上京区）や乃木《のぎ》神社（東京都港区）のおみくじは祭神としてまつる人物の自然詠がもちいられている。

梨木神社の祭神は、幕末に尊王攘夷派として朝廷の復権に活躍した三条実萬《さねつむ》（一八〇二～五九）と、明治維新に貢献したその息子の三条実美《さねとみ》（一八三七～九一）である。実萬・実美は和歌に優れ、その邸宅が古くから「萩の宮」と呼ばれて萩の名所として有名であったため、梨木神社の「和歌おみくじ」には二人の歌のほか、『万葉集』や『古今和歌集』から花の歌が選ばれている。

乃木神社は明治時代に陸軍軍人として活躍し、「乃木大将」として知られる乃木希典《まれすけ》（一八四九～一九一二）を祭神とする。乃木は昭和天皇の教育係をつとめ、明治天皇の崩御にあたって妻とともに殉死したことで知られるが、和歌に優れた文武両道の人だった。おみくじには「乃木将軍御歌」として「時ならでまたおもしろくきかれけり青葉がくれの鶯の声」のような自然詠が示されている。

有名歌人・歌集・物語等の古歌

⑤は『万葉集』『古今和歌集』『新古今和歌集』『百人一首』などの歌集や『伊勢物語』『源氏物語』などの物語に載る有名な古歌、あるいは著名歌人の歌によるおみくじである。このタイプはほとんどが現代につくられたもので、その社寺にゆかりのある歌の場合と、とくにかかわりはないが有名な歌の場合がある。

その社寺にゆかりのある歌は、⑴まつられている神仏や社寺を詠んだ歌、⑵社寺の神職や参拝者らが詠んだ歌、⑶社寺に縁のある歌人や作品にかかわる歌に三分類できる。
⑴は、その社寺でまつられている神仏への信仰をあらわしたり、社寺の景観などを賞賛したりする歌が多い。住吉大社（大阪）、八坂神社（京都）、熊野那智大社（和歌山）等のおみくじに見られる。

住吉大社

住吉大社の例をあげよう。住吉大社は全国の住吉神社の総本宮で、国家鎮護・航海安全・和歌の神として信仰される住吉大神（底筒男《そこつつのお》命・中筒男《なかつつのお》命・表筒男《うわつつのお》命の三神と神功皇后）をまつる。住吉社は平安時代から和歌の神として信仰されており、住吉おみくじ「波のしらゆふ」には住吉のご神詠が含まれるだけでなく、ほとんどの和歌に住吉が詠み込まれている。

「第三番　中吉」の歌をあげよう。

たのみこし神のしるしに浮世をも住吉とだに思ひなりせば（藤原季定）

（ずっと頼みにしてきた住吉の神様のおかげで、このつらい世の中も住みやすいと思えることだ）

住吉の神を信仰してきた甲斐あって、つらい世の中が住みやすく思えるようになったと詠み、神への感謝をあらわした歌である。第三句目の「住吉」は神名と住みやすいを意味する「住みよし」の掛詞だ。作者の藤原季定は平安時代後期の貴族歌人で、この歌は嘉応二年（一一七〇）におこなわれた藤原敦頼《あつより》（道因《どういん》）主催「住吉社歌合」（判者・藤原俊成《としなり》）に出されたものである。当時、日本の神は和歌を賞美するという信仰にもとづいて社頭歌合が盛んにおこなわれていた。社頭歌合とは、平安時代末期ごろから神前でおこなった歌合を奉納して神の加護を祈念するものである。「住吉社歌合」も社頭歌合の一つで、住吉の神と社を賞美する歌を多く含んでおり、それがおみくじの歌の素材になっている。このような古来の住吉信仰をふまえたおみくじは、和歌の研究者である八木意知男（京都女子大学名誉教授）の監修によるものという。

(1)の歌は神仏や社への信仰がかかわるのに対して、(2)の社寺の神職や参拝者などが詠んだ歌は歌自体に神社や祭神への信仰が必ずしも含まれていないという違いがある。このようなおみくじに、石山寺《いしやまでら》（滋賀県大津市）、賀茂別雷《かもわけいかずち》神社（京都市北区）、鶴岡八幡宮《つるがおかはちまんぐう》（神奈川県鎌倉市）等のものがある。

上賀茂神社

上賀茂神社として知られる賀茂別雷神社は京都で最も古い神社の一つで、賀茂別雷大神を祭神とする。平安京を守護する神として、歴代の天皇をはじめ、貴族や武士から篤く信仰された。そのおみくじには、賀茂社の斎院《さいいん》であった式子内親王《しょくしないしんのう》（一一四九〜一二〇一）の歌を中心に、賀茂重保《かもしげやす》（第十八代神主）や賀茂重政《しげまさ》（第二十三代神主）といった上賀茂神社の神職や同社ゆかりの歌人の歌がもちいられている。

おみくじの歌は、それを引いた人の状況に重ね合わせて解釈していくものだが、その例として「上賀茂神社おみくじ」第二十四番・大吉の歌を紹介したい。

あめのしためぐむ草木のめもはるにかぎりもしらぬ御世の末々

（春雨の降る下で芽ぐむ草木が目にも遙かに広がっているように、天下の人々に恵みをあたえるわが君の御代はずっと続くことでしょう）

後鳥羽《ごとば》院の治世を言祝《ことほ》ぎ、その御代が春の草木がやわらかな雨の恵みをうけて伸びやかに成長するよう祈った歌である。作者は後白河《ごしらかわ》院の第三皇女であった式子内親王。平治元年（一一五九）に天皇に代わって賀茂の神にお仕えする巫女、いわゆる「斎院」となり、十代はじめから二十代はじめの十年余、第三十一代斎院として奉仕した。和歌を詠みはじめたのは斎院を退いた後で、藤原俊成《としなり》・定家《さだいえ》の指導を受け、後鳥羽院の下命による勅撰和歌集『新古今和歌集』（一二〇五年成立）を代表する歌人の一人である。この歌は後鳥羽院が正治二年（一二〇〇）に主催した百首歌に出詠されたもので、『新古今和歌集』にも収められている。

おみくじの解説には「日々の生活のなかではなかなか気づくことが出来ませんが、人は目に見えない神様のお恵みや、ご先祖様のお蔭を被って生まれてきたのです。そのことに思いをいたし、あなた自身のかけがえのない命を一層輝かせていきましょう」とある。世の中に広く恵みを与える春雨が、おみくじを引いた人の命の成長に重ね合わせられてる。このおみくじの解説は自然と人間の状況をいかに重ね合わせるかがうかがえる好例といえる。

文学ゆかりのオリジナルみくじ—万葉集・源氏物語・百人一首

⑥その他は、『万葉集』『源氏物語』『百人一首』などに収められた有名な古歌をもちいた社寺のおみくじだ。平安京建都千二百年を記念して平成六年（一九九四）につくられた賀茂御祖《かもみおや》神社（下鴨《しもがも》神社）の相《あい》生《おい》社「縁結びおみくじ」、源氏物語千年紀を記念して平成二十年につくられた三室戸寺《みむろとじ》（京都府宇治市）「源氏物語　恋おみくじ」のほか、近江《おうみ》神宮（滋賀県大津市）「ちはやふるおみくじ」、伴林氏《ともばやしうじの》神社（大阪府藤井寺市）「萬葉《まんよう》神籤《みくじ》」、武蔵野坐令和神社《むさしのにますうるわしきやまとのみやしろ》（埼玉県所沢市）「千年和歌みくじ」などがある。いずれも各社寺のオリジナルで、コンセプトやデザインに特徴がある。

先に述べたように、寺院では漢詩みくじが一般的だが、紫式部ゆかりの石山寺（滋賀県大津市）には紫式部の歌によるおみくじがある。その名も「紫式部開運みくじ」。デザインも紫式部をイメージして紫色の半襟をかたどっている。

石山寺には紫式部の源氏物語執筆にまつわる伝承がある。紫式部は中宮の要望を受けて新しい物語を執筆するため七日間参籠し、琵琶湖の水面に映る十五夜の月にインスピレーションを得て『源氏物語』を書きはじめたという。『源氏物語』には登場人物たちの珠玉の歌がちりばめられており、歌集『紫式部集』もある。紫式部は歌人としても一流だった。その歌集や『新古今和歌集』『百人一首』に収められる式部の歌がおみくじにもちいられている。

三室戸寺は『源氏物語』宇治十帖の舞台である京都の宇治にある。光源氏の異母弟八《はち》の宮《みや》や源氏の子である薫《かおる》が帰依した「宇治山の阿闍梨《あじゃり》」の山寺のモデルが三室戸寺と考えられており、三室戸寺オリジナル「源氏物語　恋おみくじ」には『源氏物語』で男女の恋を詠んだ歌が選ばれている。

同じく『源氏物語』の歌のおみくじに賀茂御祖神社（下鴨神社）境内にある相生社の「縁結びおみくじ」がある。境内の「糺《ただす》の森」は偽りを糺す神の森として平安時代から和歌にも多く詠まれてきた。『源氏物語』須磨《すま》巻でも、都から須磨に旅立つ光源氏が賀茂の神に暇乞いして「憂き世をば今ぞ別るる　とどまらむ名をば糺の神にまかせて（情けない世の中を別れて遠く須磨に向かいます。あとに残りとどまる噂は正邪をただすといわれる糺の神にお任せして）」と詠んだ。こうしたことから相生社の「縁結びおみくじ」は『源氏物語』五十四帖の各帖で詠まれた和歌による。おみくじは男性用と女性用に分かれており、男性は束帯、女性は十二単の衣装をかたどったデザインで栞としても使えるようになっている（図44）。

近江神宮の「ちはやふるおみくじ」は百人一首のおみくじだ。歌とともに競技カルタを題材にした人気漫画『ちはやふる』（末次由紀著、講談社）のキャラクターのイラストを載せる。天智天皇を祭神としてまつる近江神宮は、天皇の「秋の田のかりほの庵のとまをあらみわが衣手は露にぬれつつ」が『百人一首』の巻頭にある縁から、競技かるた日本一を競う「競技かるた名人位・クイーン位決定戦」や「全国高等学校かるた選手権大会」が開催され、「かるたの殿堂」とも称されている。

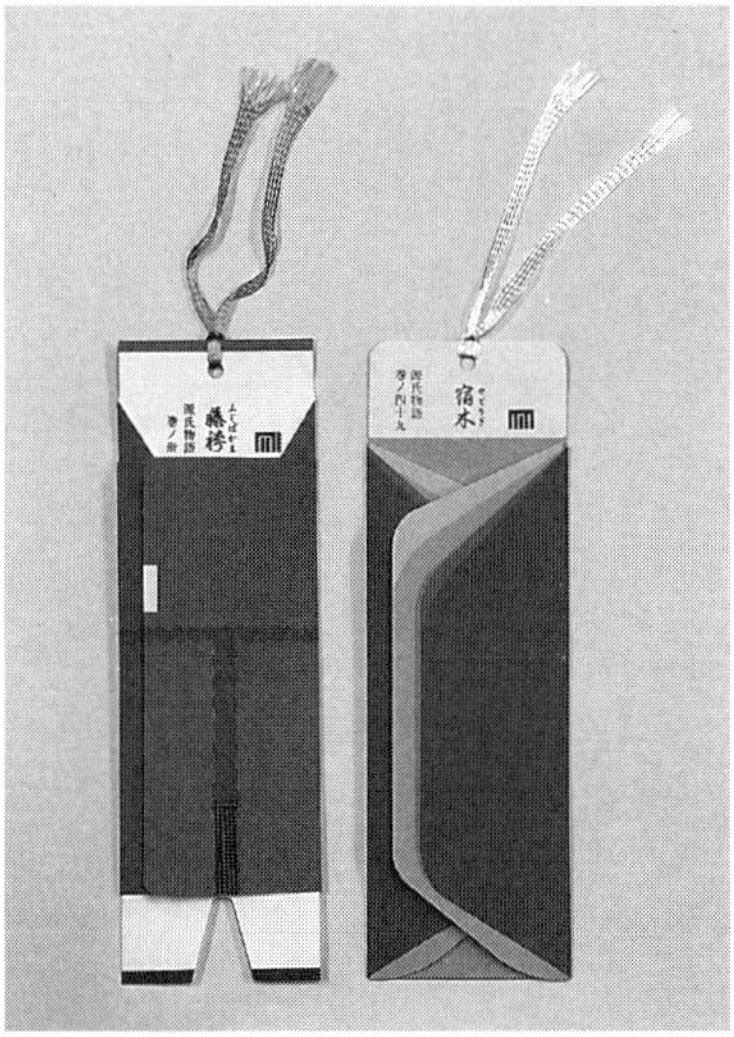

図44　縁結びおみくじ（下鴨神社相生社）

伴林氏神社には『万葉集』の歌による「萬葉神籤」がある。伴林氏神社は『延喜式』に載る由緒ある神社で、全国で唯一、伴氏の祖神である道臣《みちのおみの》命《みこと》をまつる。社名の「伴林氏」は大《おお》伴《とも》氏《し》の支族で、大伴氏ゆかりの神社であることから大伴家持《やかもち》が編纂に深くかかわった『万葉集』のおみくじがつくられた。『万葉集』研究者である川合

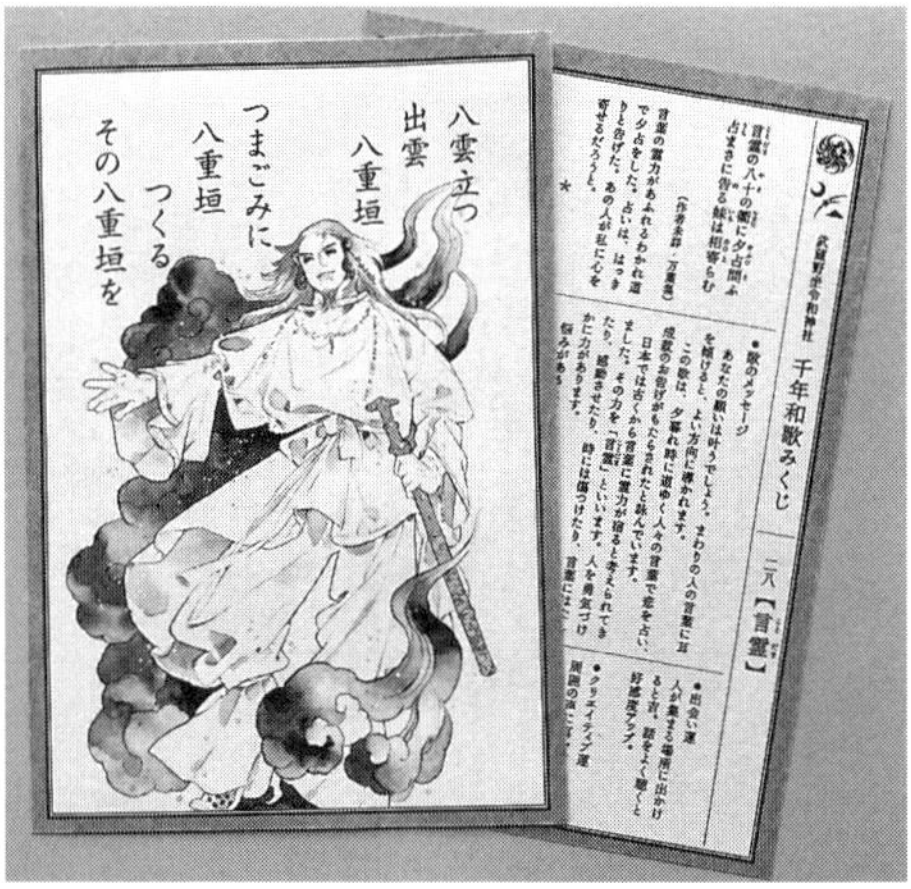

図45　千年和歌みくじ（武蔵野坐令和神社）

洋子が監修し、『万葉集』の名歌三十首が選ばれている。このおみくじの長さは全長九十センチに及び、その大きさに驚かされる。

武蔵野坐令和神社（埼玉県所沢市）「千年和歌みくじ」は祭神スサノオノミコトの「八雲立つ」の歌を第一番とする。日本神話に伝わる神の歌から現代短歌までの千三百年以上にわたる和歌の歴史から、祭神や武蔵野にかかわる歌をはじめ、おみくじにふさわしい名歌が選りすぐられている。武蔵野坐令和神社は、角川書店の創業者で国文学者・俳人としても著名な角川源義《かどかわげんよし》（一九一七～七五）の遺志にもとづき創設された角川文化振興財団を母体として令和二年（二〇二〇）に創建された。同財団は月刊『短歌』を出版し、角川短歌賞も主催しており、短歌に縁が深いことから和歌とイラストを組み合わせたオリジナルみくじが考案された（図45）。神のお告げとしての歌を重んじることから吉凶のないところも特徴である。

有名歌人の恋歌

神社の由緒にかかわらず、『万葉集』『伊勢物語』『源氏物語』『新古今集』などの有名な歌集や歌人、物語の名歌をもちいたおみくじも多い。『源氏物語』の歌による「紫野和歌おみくじ」（今宮神社・京都市北区）、『新古今和歌集』の名歌五十首による「鎌倉宮御神籤《うたみくじ》」（鎌倉宮《かまくらぐう》・神奈川県鎌倉市）、『万葉集』の恋歌による男女別の「むすびの歌占」（川越氷川《かわごえひかわ》神社・埼玉県川越市）、『伊勢物語』の恋の歌による「椿恋みくじ」（椿大神社《つばきおおかみやしろ》・三重県鈴鹿市）、小野小町《おののこまち》や在原業平《ありわらのなりひら》といった有名歌人の恋歌による「おみくじ縁むすび」（東京大神宮・東京都千代田区）、『万葉集』の歌による「萬葉歌みくじ」（全国各地の神社）などがある。これらは栞型、カード型、香りや御守付など、デザインや仕掛けに工夫のあるものが多い。

このようなおみくじは恋歌が多く、女性向けである。「おみくじ縁むすび」（東京大神宮・第二十四番・小吉）の例をあげよう。

　月やあらむ春やむかしの春ならん　我が身ひとつはもとの身にして

（月は同じ月ではないのか。春もむかしの春と同じではないのか。私ひとりだけはもとの身のまま変わらないのに）

色好みで知られる在原業平の恋歌で『伊勢物語』や『古今和歌集』に収められている。人の気持ちも自然も移ろっていくなかで自分だけが変わらずに取り残されていると詠んだ歌である。

別れのあとに孤独がひときわ身にしみるのは、いつの時代も変わらない。恋歌や贈答歌には人の感情が凝縮されているからこそ、おみくじの歌として生き続けるのだろう。

その他のおみくじ

⑥その他は、和歌を漢字で表記するもの、和歌と漢詩を併記するもの、寺院の和歌みくじ、江戸時代の歌占本の歌をもちいたものなど、さまざまである。

笠《かさ》間《ま》稲荷《いなり》神社（茨城県笠間市）の和歌みくじは江戸時代の版木をもとにしているという。このおみくじの特徴は和歌が漢字で表記されていることだ。第二十九番・吉の例をあげよう。「照月邇暫久／万名壽村雲／母神廼御息／箟風乃随意」という歌である。漢字にフリガナを当てると「照《て》月《るつき》邇《に》暫《しばし》久《く》万《ま》名《な》壽《す》村雲《むらくも》母《も》神《かみ》廼《の》御《み》息《いき》箟《の》風《かぜ》乃《の》随意《まにまに》」となり、「照る月にしばしくまなす村雲も神のみいきの風のまにまに（照り輝く月に群雲がかかってしばらく暗くなっても、神の御息である風が吹くのにまかせて、いずれその雲は吹き払われる）」と読む。

笠間稲荷神社の創建は、孝徳天皇（第三十六代天皇）の御代、白雉二年（六五一）と伝わる。この時代の日本語には文字がなかったため、その読みを示すために中国伝来の漢字の音がもちいられていた。笠間稲荷神社のおみくじにおける和歌の漢字表記は創建当時の日本語を想起させるものといえる。第五句の「まにまに」（「〜ままに」の意）も『万葉集』

の時代に多くもちいられた表現で古風な印象を与えている。

寺院の和歌みくじ

すでに述べたように、寺院では漢詩みくじが一般的だが、和歌のおみくじもある。先に石山寺の「紫式部開運みくじ」を紹介したが、ほかにもある。

和歌は仏を讃嘆するときにもちいられることがあった。四国八十八所や西国三十三所霊場の巡礼で唱えられる御詠歌だ。総持寺《そうじじ》（大阪府茨木市）のおみくじや「御仏籤」（各地の寺院）には御詠歌が載せられている。

長建寺《ちようけんじ》（京都市伏見区）の和歌みくじは、観音籤の漢詩の内容が和歌で示されている。その歌は日本歌人協会に属する歌人であった亀山久雄の作で、昭和四十年ごろにつくられたという。わかりやすさを主眼にして漢詩を和歌にしたもので、和歌が漢詩の翻訳としてもちいられている。

江戸の歌占の継承——最上稲荷と妙見堂

漢詩とその翻訳である和歌を併記するおみくじもある。江戸時代から大正時代にかけての元三大師御籤にも例はあったが、現在ではほとんど見られない。そのようななかで今も和歌と漢詩を併記するのが「現代の漢詩みくじ」で紹介した最上稲荷山妙教寺（岡山県）のおみくじである。江戸時代の歌占本『せいめい歌占』の歌を継承している点でも注目される。

図46　妙見星御鬮

同じく江戸の歌占の名残をとどめるのが、多摩よみうりランド内の妙見堂（東京都稲城市）の和歌みくじだ。「現代の漢詩みくじ」で龍口寺の妙見みくじを紹介したが、こちらは和歌の妙見みくじである。かつて伊勢神宮（三重県）の外宮《げくう》近くにあった妙見堂で信仰されていた「妙見星御鬮」（図46）にもとづくもので、内容は江戸時代の歌占本『天満宮六十四首歌占御鬮抄』と一致する。和歌と「〜のごとし」というたとえの文や「歌占の心」という項目に江戸時代の歌占の特徴がみられる。

いずれも江戸時代の歌占本の面影を現代に伝えるおみくじとして貴重である。

吉凶のないおみくじ——天祖神社歌占

おみくじといえば吉凶がつきものだが、神仏のお告げは吉凶で総括されるものではなかった。しかし、そのお告げがおみくじとして誰でも引けるようになったとき、吉凶の表示はわかりやすい標識となった。すでに述べたように、和歌みくじのルーツの一つである江戸時代の「歌占」は、結果の和歌を理解しがたい人のために、「〜のごとし」というたとえの一文や吉凶が加えられ、結果が一目でわかるようになっていった。

おみくじのルーツは吉凶ではなく、神仏のお告げとしての詩歌である。現在でも、こうしたおみくじのあり方を重視して吉凶のないおみくじがある。先に紹介した明治神宮の「大御心」や武蔵野坐令和神社の「千年和歌みくじ」のほか、ときわ台天祖《てんそ》神社（東京都板橋区）の「天祖神社歌占」も吉凶がなく、和歌が主体である。

図47　歌占を引くところ（ときわ台天祖神社）

天祖神社歌占は、室町時代の謡曲「歌占」に登場する弓の歌占を現代に復活させたもので、弓の短冊から一枚を引いて、おみくじをいただく（図47）。歌占を引く前に、江戸時代の歌占と同じく呪文の歌を唱え、神さまに祈りを捧げる。和歌を通して祈りを伝えてから和歌でお告げをいただくのは、和歌を通した神と人のコミュニケーションのあり方を意識したものである。天祖神社歌占は日本の歌占の伝統を継承するとともに、歌占を引くことで神さまと縁を結び、引いたおみくじそのものがお守りとなる。神と人とのつながりを重視したおみくじなのである。

川越氷川神社（埼玉県川越市）の「むすびの歌占」にも吉凶がない。男女別で『万葉集』の恋歌を載せるもので、引いた歌占を男女で交換するという趣向がある。これは神のお告げを受けるというより、恋人たちが和歌で気持ちを伝え合った贈答歌のあり方を意識したものだろう。

和歌以外にも、吉凶を記さず、お告げのメッセージ性を強く意識したおみくじがある。現代美術アーティストの作品をもとにした「イチハラヒロコ恋みくじ」（布忍《ぬのせ》神社・大阪府松原市ほか）と指詩《ゆびことば》家《か》及川雅巳の言葉を示す「小指みくじ」（城興寺・京都市南区）がそれだ。どちらも心に響く短文が印象的で、「どうにもならない事がある。」（イチハラヒロコ恋みくじ）、「たまには寄り道もええもんや」（小指みくじ）など、インパクトのあるメッセージが胸に響く。

ここで紹介してきた吉凶のないおみくじは、どれも言葉を通して「心」を受けとることを旨とする。吉凶のラベルにとらわれず、メッセージの内容そのものを受けとってもらいたいという願いが込められている。こうしたおみくじのあり方は神仏のメッセージを受け取るおみくじの本質を思い出させてくれる。

多様化するおみくじ

神社仏閣でおみくじを引くとき、色とりどりのおみくじの箱が境内にずらりと並んでいることがある。そんなとき、どれを引いたらよいのか迷ってしまう人もいるのではないだろうか。本書ではおみくじのルーツとかかわるものを中心に見てきたが、業者製のおみくじは、恋みくじ、子どもみくじ、金運みくじ、縁結びおみくじ、花みくじ、男女みくじ、七福神みくじ等々、多種多様で、それらを複数授与している社寺も多い。その一方で、おみくじは一種類だけというところもある。

なぜ、このような違いがあるのだろうか。

たとえば、浄土真宗の寺院では開祖の親鸞《しんらん》が占いを戒めているため、おみくじがない。これは宗派の考え方によるものである。先に紹介した明治神宮は、おみくじを神のお告げとして重視しており、祭神の歌のおみくじのみを授与している。一方、さまざまなおみくじを置いている社寺には好みのおみくじで参拝者に楽しんでもらいたいという意図があると聞く。境内のおみくじを見ると、その社寺の志向がうかがわれる。

ここでは、古いものを継承したおみくじ、手づくりのオリジナルみくじ、エンターテイメント性あふれるおみくじ、希少性の高いおみくじ等々、近年ますます多様化しているおみくじの世界を紹介したい。

おみくじの分類

現代のおみくじの特徴を漢詩と和歌に分類して見てきたが、それ以外にも、さまざまなおみくじがある。ほとんどが現代になってつくられたものだが、古くからの特徴を引き継ぐものもある。その形態は多様だが、お告げが何で示されているかで分類すると、次のように整理できる。①祭神のことばによるもの、②運勢や教訓を示す短文によるもの、③比喩表現「〜ごとし」によるもの、④易占の卦によるもの、⑤名言・格言によるものである。順に説明していこう。

①は祭神としてまつられた人物が遺した名言や教訓を示すおみくじである。実在した人物を祭神とする神社に多く、徳川家康《とくがわいえやす》の訓戒を示す「御遺訓みくじ」（日光東照宮《にっこうとうしょうぐう》・栃木県日光市）、吉田松陰《よしだしょういん》の教訓を示す「松蔭先生ご教訓入りおみくじ」（松蔭神社・山口県萩市）、「吉田松陰先生御言葉みくじ」（松蔭神社・東京都世田谷区）、日蓮上人のことばを示す

「育恩のおみくじ」（身延山思親閣《ししんかく》・山梨県南巨摩郡）などがある。たとえば日光東照宮の「御遺訓みくじ」は「いかりは敵とおもえ」のような訓戒を載せている。

②運勢や教訓を示す短文を載せるおみくじは多い。「清く 明《あか》く 直く 正しく」（石清水八幡宮・京都府八幡市）のように教訓的な内容を短く示すものや「このみくじに当る人は、何も人と協力しておこなえば、はじめて道のひらける運勢。自分勝手な行動をつつしみ、いつも協力の精神を忘れないようにすれば、その成功は目に見えている」（地主《じしゅ》神社・京都市東山区）のように運勢や助言をまとまった文章で示すものがある。

古いおみくじの文章を引き継いだものに、「此の鬮《くじ》にあたる人は子孫はん栄にして何事も心に叶ふ」（武蔵《むさし》御嶽《みたけ》神社・東京都青梅市）、「はじめ苦労あれどもやがてのぞみかなひ仕合あり。心たのしく春花さくごとくこゝろよき事あり」（六甲八幡《ろっこうはちまん》神社・兵庫県神戸市）などがある。

③比喩表現「〜ごとし」は、「朝日の昇るがごとし」のように、引いた人の運勢を何かに喩える一文が書かれたものである。先述したように、運勢を「〜ごとし」という文でたとえるのは江戸時代の歌占本の定番で、最上稲荷（岡山県岡山市）のおみくじもこの特徴を持つ。前述のように、女子道社のおみくじも大正時代までは「〜ごとし」が併記されていた。

こうした「ごとし」文は、現在も櫛田《くしだ》神社（福岡県福岡市）、筥崎宮《はこざきぐう》（福岡県福岡市）など九州地方のおみくじに多く見られる。「鷹の爪なきがごとし」のようなたとえの文は、おみくじの内容を最小限の文章で理解したいとき役に立つ。たとえ和歌が読めなくても「〜ごとし」と挿絵がわかれば結果を知ることができる。現在のように識字率が高くなかった時代には、おみくじの内容を理解するのに有用だったはずだ。しかし、文字が読めて当たり前の現代では、こうした文がなくても内容が理解できるようになり、その多くは姿を消していったのだろう。にもかかわらず、こうした文が九州地方のおみくじに残されているのは、江戸時代のおみくじ文化の継承例として貴重である。

④は易の六十四卦にもとづくおみくじである。易占とおみくじのかかわりは深く、「江戸の歌占」で述べたように、江戸時代の歌占系のおみくじは易卦を意識して六十四首から構成されていた。現代でも、白山比咩《しらやまひめ》神社「白山さんのおみくじ」（石川県白山市）、鷲《おおとり》神社（東京都台東区）「開運　鷲神社みくじ」、六甲八幡神社の「水晶みくじ」などで、易占にもとづくおみくじが授与されている。

⑤名言・格言によるおみくじはバリエーションが多い。古典の名言を「言」として示したものは全国各地の神社で見られる。下鴨神社（京都市左京区）のおみくじは「ことわざの知恵」として、古今東西の名言を「人生は芝居のごとし　上手な俳優が乞食になること

もあれば大根役者が殿様になることもある　福沢諭吉《ふくざわゆきち》」のように示している。楊谷寺（京都府長岡京市）の「哲学みくじ」は「自分を買いかぶらない者は、本人が信じているよりもはるかに優れている　ゲーテ」など、先見の明となる名言・格言を示す。桜の名所として知られる平安神宮《へいあんじんぐう》（京都市左京区）では、桜の時期限定で「逃がした魚は大きい」のようなことわざによる「桜《はな》みくじ」が引ける。

戦国武将ならではの名言が記されているのが、戦国時代の武将加藤清正《かとうきよまさ》を祭神とする加藤神社（熊本県熊本市）の「武将みくじ」だ。加藤清正をはじめ、生死の境にいた武士ならではの真に迫る名言・格言が「負ける思えば負け、勝つと思えば勝つものなり　豊臣秀吉《とよとみひでよし》公」（第二十三番大吉）のように示されている。

以上、お告げが何で示されているかで五つに分けて説明してきたが、こうした分類に収まりきらないおみくじも増えている。続いて、それらを見ていこう。

水　占

近年とくに増えているのが水に浮かべると文字があらわれる「水占」系のおみくじだ。水面に物の姿が映し出されることを「水鏡」というように、古来、真実を映し出す鏡は占いにもちいられた。現在は各地の社寺で見られるが、その先駆けは貴船《きふね》神社（京都市左京区）の「水占みくじ」だろう。おみくじの紙を境内の神水に浮かべると吉凶と項目ごとの結果が浮かびあがる。平成二十八年（二〇一六）にリニューアルされて、ＱＲコードが印刷され、スマートフォンでコードを読み込むと結果を見られるようになった。外国人参拝者向けに、英語、中国語（簡体字・繁体字）、韓国語にも対応している。

御香宮《ごこうのみや》神社（京都市伏見区）の「水占い」も水占系のおみくじの早い例である。祭神は神功皇后で、「水占い」は皇后が新羅《しらぎ》出兵にあたって鮎《あゆ》が釣れるかどうかで戦勝を占ったという鮎占伝説をふまえる。水占系のおみくじは水で文字が浮き上がるが、その字は判読しにくいため、文字数は総じて少ない。しかし、この「水占い」は水占にしては長文で、神功皇后のお告げを主とする点に特徴がある。

水占の最新型は令和四年（二〇二二）七月の水祭りに合わせて授与がはじまった上賀茂神社（京都市北区）の水みくじ「龍のお告げ」である。大きく口を開けた正面顔の龍が描かれた紙を境内の神水に浮かべると、関西弁で一言、「いま幸せやで」のようなお告げが浮き出る。吉凶がないため、意識がお告げに集中し、龍の口の中に浮かび上がることばの迫力に驚かされる。

手作りのオリジナル水占に「鏡の池の縁占い」（八重垣《やえがき》神社・島根県松江市）がある。八重垣神社はスサノオノミコトとクシイナダヒメの夫婦神の宮殿があった場所とも伝えられ、縁結びの御利益で名高い。「鏡の池の縁占い」も出会いの縁を占うもので、境内の「鏡の池」に和紙を浮かべ、その上に硬貨を載せる方法で占う。水に浮かべると手書きの文字で「望み事かなう 南と東 吉」のように、「お告げの一言・吉方・吉凶」が浮かび上がる。さらに、自分から離れたところに紙が沈むと遠くに縁があり、近くなら身近に縁があることを示し、すぐに沈んだら間もなく、遅く沈んだら時間がかかると判断する。

筆者が八重垣神社を訪れた際も、鏡の池には次々と人が集まっていた。水に浮かべるとうっすらと見えてくる文字に目をこらし、さらに硬貨を乗せては、それが沈むまで水面を見つめて一喜一憂する。短い時間ながら、身をもって「占う」という行為を体験できる。

ここで紹介したのは、自分のおみくじを水に浮かべたり硬貨を乗せたりする体験性、水に浸すことで文字が浮きあがる神秘性、その神社や祭神の由来をふまえた独自性のあるおみくじである。いずれも人気を集めているのは、何が出てくるかわからない高揚感と、その場でしか体験できない特別感があるからだろう。

瓢箪山稲荷神社辻占

瓢箪山稲荷神社（大阪府東大阪市）の「瓢箪山稲荷辻占」も同様の特徴がある。「辻占」は本来、四つ辻（十字路）に立ち、道を通る人の言葉を聞いて物事の吉凶を占うものだった。夕方におこなうことから「夕占《ゆうけ》」とも言われ、古くは『万葉集』にも見える。

言霊の八十の衢《ちまた》に夕占問ひ占正《まさ》に告《の》る妹《いも》相寄らむと（万葉集・巻十一）

（言霊が満ちる多くの辻で夕占をすると、占いはまさに告げた。いとしいあなたは私になびくだろうと）

「神詠から歌占、和歌みくじへ」で述べたように、「夕占」は夕暮れ時に辻などに立って聞いた道行く人のことばで吉凶を占う。辻占については中町泰子の研究に詳しいが（『辻占の文化史』）、江戸時代末期や明治時代になると、辻占は街頭で売られ、辻占売りが占いの短い文句を記した紙片を遊里などで売り歩いていた。

瓢箪山稲荷神社は「辻占」の総本社といわれ、明治時代には辻占売りが全国をめぐっていたようだ。現在も、瓢箪山稲荷神社には街頭に立って道行く人の声で占う「辻占」のほか、「おみくじ」「やきぬき」「あぶりだし」の三種が一セットになった紙の辻占（おみくじ）もある。

前者の辻占は、鳥居の前の占場に立ち、往来する人の服装・年齢・持ち物・ことばなどから神意を判じる。具体的には、まず神前で願い事を祈った後、一・二・三の番号が書かれたおみくじを引く。さらに神社の鳥居横にある「占場石」に行き、引いたおみくじの番号に従って、一番なら一番目、二番なら二番目、三番なら三番目に通りかかった人の外見、年齢、服装や持ち物、乗り物、連れなどの有無を観察し、それを手がかりとして神職に解釈してもらう。実際に占うときには、生年月日や生まれた時間にもとづいて運命を判断する中国由来の四柱推命の占いも援用されているが、通行人の様子から吉凶を判断する辻占が現在でもおこなわれており特筆される。

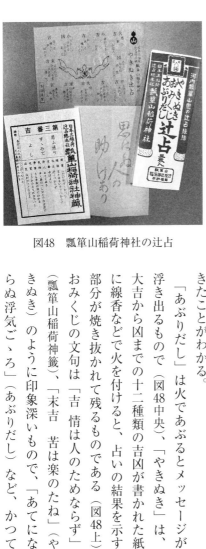

紙製の辻占は、「おみくじ・やきぬき・あぶりだし」の三点セットである。このうち、おみくじの「瓢箪山稲荷神籤」（図48左下）は②短い文章で教訓や運勢を示すタイプで、現在は手描き風の印刷から活字に変更されてしまったが、「和歌みくじの明治維新」で紹介した『おみくじ集』にも瓢箪山稲荷神籤が含まれており、明治末期ごろから親しまれてきたことがわかる。

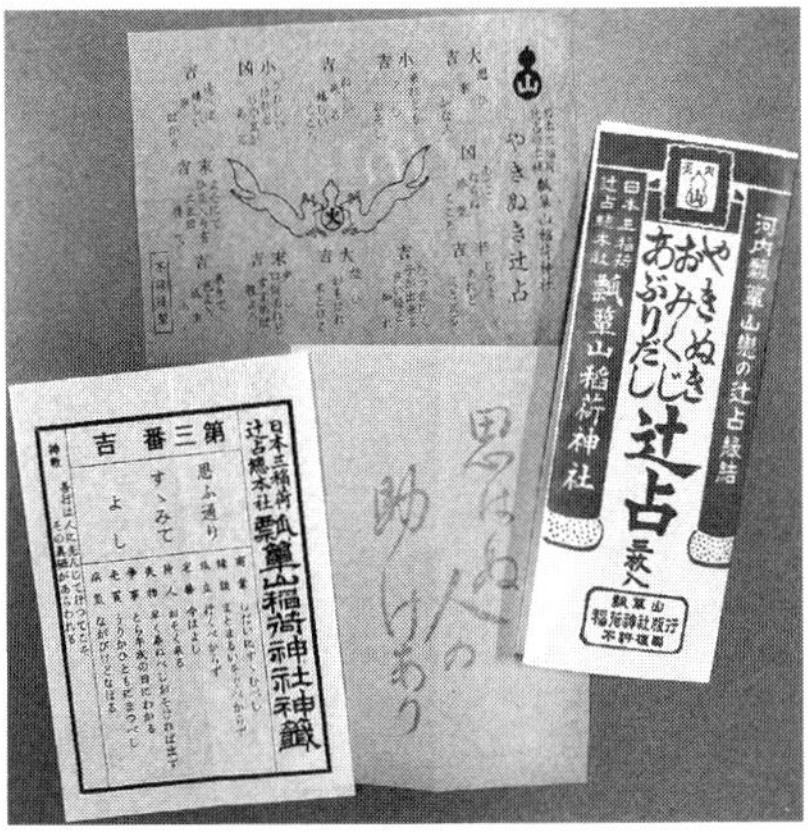

図48　瓢箪山稲荷神社の辻占

「あぶりだし」は火であぶるとメッセージが浮き出るもので（図48中央）、「やきぬき」は、大吉から凶までの十二種類の吉凶が書かれた紙に線香などで火を付けると、占いの結果を示す部分が焼き抜かれて残るものである（図48上）。おみくじの文句は「吉　情は人のためならず」（瓢箪山稲荷神籤）、「末吉　苦は楽のたね」（やきぬき）のように印象深いもので、「あてにならぬ浮気ご丶ろ」（あぶりだし）など、かつて遊里などで売られていたという恋の辻占を想起させるものが多い。「やきぬき」や「あぶりだし」には体験する楽しさがあり、「おみくじ」もわかりやすい。だからこそ長く愛されてきたのだろう。

明治時代には、あぶりだしの辻占もよくおこなわれていたようだ。森銑三『明治東京逸聞史1』は、明治時代の新聞・雑誌などの諸資料を博捜して当時の庶民の姿をとらえた貴重な記録である。そのなかに『読売新聞』の明治三十年（一八九七）十月十八日「教坊雑観」にもとづき、あぶりだしの辻占が取り上げられている。辻占売の少女を主題とした読み切りの小文に登場し、辻占売の呼び声は「淡路島通ふ千鳥、恋の辻占、一流炙りだし、恋の辻占」であったという。明治三十三年二月六日の『日本新聞』に掲載された東京の物売りの記事には、朝、下町の小路に新聞売りはこないのにあぶりだしの辻占売りがやって来ることが書き留められている（『明治東京逸聞史2』）。

江戸風俗の考証家三田村鳶魚《みたむらえんぎょ》は江戸の辻占売りについて「辻占売りも、『淡路島通う千鳥、恋の辻占』というのと、『瓢箪山なにとやら』というのとあったが、淡路島のほうが意気に聞こえた」と書いている（『鳶魚江戸文庫15』）。江戸・明治の風俗を描いた画家三谷一馬は明治三十四年『都の華』に掲載された瓢箪山の辻占の挿絵を描き直している（図49）。瓢箪山の辻占売は鉦《かね》のついた太鼓を前にさげ、紋付の着物に赤い横縞のカルサンという変わった服装で夜明けまで廓《くるわ》を流して歩いたという。

たのしさ・かわいさ・ありがたさ

各社寺の独自性を打ち出した近年のおみくじに共通する特徴として「たのしさ」「かわいさ」「ありがたさ」がある。以下、順に説明していこう。

まず「たのしさ」は、先に紹介した水占や「やきぬき」のように体験的でエンターテイメントの要素があるものをいう。娯楽的要素があるといっても、社寺のおみくじであれば、どこか神聖な感覚や神秘性をともなうものである。そのようなおみくじの好例として紹介

図49　瓢箪山の辻占売り（三谷一馬『明治物売図聚』中公文庫，2007年より）

したいのが、鹿島神宮《かしまじんぐう》（茨城県鹿嶋市）の「鹿島の帯占い」と青島神社《あおしま》（宮崎県宮崎市）の「賽《さい》の目《め》神事」である。

「鹿島の帯占い」は正月十四日に鹿島神宮の祭礼でおこなわれていた神事にもとづく。意中の人の名前を帯に書いて神前に供え、神職がそれを結んで結婚の縁を占ったもので、御神宝の「常陸帯《ひたちおび》」にちなむ神事だ。常陸帯は神功皇后が奉納した腹帯とされるもので、皇后は妊婦の身で新羅出兵した後に応神天皇を出産したと伝わる。平成二十四年（二〇一二）に「常陸帯祭」が復興されたのに合わせて「常陸帯占い」がつくられたという。

「帯占い」とあるが、引いた紙によって書いてあるメッセージが違うため、おみくじの要素もある。願いが叶うよう神様に祈ってから、三角形のおみくじの上部から帯に見立てた四本の赤い紐を二本ずつ結んで引いてできた形で願い事の成就を占う。二本の紐が一つの大きな輪になれば「叶う」、二つの輪が交われば「半ば叶う」、二本がバラバラになると「簡単に叶わない」。伝統的な神事にもとづきつつ、自分で紐を結ぶという行為によって占いとしての特別感が増すことになる。

青島神社の「賽の目神事」は神への祈りを唱えてから神賽を振って占う。「教へ給へ導き給へ」と唱えながら神賽を振り、出た目に対応するお札が神のお告げとなる。賽の目は「天」「地」「東」「西」「南」「北」の六つで、出た目にしたがって「天―縁（縁結び・家内安全）」「地―学（学業成就・生業繁栄）」「東―厄（厄除け・災難除け）」「西―交（交通安全・旅行安全）」「南―身（心身健全・病気平癒）」「北―金（商売繁盛・開運招福）」のお札をおみくじとして受け取る。青島神社は海幸彦《うみさちひこ》・山幸彦《やまさちひこ》の神話で知られる彦火々出見命《ひこほほでみのみこと》が豊玉姫《とよたまひめ》と共に住んだところと伝わり、日向灘に浮かぶ島全体が境内となっている。賽の目神事のほかにも多種多様な占いやおみくじが体験できる占いワンダーランドである。

このほか、自分で占ったり、奉納したりする行為を印象づけるおみくじとして、てるてる坊主に顔を書き入れて奉納できる「照照みくじ」（気象《きしょう》神社・東京都杉並区）、マッチ箱から振り出した棒の色で吉凶を占う「燐寸みくじ」（熊野若王子《くまのにゃくおうじ》神社・京都市左京区）、おみくじを折ってつくった紙飛行機を鳥居に飛ばして奉納する「神飛行機みくじ」（飛行《ひこう》神社・京都府八幡市）、藁製のヘビを穴に入れておみくじを引く「へびみくじ」（六甲八幡神社）などがある。

おきもの系

次の「かわいさ」は見た目の魅力である。おみくじが入った小さなおきもの、神様や花などの形に折りたたまれた折り紙型、香り付きの栞《しおり》型など、形状に工夫を凝らしたおみくじが増えている。

おみくじのおきものは、神仏のお使いの動物である鹿や馬、鳩、猿、兎、猪、八咫烏《やたがらす》などから、達磨《だるま》、天神、閻魔《えんま》、七福神などの神仏・聖者までさまざまである。こうしたお

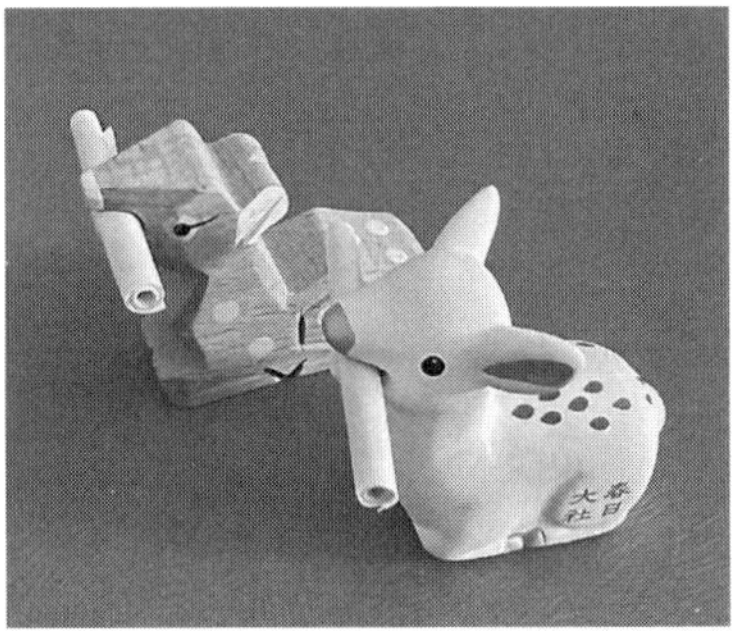

図50　鹿みくじ，白鹿みくじ（春日大社）

みくじは汎用的な業者製が大半で、メッセージの内容に社寺の個性が少なく残念だが、中には、おきものとおみくじの双方がオリジナルの例もある。

たとえば、春日《かすが》大社（奈良県奈良市）の「鹿みくじ」は、奈良特産の伝統工芸である一刀彫で春日の神のお使いである鹿をかたどっている（図50奥）。木彫りのものとは別に陶器製の白鹿のおみくじもあり（図50手前）、どちらも鹿がおみくじをくわえている。太宰府天満宮（福岡県太宰府市）の「鷽鳥《うそどり》みくじ」は凶事や厄を「嘘」に変えるという鷽替《うそかえ》神事にちなんで、神事でもちいられる木彫りの鷽をかたどったものだ。

このタイプのおみくじには縁起物・民芸品としての性格もある。令和二年（二〇二〇）にはコロナウィルスの流行により、疫病退散を祈願して、各地の神社でアマビエをかたどったおみくじの授与が始まった。アマビエとは幕末の肥後国（現在の熊本県）の海に夜ごと現れた半人半魚の妖怪で、「これから六年は豊作が続くが、疫病も流行するだろう。そのときには私の姿を写して人に見せると病気から逃れられる」と言って消えたと伝わる。すでに見てきたように、おみくじにはその時代ごとの流行が反映されるが、アマビエみくじはウイルスと共存していかなければいけない現代を象徴するおみくじといってよいだろう。

縁起物としてポピュラーなのが鯛《たい》みくじである。おみくじ入りの張り子の鯛を竿で釣り上げて引くものもあり、おみくじを引く行為自体にエンターテイメントの要素が加わっている。川越氷川神社（埼玉県川越市）の鯛みくじは有名だが、現在は全国の神社で見られる。荘内《しょうない》神社（山形県鶴岡市）の「一年安鯛みくじ」は釣り竿の先に餌となるエビが付いており、海老で鯛を釣る工夫が楽しい。

ご当地系　こうした釣り上げタイプの進化形が、平成二十八年（二〇一六）に登場した北海道のご当地みくじ「えぞみくじ」だ。商店街や博物館などのご当地みくじの例は多いが、神社によるご当地みくじの広がりは近年の傾向である。

「えぞみくじ」は北海道内でつながりのある六神社から始まった。いずれも地元の特産品や名物がモチーフになっており、魚の「秋刀魚」に「三昧」をかけた「福ざんまい」のような掛詞のダジャレによるネーミングが特徴である。「無理は禁物だべさ」のように、運勢や解説が北海道弁で書かれるほか、「ご当地食べ物」「ご当地スポット」の紹介もある。そのユニークさから人気を集め、①サンマ形の「福ざんまい」（金刀比羅神社・根室市）、②イカ形の「イカすおみくじ」（湯倉神社・函館市）、③釣竿で釣り上げる「鮭みくじ」（帯廣神社・帯広市)、④トウモロコシをおもちゃのフォークリフトで収穫する「富諸来し」(美瑛《びえい》神社・上川郡美瑛町)、⑤網で蟹をすくい上げる「いカニもいいみくじ」(北門《ほくもん》神社・稚内市)、⑥ほっき貝をかたどった「貝運一念発起みくじ」(樽前山《たるまえざん》神社・苫小牧市)、⑦「幸路《サイロ》みくじ」(錦山天満宮・江別市)、⑧「日進《にしん》月歩みくじ」(住吉神社・小樽市)をはじめ、令和五年(二〇二三)までに道内の十五の神社に「えぞみくじ」の輪が広がった。

平成三十年(二〇一八)に始まったのが、青森県名産のりんごとホタテのおきものに入った津軽弁のおみくじ(廣田神社・青森県青森市)である。リンゴはリンゴの木に付けられ、ホタテは生《い》け簀《す》に入っている。タレントの伊奈かっぺいが文章とイラストを担当、「うるだぐな」(慌てるな)など津軽弁で書いてある。

このように、方言やご当地の名産品で地域を印象づけるおみくじが近年目立っている。

お守り系

最後の「ありがたさ」は、開運などの現世利益や限定性のあるものをいう。七福神や招き猫などの縁起物をはじめとして、小さな御守が付属するおみくじは全国の神社で見られる。大半は業者による汎用型だが、オリジナルの縁起物で特別感があるものとして、宇佐神宮(大分県宇佐市)「八徳神おみくじ」、椿大神社(三重県鈴鹿市)「椿恋みくじ」、筥崎宮(福岡県福岡市)「開運招福おみくじ」などがあげられる。

おみくじ自体がお守りにもなる。建部《たけべ》大社(滋賀県大津市)「御祭神みくじ」や先に紹介したときわ台天祖神社（東京都板橋区）「天祖神社歌占」は、おみくじを引いて御祭神とご縁を結び、その神様が自分の守護神となる。

絵馬のように願いごとを記した札を神社に奉納するものもある。烏森《からすもり》神社（東京都港区）の「心願色みくじ」だ。願いごとによって赤（恋愛・良縁）、黄（金運・幸運・商売）、青（厄祓・仕事学業）、緑（健康家庭）の四色に分けられ、さらに願いごとを専用の札に記入して奉納すると、神職によって厄払い祈願がおこなわれる。このおみくじには、願い事別にお守りも付属する。

こうした属性別のおみくじも増加しており、男女別、年代別、血液型別など引く人の属性に応じたもののほか、ペットのための犬みくじや猫みくじもある。

限定性と特別性

「ありがたさ」には期間限定の希少性もある。一年のうち限られた時期しか引けないため、ありがたみが増す。このようなおみくじとして、先に紹介した桜の時期限定の「桜みくじ」（平安神宮）があり、吉凶のかわりに「つぼみ、三分咲き、満開」のような花の咲き具合で運勢を示す工夫も楽しい。そのほか、えびす祭限定「えびすみくじ」（大阪天満宮・大阪市北区）、酉の市限定の法華みくじ（長國寺・東京都台東区）、天王祭限定「神話みくじ　スサノヲさま」（津島《つしま》神社・愛知県津島市）などがある。

金文字やホログラムなどで煌《きら》めくおみくじも見逃せない。大阪天満宮では、平成三十年から大吉のおみくじの一部に、表の文字が金色で、裏面は虹色でキラキラ光る印刷を施した特別な大吉が登場した。この金色は大阪天満宮の創建に由来があるという。御祭神の菅原道真が太宰府で没して約五十年後の天暦三年（九四九）、近くの大将軍社前に七本の松が生え、こずえを金色に輝かせたことにもとづくという（二〇一八年一月八日『朝日新聞』大阪版）。

日本武尊《やまとたけるのみこと》をまつる大鳥《おおとり》大社（大阪府堺市）の「勝みくじ」も金文字が目をひく。最上の運勢は金文字で書かれた「強運」で、ほかに「大勝運」「中勝運」「末勝運」がある。日本武尊は熊襲や東国を征討した英雄で勝負の神ともされる。御祭神の御利益に特化したおみくじである。

これらからわかるのは、「今だけ」「ここだけ」の特別なおみくじが増えているということだ。紙のおみくじは、いつでも、誰でもお告げを受け取れるようにしたものだが、すでに述べてきたように、神仏からのお告げは悩みや願いにあわせてその都度いただく特別なものだった。新しいおみくじは続々と生まれて多様化が進んでいるが、神仏から特別なお告げをいただきたいという願望は昔も今も変わらない。だれでもおみくじを引けるようになった時代だからこそ、限定された特別感のあるおみくじが人気を集めるのだろう。

いつもそばに、おみくじ——エピローグ

おみくじのルーツを探る旅も、そろそろ終わりを迎えようとしている。この旅を通して、日本の人々がおみくじとどう付き合ってきたかをたどってきた。おみくじはそもそも人間が決めかねる重大事について神意をうかがうものだった。だからこそ神仏に祈念してから引くのである。平安時代の終わりごろから江戸時代まで、天皇や将軍を決める、戦いの日時や攻める方角を決める、お告げの真偽を見定めるなど、国や人生の重大事を判断するのにもちいられていた。現在も見られる既製の漢詩みくじは、本の出版や紙への印刷が広まった江戸時代に浸透した。中国の観音籤が日本で元三大師《がんさんだいし》信仰と結びつき、元三大師御籤として流行したのである。元三大師御籤のほか、関帝《かんてい》霊籤も人気があった。

和歌みくじのルーツには神のお告げの和歌がある。もとは神がかりの巫女が神の歌を詠

み出すものだったが、やがて一定の和歌から一首を選ぶ歌占となり、江戸中期に流行していた易占や元三大師御籤の影響も受けながら歌占本がつくられた。

現代では、おみくじを運試し程度に思っている人が多い。しかし江戸時代には知識人もおみくじを人生の指針として活用していた。『南総里見八犬伝《なんそうさとみはっけんでん》』で知られる江戸時代後期の読本作者曲亭馬琴《きょくていばきん》（一七六七～一八四八）の日記から、馬琴をはじめ、馬琴の家である滝沢家の人々が、縁談や病、転居などの指針を得るために元三大師御籤や関帝霊籤を引いていたことがうかがえる。晩年の馬琴は眼病に苦しみ、その息子や孫も病弱であったため、悩みは尽きなかった。失明してからは息子の妻路《みち》が日記を代筆し、馬琴の死後も、その日記は続けられた。そのなかに、次のような記述がある。

嘉永元年（一八四八）十二月十日、路が息子であり馬琴の孫である太郎とともに小日向《こひなた》の大日如来（妙足院《みょうそくいん》）に参詣し、自分の病気に関する薬や灸治の吉凶を知るためにおみくじを引いた。みくじ判断をした僧侶によれば、かかりつけの医者は大吉、薬の変更は中吉、灸治は凶ということであった。嘉永二年正月十四日には、孫の太郎の薬を変えるべきかどうかについて同じく小日向の大日様のおみくじで占っている。そのおみくじに、医者は今まで通りがよいが、もしその医者が北東の方角にあたれば西河岸の医者に変えた方がよい、とはいえ医者を交ぜるのはよくないと出たため、これまで通りの医者で療治することにしたという。
この日記からわかるのは、江戸時代の人々が病の治療にあたっておみくじを頼りにしていたことであり、その結果を僧侶が解説していたことである。時代は下るが、それは明治時代の新聞の投書からも浮かび上がってくる。

明治時代の投書

おみくじにとって明治は受難の時代だった。明治維新にともない、政府は加持《かじ》祈禱《きとう》や霊媒《れいばい》による医療行為は迷信であり、近代的医療を妨げるものとして厳しく取り締まった。明治六年（一八七三）、教部省の通達で梓巫《あずさみこ》、市子《いちこ》、憑《より》祈禱《きとう》、狐下《きつねさげ》等が禁止され、翌七年には災厄除けや病気治癒などの祈禱やまじないによる医薬への妨害が取り締まられた。明治十五年には内務省から神官や僧侶などが禁厭《きんえん》祈禱《きとう》により病人を治療することを禁止する通達も出されている。

こうしたなか、新聞の投書欄におみくじに対する疑問の声が寄せられるようになった。たとえば、病気のときに加持祈禱を重視して薬を拒否することが禁止されたのを文明開化だと喜び、さらに「易人・相家・相手の筋うらない・御鬮の類ひよりして病気のとき其外とも私も大きに迷ふ事がござりますが、是らも追々どうか御処置をおつけ下さるわけにはまいりますまいか」（明治八年八月八日『読売新聞』）と書いて占いやおみくじの取り締まりを訴えたり、社寺でのまじない等の差し止めの布告を受けて「御鬮・伺《うかがい》・呪《まじない》・卜筮《うらない》の四つは人のまよひを生じ、愚人がいよいよ愚人に成りますから、どうぞお廃止《やめ》に願いたい物だ」（明治九年四月二十七日『読売新聞』）と人の迷いを増幅させるという理由からおみくじの廃止を願ったりする声が紙上に載せられた。

それにしても、加持祈禱やまじないに加えて、おみくじまで批判の対象となるのはなぜだろうか。その答えは、明治八年七月二十九日の『読売新聞』に寄せられた次の投書が教えてくれる。

美濃国の安八《あんぱち》郡禾森《のぎのもり》村のある家の女房が水腫《はれ》病《やまい》で苦しみ、名医に療治してもらうことを望んだが、大病ゆえに医者は匙《さじ》を投げた。そのため、その村のある人がご祈禱で治しましょうと申し出たのはよいが、その人が言うには、そもそもこの病人は大神宮の罰があたっており、それについてはおみくじにその証拠が出たから確かなのだと言って威張っているという。こうした例は多く、病人に薬も飲ませず見殺しにするものもあって困ったことだというのである。

この投書から、おみくじが加持祈禱を補助し、病気の原因を判断する根拠としてもちいられていたことがうかがえる。こうした例が多かったからこそ、おみくじの廃止を願う声があがったのだろう。こうして加持祈禱やまじないとともに、おみくじも非合理なものとして批判されたのだった。

しかし、このような苦難はあってても、おみくじがなくなることはなかった。それはいったいなぜだろうか。

震災後に、おみくじ

そのヒントが関東大震災の前後を記録した倉本清太郎『地震大火大東京炎上実記』（東文社、一九二三年刊）にある。大正十二年（一九二三）九月一日に発生した巨大な地震は東京に大火災を引き起こしたが、浅草寺《せんそうじ》はその被害を奇跡的に免れた。寺の僧侶の話によれば、猛火に包囲されて危険に陥った二日の午前二時ごろには約十余万の避難者が境内に充満していたという。鎮火してからは被災者の参詣も増えてきたが、火難盗難などのお守りは焼け出された身には必要ないと思ってか、災難よけのものは少しも売れず、おみくじを引く御籤場がひたすら大繁盛であったという。この状況について、筆者の倉本は、身分や職業、年齢を問わず、みな等しく目の前の運命に不安を抱いており、科学や知識が頼れない世の中で、より偉大な何かにすがろうとする気分のあらわれではないかと考察している。「御籤の面をじっと見詰めながら、堂内を歩める人々の、面《おも》やつれも窺われて漫《そぞ》ろに憐れである」と述べ、大震災の後、一寸先もわからない状況でおみくじを一縷《いちる》の頼りとして見つめる人々の姿を書き残している。

人間の力の及ばない大災害の後に、おみくじを求める人が大勢いた。この事実は、おみくじが現代まで続いてきた理由を考える手がかりになるのではないだろうか。

地震や豪雨といった自然災害をはじめ、世の中にはどうにも変えられないことがらに満ちている。人生も、病気や介護、家庭・学校・職場などの人間関係、金銭問題など、たやすく解決できない悩みにあふれている。たとえば、引きこもりや不登校、うつ病、慢性の病気や不治の病、心身の障害、依存症、介護、家庭内暴力、ハラスメント等々、そのほとんどが即座に解決することはない。考えてみると、人生における悩みの多くはそう簡単に解決するものなどないといってよい。不安を抱えながら、少しでも良い方法が見つかるよう探したり、様子を見たりしながら付きあっていくしかない。医療や福祉の発達した現代ですらそうなのだから、昔の人たちの悩みの多さは推して知るべしである。

こうした悩みを受けとめてきたものの一つが、おみくじであった。たとえば観音籤の場合、南宋時代に中国でつくられてから八百年以上、同じ漢詩が人々を励ましてきた。時代が変わっても、それは変わらない。つまり、おみくじは、今を持ちこたえるための手段であった。すぐに答えの出ない、どうにもならない苦難をやりすごし、希望を持ちつづけるために、少しでも前を向くために、いつもわたしたちのそばにおみくじがあったのだ。

今を少しでもよりよく生きるために、おみくじのことばが支えになる。神仏の前でいただいたお告げは、日常のことばを超えた重みを持つ。こうして、おみくじは今を生きるためのことばとして長いあいだ機能してきたのである。

病気、縁談、出産、転居、仕事、金銭等々、おみくじに項目として立てられるのは、時代を超えて共通する悩みである。いつの時代もおみくじはこうした悩みに答えてきたが、そのあり方には時代性があらわれる。たとえば、江戸時代の観音籤は全体の三割が凶だった。歌占は四割が凶のものもある。これは、当時は現代に比べてどうにもならないことが多く、今よりずっと現実認識が厳しかったということだろう。

凶の減少

それに対して、現代のおみくじは凶が少なくなっている。オリジナルおみくじを企画・製作・販売する株式会社シープロジェクトは、英語、中国語、韓国語、フランス語、ロシア語、スペイン語、タイ語の多言語によるアニメ系イラスト付のおみくじを製作し、日本のおみくじを世界に向けて発信している。平成二十五年（二〇一三）から運営するフル・オーダーおみくじ専門店「おみくじプロジェクト」サイトには「弊社製の汎用版おみくじは凶や大凶は入っておりません。そのかわり小吉や末吉を中心に注意すべきことなどが書かれています」とある。とくに外国語おみくじにおいては、わざわざお金を払って来日した方に「病い：長引く」「学問：次の試験は難しい」「失せ物：出ず」などの内容を書くのは心苦しく、ただ単に注意を促すだけではなく、悩んでいる方にはその気分を晴らし、迷いのある方には寄り添う、そんな文言でお迎えしたいと考えて説明の文章を考えたのだという。

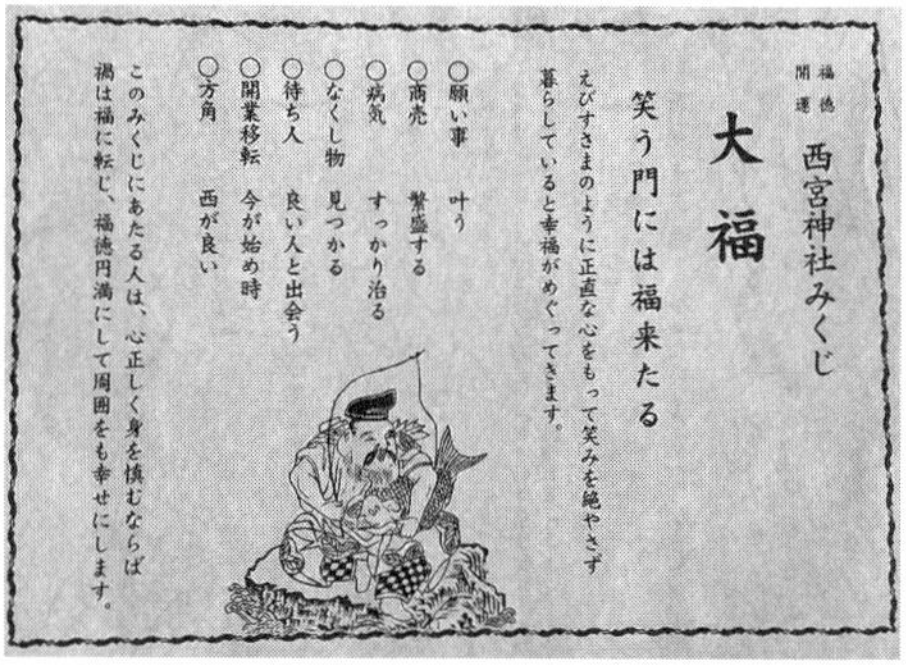

図51　西宮神社みくじ「大福」

凶を避ける傾向は現代のおみくじに広く及んでおり、初詣のシーズンには新年から参拝者をがっかりさせたくないという理由から凶を入れない社寺もあると聞く。

大大吉・大福・福福福

おみくじといえば「大吉」というイメージが定番だが、「大大吉」のような大吉以上の結果を持つおみくじも増えている。伏見稲荷大社のおみくじは早くから「大大吉」があることで知られている。城南宮《じょうなんぐう》（京都市伏見区）のおみくじには平成二十六年から大吉の上の「大大吉」が加えられた。寒川《さむかわ》神社（神奈川県高座郡）の「幸福《しあわせ》を呼ぶおみくじ」の大大吉は、それだけ金色の特別な紙に印刷されている。おみくじの名称につけられた「幸福を呼ぶ」という枕詞にも、幸せを願う現代人の願望があらわれている。

大大吉以外に、「大福」（西宮《にしのみや》神社・兵庫県西宮市、図51）や「福福福《みふく》」（石浦《いしうら》神社・石川県金沢市）といった独自の運勢もある。いずれも「福」が強調され、引いた人の幸福感を高めている。昔に比べて衣食住に困ることの少なくなった現代では、凶のおみくじで見られる戒めよりも、「より幸せに」なることを後押しするおみくじが好まれているのだろう。

おみくじをつくる

しかし、すでに述べてきたように、神仏のお告げは本来、吉凶のラベルで示されるものではなかった。吉凶ではなく、お告げのことばが重要なのである。神仏のことばと向き合って、それを自分の状況に重ね合わせて解釈する。それを手伝うのが神職や僧侶であり、おみくじの解説本であった。

さまざまなおみくじを収集し、その歴史について研究するうちに、神仏のメッセージである詩歌の可能性をもっと活かしたおみくじがあればよいのと思うようになった。その研究の中で出会ったのが、ときわ台天祖神社の小林美香宮司である。そして同神社でオリジナルの和歌みくじをつくりたいという意向を受けてできたのが「天祖神社歌占」だ。著者の勤務する成蹊大学と同大学院のプロジェクトとして共同制作を続けている（図52）。天祖神社歌占は室町時代・江戸時代の歌占と同様に、はじめに呪歌を唱えてから弓の短冊から一枚を引いていただく。

さらに、令和二年に創建された武蔵野坐令和神社の「千年和歌みくじ」の制作にも成蹊大学のゼミの学生とともに協力している。千年以上に及ぶ和歌の伝統の中から、おみくじにふさわしい名歌を厳選したものだ。「現代の和歌のおみくじ」で紹介したように、どちらも神のお告げとしての和歌を柱とした吉凶のないおみくじである。

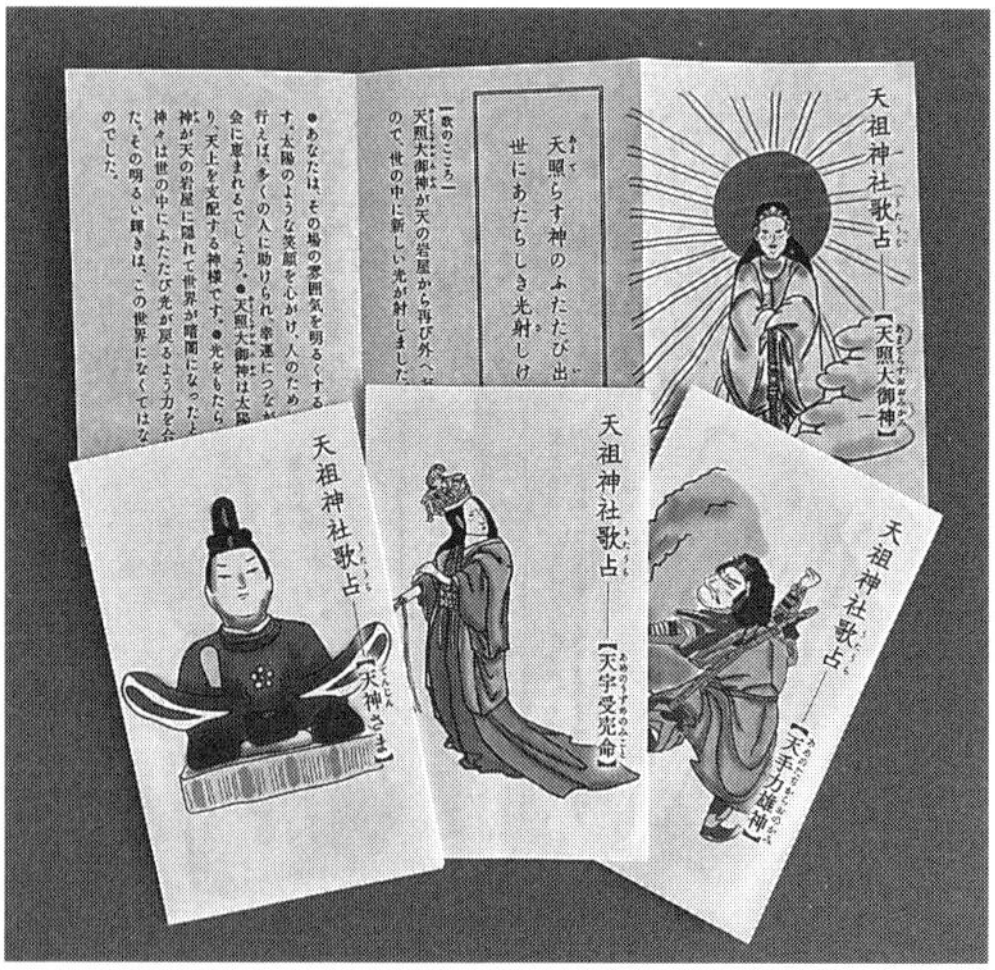

図52　天祖神社歌占

歌占文化のリバイバルにも取り組んでいる。一つは「江戸の歌占」で紹介した『せいめい歌占』を試せるオンラインサイト「開運☆せいめい歌占」だ。これはインターネット百科事典・データベースサイト「ジャパンナレッジ」の無料サービスで、古典和歌のデータベース『新編国歌大観』がジャパンナレッジに搭載された記念にリリースされた。コンテンツの作成と運用にあたり、成蹊大学文学部の著者のゼミが協力している。このサイトには英語版もある。海外における日本古典文学研究の第一人者であるハルオ・シラネ教授（コロンビア大学）と大学院生の協力でつくられたものだ。

江戸時代の『せいめい歌占』をオンライン化する際に意識したのは、和歌のメッセージを気軽に受け取れるようにすることだった。吉凶があると、それだけに一喜一憂して和歌を読まなくなる。そのため、原本にあった吉凶はあえて伏せ、和歌の内容をふまえて新たに作成した開運メッセージが際立つよう工夫した。

もう一つは歌占をカード占いにした『歌占カード　猫づくし』（夜間飛行刊）である。平安時代の神の歌から江戸時代の歌占本に載る歌まで、現代人の心にも響く歌を三十二首厳選して占えるようにした。こちらも無料のお試しサイトが用意されている。

この二つは、どちらも占いの前に呪歌を唱える。すでに述べたように、おみくじをはじめとする占いで大切なのは、占う前に精神集中することだ。呪歌を唱えることで占いに集中し、その結果として出た歌が自分のために示されたお告げとして心に響くようになる。こうした作法も含め、歌占の文化が現代の生活に生かされることをめざして活動している。

心の記録　おみくじ帖

いよいよ、おみくじの旅も終着地点である。本書をここまで読んできて、おみくじに対する考え方は変わっただろうか。その歴史を知ったうえでおみくじを引くと、自分の目の前にあるのが和歌みくじか漢詩みくじか、古くから継承されているのか、それとも新しくつくられたのかなど、吉凶だけでない観点からおみくじを見ることができるようになっているだろう。

と同時に、おみくじのことばに注目し、それを自分の現状と関連づけて解釈したいと思うようになってはいないだろうか。もしそうだとしたら、著者としてはこのうえない喜びである。それができれば、おみくじとの付き合い方もきっと変わってくるはずだからだ。

ちなみに、わたしは「おみくじ帖」と名付けた専用のノートをつくっている。引いたおみくじを貼り、おみくじを読んで気づいたことや感じたことを書き留めるためのものだ。

例をあげてみよう。あるプロジェクトがうまくいかず悩んでいたときに、神社で和歌みくじを引いたところ、「陸奥《みちのく》のしのぶもぢずりたれゆゑに乱れそめにし我ならなくに」という歌が出た。『古今和歌集』や『百人一首』に載る河原左大臣 源 融《みなもとのとおる》の歌で、その意味は「陸奥のしのぶもじずりで染めた衣の乱れ模様のように、いったい誰のせいで心が乱れるのだろう。私のせいではないのに」となる。相手を恋しく思って激しく乱れる恋心を詠んだ歌だが、このときの自分の状況に当てはめてみると、プロジェクトに情熱を持っているため、それが思うに任せない状況に心が乱れるけれど、その原因を人のせいにしているのではないかと思い至った。つまり、感情の乱れは自分に起こっているものだから、それを人のせいにすべきではないし、自分にも至らぬところがあるのではと感じたのである。このように、おみくじの歌を介して自分の状況を一歩引いて見ることができるようになる。

このような記録を後で見返すと、そのときの自分の気持ちが鮮やかに蘇る。おみくじ帖が心の記録になっていくのである。

視野を広げると、おみくじの心の記録としての機能は個人にとどまらない。おみくじは、神仏の「聖」と人間の願いという「俗」のあいだにある。だからこそ、そのなかに人間の心や営みがきわだって見えてくる。そして、すでに述べたように、おみくじは各時代の流行や社会情勢を映し出す鏡にもなる。時代によって解説も変化する。つまり、おみくじを通して、その時代の人々の心を知ることもできるのだ。

神仏のお告げはなぜ詩歌なのか

本書の副題でもあるこの疑問に、あなたならどう答えるだろうか。これまで見てきたように、三十一文字の和歌をはじめて詠んだのは神スサノオとされ、神は人に和歌でお告げを示してきた。託宣歌である。そして、人が神に願いを伝えるときも和歌を詠んだ。和泉式部の歌に対する貴船明神の歌の唱和、歌占や神おろしで唱えられる呪歌や神楽の神歌、神々からの託宣歌と神々への奉納歌、これらはすべて和歌による神と人のコミュニケーションである。

そもそも、和歌には心を動かす力があると信じられてきた。『古今和歌集』仮名序の「力をもいれずして天地《あめつち》を動かし、目に見えぬ鬼神をもあはれと思はせ、男女の仲をも和《やわ》らげ、猛《たけ》き武士《もののふ》の心をも慰むるは歌なり」は、よく知られている。この一節は中国最古の詩集『詩経』大序の「動天地、感鬼神、莫近於詩（天地を動かし、鬼神を感ぜしむるは、詩より近きは莫《な》し）」にもとづく。中国でも古来、詩が天地や鬼神を感動させると考えられていた。

天地や鬼神の心を震わせる詩歌が、神仏の言語となったのは偶然ではない。日本のおみくじに限らず、聖なるものの託宣は詩歌で示されることが多かった。この点について、井筒俊彦は『言語と呪術』で言語の呪術性を追究し、神がかった人から発せられた神託が詩のかたちをとっていた例を多くあげている。たとえば、旧約聖書の「民数記《みんすうき》」において預言者パラムが神がかり状態で発した神託がヘブライ語の詩であったこと、古代ギリシアのデルポイにおけるアポロンの神託が詩の形式であったこと、中国の『春秋左氏伝』や『史記』に記された予言の多くが憑依をおこした人物によって即興で作られた歌であったこと、異教時代のアラビアで予言をおこなう占い師たちにサジュウと呼ばれる韻《いん》を踏んだ対句《ついく》がもちいられていたことなどである。このような神がかりの預言者や巫女、占い師が詩歌で神託を示した例は、本書で紹介した歌占や神おろしにかかわる巫者を想起させる。

もちろん、すべての託宣が詩歌だったわけではない。本書で『保元物語』の例をあげて述べたように、詩歌でなかった託宣が詩歌として演出された例もあった。これは裏を返せば、そう演出されるほど、詩歌が託宣にふさわしいメディアであったということだろう。

折口信夫は『言語情調論』のなかで、清水観音の託宣歌と伝わる「ただ頼めしめじが原のさしも草われ世の中にあらむかぎりは」の例をあげ、神仏の託宣は曖昧だからこそどのようにでも解釈できるのであり、神仏の示現《じげん》が暗示的なものであるために「託宣の言語は自然に象徴言語となっている」と述べた。さらに託宣の意味が不明であることで、それを受け取った人間はその意味するものを考えざるを得ず、「託宣とはいうものの、畢竟《ひっきょう》示現を蒙る人の主観的な事実なのである」ともいう。つまり、神仏の託宣は、それを受けた人が主観的にその意味を判断することになるということだ。

たしかに、神仏の託宣歌として伝わる歌は意味が明瞭でないものが多い。おみくじの詩歌も意味が限定されにくい表現が選ばれているふしがある。詩歌のことばは象徴性が高く、短い表現に多くの意味を内包するため、受け取った人はその意味を自分で考えざるを得ない。

つまるところ、おみくじの詩歌を読み解くことは、そこに書かれたことばを通して「わかる」と「わからない」のあいだを行き来する営みなのではないだろうか。お告げのことばの意味がすぐに理解できないからこそ、それが自分とどのようなつながりを持つのかを思案し、納得できる答えを見つけていく。こうしたことばと心の往還を通して、その意味が腑に落ち、自分に必要なお告げとして機能することになる。

詩歌のことばは象徴的だからこそ人間の置かれた状況を映し出すことができる。漢詩みくじの詩句「枯木遇レ春開（枯木、春に遇《あ》ふて開《ひら》かん）」を例に考えてみよう。句は「枯れた木が春になって花開くだろう」という意味だが、それを引いた人によって、「枯木」は自分を指すこともあれば、自分以外のこともある。会社などの組織を指す場合もあるだろう。「春」についても、試験合格の知らせ、人との出会い、病の治癒、新規契約のチャンス等々、人によってさまざまだ。「開く」も、才能が花開くのか、良縁が成就して喜ぶのか、病が回復して元気になるのか、組織が拡大していくのか、解釈の幅は広い。いずれにしても、おみくじの詩句は各人の悩みにあわせて自在に読み解かれる。だからこそ、どんな時代の、どんな人の悩みにも応じられるのだ。

さらに、和歌や漢詩には千年以上にわたり継承されてきた型がある。その継続性や安定性もお告げとしての信頼に寄与しているのではないだろうか。五七五七七あるいは五言四句といった型によって、どの人にも同じ長さで平等にお告げを示すことができる。さらに、副次的ではあるが、こうした型は書籍化するときにレイアウトしやすい利点もある。

おみくじが長く続いてきたのは、そのお告げが和歌や漢詩という簡潔で確かな形を持っていたからなのだろう。簡潔でありつつ、そのことばは多義的かつ暗示的で解釈の可能性がひらかれている。千年を超える詩歌の伝統が、お告げのたしかさを保証することにもなる。神仏のお告げは詩歌であったことで命脈をつないできたのではないだろうか。

おみくじの可能性

最後に、おみくじの可能性に触れておきたい。本書を読みながら気づいたかもしれないが、おみくじを探究する営みは日本の特質を考えることにもつながる。たとえば、おみくじは異文化が日本でどのように受容されたかを考える材料になる。すでに述べたように、中国から伝来した漢詩みくじの挿絵は、日本では日本風のものとして描かれた。これは、文化の日本的受容、つまり文化がどのように翻訳されたかを考える手がかりになるだろう。

加えて、漢詩みくじと和歌みくじという二つの流れは、漢文と和文を併用してきた日本語のあり方を象徴するものでもある。中国からもたらされた漢文を代表するのが漢詩みくじであり、日本独自のものをめざしたのが和歌みくじだからだ。漢詩と和歌は併記されることもあった。このとき和歌は漢詩の翻訳として機能している。

このように、おみくじは、わたしたちの身近にあって人生に寄り添ってくれるのはもちろん、時代や社会、文学、文化、日本語といった大きな視座からも探究できるのである。

これからも時代の変化とともに新しいおみくじが生まれていくだろう。その一方で、元三大師御籤や女子道社の和歌みくじも長く続いていくはずだ。時代の流れのなかで変わるおみくじと変わらないおみくじ、そこにおみくじのおもしろさがある。

本書におけるおみくじの旅はここで一区切りとなるが、今度はこの本を読んだあなたが新たな旅を始める番だ。おみくじと今後どんな付き合い方をしていくかは、あなた次第。神仏、社寺、和歌、漢詩、占い、ことば、挿絵、呪文等々、好きなところに着目して楽しんでもらえたら幸いである。

どうぞよい旅を！

あとがき

おみくじを研究しています。そう言うと、「えっ?!」と聞き返される。おみくじが研究対象になると思われていないからだろう。

正直に言うと、おみくじを研究することになるとは自分でも思っていなかった。きっかけは十八年前、新任教員として勤めた十文字学園女子大学短期大学部にある。古典文学に少しでも興味をもらえたらと思って和歌や漢詩のおみくじについて調べ始め、学園祭で担任クラスの学生とおみくじの展示をおこなった。それを見た同僚の東聖子先生がおみくじ研究の可能性を見出してくださり、今はなき学燈社の学術誌『國文學 解釈と教材の研究』に「恋の占い—おみくじ文化—」という小論を寄稿する機会をいただいたのである。

さらに、それをきっかけとして、漢詩みくじ研究の第一人者である故大野出さんを代表とする共同研究に加わることになり、ときわ台天祖神社宮司で思想史の研究者でもある小林美香さん、法華経のおみくじを研究する芹澤寛隆さんとの御縁もできた。本書では、大野さんの研究の成果はもちろん、ご親族に譲りうけた資料の一部を紹介させていただいている。急逝された大野さんのご冥福を心よりお祈りし、ささやかな手向けとして本書を捧げたい。

十文字学園の学園祭では、本書でも紹介した阪本龍門文庫蔵『歌占』の展示と占いをおこない、室町時代の和歌占いが現代でも活用できることを実感した。成蹊大学ではゼミの学生と江戸時代の『せいめい歌占』をリバイバルする活動を続けて十一年になる。歌占を実践して感じるのは、和歌を通して人の心に出会えることだ。一人ひとりの悩みを聞いて歌を解釈するなかで、占う側も占われる側も元気になっていく。オンライン上に占いの場をつくってくださったジャパンナレッジの関係者のみなさまに御礼申し上げるとともに、これまで一緒に活動してくれた歴代のゼミ生にありがとうと伝えたい。

おみくじの研究には、その収集も欠かせない。はじめてのおみくじ展示にあたっては、十文字学園から同志社大学に移られた植木朝子さんが関西のおみくじを数多くご恵送くださった。それらは現在に至るまでおみくじ収集の核となっている。日本各地の古典芸能を研究する沖本幸子さんにも折に触れて特徴のあるおみくじをいただいている。すべてのお名前は書ききれないが、他にも多くの方からおみくじを頂戴しており、感謝してもしきれない。

みくじ本などの資料についても多くの方からご厚意を受けてきた。なかでも特筆したいのは久保木秀夫さんから賽付きの歌占本をお譲りいただいたことである。そのおかげで、歌占がどのようにおこなわれていたかがわかるようになった。その本と賽は本書の図22で紹介している。太田正弘さん、鏑木麻矢さん、芹澤寛隆さん、中澤伸弘さん、平川貴大さんおよび浅草寺、明治神宮から本書で紹介した資料をご提供いただいた。図版の許可や情報提供等では、寛永寺、北野天満宮、女子道社、貞昌院、戸隠神社、ときわ台天祖神社、防府天満宮、武蔵野坐令和神社、龍口寺などの社寺、国文学研究資料館、国立国会図書館、阪本龍門文庫、東京都立中央図書館、天理大学附属天理図書館、早稲田大学図書館などの所蔵機関の他、多くの方にご協力たまわった。十文字学園女子大学と成蹊大学の図書館には資料の収集等でたいへんお世話になった。

おみくじや関連資料を収集するうちに、理想的なおみくじのありかたについて考えるようになった。その具体的なかたちの一つが、本書でも紹介したときわ台天祖神社の「天祖神社歌占」であり、武蔵野坐令和神社の「千年和歌みくじ」である。天祖神社歌占をきっかけに占星術研究家の鏡リュウジさんとの御縁をいただき、歌占をカード占いとして楽しめる『歌占カード　猫づくし』を世に出すこともできた。こうした活動を続けるなかで、自分の使命はおみくじや和歌占いの魅力を広めることだと思うようになった。今を生きる人のためのおみくじにかかわれるのは、この上ない喜びである。ときわ台天祖神社・武蔵野坐令和神社の関係者のみなさまと、これまで一緒に活動してきた大学院生や学生たち、そして成蹊大学の歌占プロジェクトへのご支援に心より感謝申し上げる。

これまで勤務先の大学の他、お茶の水女子大学、日本女子大学、東京外国語大学の講義や市民講座、国際日本文化研究センター、国文学研究資料館、コロンビア大学・スワースモア大学（北米）、ラプラタ大学（アルゼンチン）、ディドロ大学・ＩＮＡＬＣＯ（フランス）、ゲント大学（ベルギー）など、さまざまな場でおみくじや歌占についての発表や講演の機会をいただいてきた。そのなかで寄せられた質問や感想も本書に生かされている。

本書は前著『おみくじのヒミツ』（河出書房新社）、『おみくじの歌』（笠間書院）に続き、おみくじをテーマとする三冊目の本である。二〇一七年の春に本書を依頼され、その翌年、コロンビア大学での研修中に執筆を始めたが、その後の業務多忙やコロナ禍により刊行までに七年もかかってしまった。しかし、時間をかけたぶん、おみくじの複雑な世界を少しは俯瞰的に見られるようになったのではないかとも感じている。本書の執筆にあたり吉川弘文館編集部の岡庭由佳さんには、折りに触れての的確なアドバイスと行き届いた編集作業で全面的に助けていただいた。

なるべくわかりやすく書くことを心がけたが、研究の最前線まで伝えたいと願ったために、情報量が多く理解しにくいところがあるかもしれない。ただ、もし少しでも読みやすく感じられたとしたら、それは第一読者として助言をくれた夫真悟のおかげである。

多くの人に支えられての研究だとつくづく思う。この場を借りて、これまでお世話になったみなさんに心からの御礼を申し上げます。

令和五年十一月一日　古典の日に

平野多恵

参考文献

文献

浅田徹「後鳥羽院と神―新古今集に託されたもの―」『國學院雑誌』一一四―八、二〇一三年
阿部泰郎「巫女の歌占に果たされるもの」『聖者の推参―中世の声とヲコなるもの―』名古屋大学出版会、二〇〇一年
網本尚子「狂言「團罪人」研究」『お茶の水女子大学人間文化研究所紀要』一七、一九九四年
生駒勘七『御嶽の歴史』木曽御嶽本教総本庁、一九六六年
井筒俊彦『言語と呪術』安藤礼二監訳・小野純一訳、慶應義塾大学出版会、二〇一八年
伊藤慎吾「神詠と呪歌」『和歌とウタの出会い』四、岩波書店、二〇〇六年
石川重雄「伝統中国の巡礼と天竺進香―宋代より現代に至る杭州・上天竺観音信仰―」『巡礼の歴史と現在―四国遍路と世界の巡礼』岩田書店、二〇一三年
井上順孝『教派神道の形成』弘文堂、一九九一年
井上泰山「日本人と『三国志演義』―江戸時代を中心として―」『関西大学中国文学会紀要』二九、二〇〇八年
上島亨「中世宗教支配秩序の形成」『日本中世社会の形成と王権』名古屋大学出版会、二〇一〇年
上田望「日本における『三国志演義』の受容（前篇）―翻訳と挿図を中心に―」『金沢大学中国語学中

国文学教室紀要』九、二〇〇六年
上野英子「文芸資料研究所蔵『源氏カルタ』について―源氏物語における〈一帖一首一図〉資料との関係を中心に―（調査報告八六）」『（実践女子大学）年報』二七、二〇〇八年
宇津純「元三大師とおみくじ」『仏教民俗学大系八 俗信と仏教』名著出版、一九九二年
梅田千尋「近世宗教史における陰陽道―陰陽道の拡大と忘却―」『現代思想―総特集 陰陽道・修験道を考える』四九―五、青土社、二〇二一年
追塩千尋「叡尊における鬮と教団規律」『中世の南都仏教』吉川弘文館、一九九五年
大江篤「卜甲」『日本古代の神と霊』臨川書店、二〇〇七年
大阪芸能懇話会「平成十八年　浪華趣味道楽宗の「おみくじ」」『芸能懇話』二〇、二〇〇九年
太田正弘「「おみくじ」の源流に就いて―「歌占」本の紹介―」『書籍文化史』一七、二〇一六年
太田正弘「「おみくじ本」の内容―「観音籤」（「元三大師籤」）と「歌占本」の場合―」『神道史研究』六八―一、二〇二〇年
太田正弘「「おみくじ」の起源と諸相　追考」『明治聖徳記念学会紀要』復刊五八、二〇二一年
大野出『江戸の占い』河出書房新社、二〇〇四年
大野出「『元三大師御鬮諸鈔』考」『日本語と日本文学』三三、二〇〇一年
大野出『元三大師御籤本の研究―おみくじを読み解く―』思文閣出版、二〇〇九年
岡中正行「歌占管見―長崎対馬歴史民俗資料館所蔵『歌占』の翻刻・紹介をかねて―」『伝統研究』二、一九九四年

岡中正行「対馬の歌占―蔵瀬家蔵『哥占』について―」『伝統研究』三、一九九五年
小川陽一「関羽のおみくじ（関帝霊籤）とその世界」『三國志研究』七、二〇一二年
小川陽一『明清のおみくじと社会―関帝霊籤の全訳―』研文出版、二〇一七年
小平美香「機関誌『女子道』の発行をめぐって―山口県における近代女子教育と宗教―」『学習院女子大学紀要』一七、二〇一五年
折口信夫『言語情調論』中公文庫、二〇〇四年
小和田哲男『呪術と占星の戦国史』新潮社、一九九八年
勝山清次「神社の災異と軒廊御卜」『史林』九七―六、二〇一四年
紙宏行「『新古今集』所収神詠十三首をめぐって」『文芸論叢（文教大学）』二六、一九九〇年
川瀬一馬「「歌占」に就いて」『日本書誌学之研究』講談社、一九四三年
金英珠「占トの神話―「フトマニ」と「亀卜」をめぐって―」小峯和明編『アジア遊学159〈予言文学〉の世界―過去と未来を繋ぐ言説―』勉誠出版、二〇一二年
黒田彰「歌占考」『中世説話の文学史的環境　続』和泉書院、一九九五年
慶応義塾大学附属研究所斯道文庫編『宝暦四年刊書籍目録』（『江戸時代　書林出版書籍目録集成（三）』所収、一九六三年）
小林ふみ子『へんちくりん江戸挿絵本』集英社、二〇一九年
小松操「教訓風な和歌」『和歌文学研究』創刊号、一九五六年
五味文彦『梁塵秘抄のうたと絵』文藝春秋、二〇〇二年

小峯和明「法会唱導と呪歌」『中世法会文芸論』笠間書院、二〇〇九年
近藤直也「辻占と夕占の文化史―櫛鳴らしと呪歌を考える―」『九州工業大学大学院情報工学研究院紀要 人間科学篇』二四、二〇一一年
酒井忠夫他「中国の籤と薬籤」「霊籤・薬籤一覧表」『中国の霊籤・薬籤集成』風響社、一九九二年
酒井忠夫「中国・日本の籤―特に叡山の元三大師百籤について―」『中国学研究』一二、一九九三年
佐藤幸代「おみくじの歴史と変遷―元三大師みくじと歌占―」『歌謡 研究と資料』一二、二〇一二年
塩出貴美子「「源氏物語かるた」考―源氏絵の簡略化・抽象化・象徴化―」『奈良大学紀要』四一、二〇一三年
繁田信一『王朝貴族のおまじない』ビイング・ネット・プレス、二〇〇八年
司東真雄「天台寺什物の応永銘「観音籤」考」『元興寺仏教民俗資料研究所年報』一九七六年
司東真雄『天台寺竹簡「観音籤」考』一九八〇年
島武史『おみくじの秘密』日本書籍、一九七九年
新城常三『社寺参詣の社会経済史的研究』第三章第二節「伊勢参宮」塙書房、一九六四年
須磨千頴「賀茂別雷神社「氏人中鬮取過目録」に関する覚書（上）」『南山経済研究』一三―一・二、一九九八年
瀬田勝哉「「鬮取」についての覚書―室町政治社会思想史の一試み―」『武蔵大学人文学会雑誌』一三―四、一九八二年
瀬田勝哉「伊勢の神をめぐる病と信仰」『洛中洛外の群像―失われた中世京都へ―』平凡社、二〇〇九

年
芹澤寛隆「『法華経御鬮霊感籤』解説」『常在寺蔵・法華経御鬮霊感籤』霊鷲山・常在寺発行、二〇一六年
高牧實『文人・勤番藩士の生活と心情』岩田書院、二〇〇九年
田村圭一解題執筆『皇室の至宝　東山御文庫御物5』毎日新聞社、二〇〇〇年
『天竺霊籤』鄭振鐸編『中国古代版画叢刊』第一冊所収、上海古籍出版社、一九八八年
東京大学史料編纂所編纂『新井白石日記 上』大日本古記録、岩波書店、一九五二年
島前神楽解説『修験と神楽（大系　日本歴史と芸能—音と映像と文字による）』平凡社、一九九〇年
戸隠神社編「旧衆徒と戸隠神社」『戸隠信仰の歴史』第三章、戸隠神社、一九九七年
徳江元正・天野文雄「「歌占」二趣」『説話文学研究』一三、一九七八年
所功『年号の歴史—元号制度の史的研究—』雄山閣出版、一九八九年
永池健二「歌占と白太夫」近畿大学日本文化研究所編『日本文化の鉱脈—茫洋と閃光と—』風媒社、二〇〇八年
中澤伸弘「おみくじと出版」『日本古書通信』七七—四、二〇一二年
中澤伸弘「「みくじ」の変遷と諸相」『新國學』復刊五、二〇一三年
中町泰子『辻占の文化史—文字化の進展から見た呪術的心性と遊戯性—』ミネルヴァ書房、二〇一五年
中村公一『一番大吉！　おみくじのフォークロア』大修館書店、一九九九年
奈良場勝『近世易学研究—江戸時代の易占—』おうふう、二〇一〇年

西田長男「「八雲神詠口訣」の成立―中世に於ける神道文学の人発生に就いて―」『国語国文』八―一、一九三八年
野中春水校注『百人一首歌占鈔』和泉書院、一九九七年
橋本正俊『歌詠む神の中世神話』和泉書院、二〇二一年
花部英雄『呪歌と説話―歌・呪い・憑き物の世界―』三弥井書店、一九九八年
花部英雄『まじないの文化誌』三弥井書店、二〇一四年
伴信友『正卜考』『伴信友全集　第二』図書刊行会、一九〇七年
東アジア怪異学会編『亀卜―歴史の地層に秘められたうらないの技をほりおこす―』臨川書店、二〇〇六年
肥後和男『宮座の研究』弘文堂、一九四一年
日高衣紅「南宋版『天竺霊籤』原本再現の試み―後補図75番を例として―」『芸術学論集』一、二〇二〇年
日高衣紅「元三大師みくじ本と儒教思想―「貴人」像の考察―」水野裕史編『アジア遊学271　儒教思想と絵画―東アジアの勧戒画―』勉誠社、二〇二二年
平野多恵「恋の占い―おみくじ文化―」『國文學　解釈と教材の研究』五二―一四、學燈社、二〇〇七年
平野多恵「室町時代の和歌占い―古典文化の体験型授業（3）阪本龍門文庫蔵『歌占』の実践―」『十文字国文』一六、二〇〇九年
平野多恵「〈予言文学〉としてのおみくじ」小峯和明編『アジア遊学159　〈予言文学〉の世界―過去と未

来を繋ぐ言説―』勉誠出版、二〇一二年
平野多恵「明治時代のおみくじにおける和歌表現―附十文字学園女子大学蔵「和歌みくじ」翻刻―」『十文字学園女子大学短期大学部紀要』四三、二〇一三年
平野多恵「歌占の世界」『書物学』五、二〇一五年
平野多恵「おみくじ―なぜ和歌が書かれるのか―」成蹊大学文学部学会編、小林盾・吉田幹生責任編集『データで読む日本文化―高校生からの文学・社会学・メディア研究入門―』風間書房、二〇一五年
平野多恵「室町時代の和歌占い―託宣・呪歌・歌占―」国文学研究資料館編『アジア遊学195　もう一つの日本文学史―室町・性愛・時間―』勉誠出版、二〇一五年
平野多恵「おみくじの近代―和歌・明治維新・新城文庫『おみくじ集』―」『愛知県立大学文字文化財研究所紀要』二、二〇一六年
平野多恵「神が降りる、神と遊ぶ―歌占の世界―」錦仁編『日本人はなぜ、五七五七七の歌を愛してきたのか』笠間書院、二〇一六年
平野多恵「『源氏物語』と歌占」成蹊大学文学部学会編、木谷眞理子・吉田幹生責任編集『『源氏物語』と日本文学史』風間書房、二〇二一年
平野多恵「江戸時代の和歌占い「せいめい歌占」の〈翻訳〉―古語から現代語、そして英語へ―」成蹊大学文学部学会編、森住史責任編集『意味をすくいあげて　通訳者と翻訳者の終わりなき挑戦』風間書房、二〇二二年
平山昇『鉄道が変えた社寺参詣―初詣は鉄道とともに生まれ育った―』交通新聞社、二〇一二年

平山昇『初詣の社会史—鉄道が生んだ娯楽とナショナリズム—』東京大学出版会、二〇一五年
弘田正太『天満宮歌占—自分で占うおみくじ—』亀戸天神社社務所、二〇一一年
本田安次『神楽』木耳社、一九六六年
二澤久昭「戸隠の縁起と記録」『戸隠信仰の歴史』戸隠神社、一九九七年
二又淳「元三大師御鬮本一覧原稿」『近世文芸　研究と評論』六一、二〇〇一年
古川貞雄「戸隠神領の成立と展開」『戸隠信仰の歴史』戸隠神社、一九九七年
松岡心平「「歌占」の鶯の歌」『銕仙』三八四、一九九〇年
松平斉光『祭』日光書院（東洋文庫所収）、一九四三年
『三重県史　資料編　近代1（政治・行政Ⅰ）』一九八七年
M・ローウェ、C・ブラッカー編『占いと神託』島田裕巳他訳、海鳴社、一九八四年
三橋正『平安時代の信仰と宗教儀礼』続群書類従完成会、二〇〇〇年
森銑三『明治東京逸聞史　1・2』平凡社（東洋文庫一三五）、一九六九年
柳田國男「歌占人」『女性と民間伝承』角川書店、一九六六年
吉海直人編『百人一首註釈書目略解題』和泉書院、一九九九年

ウェブサイト

いわての文化情報大事典　http://www.bunka.pref.iwate.jp/
歌占カード　猫づくし　https://pr.yakan-hiko.com/utaura/
おみくじ好き　https://omikujisuki.com/

開運☆せいめい歌占　https://ssl.japanknowledge.jp/utaura/
ColBase 国立文化財機構所蔵品統合検索システム　https://colbase.nich.go.jp/?locale=ja
国文学研究資料館国書データベース　https://kokusho.nijl.ac.jp/
国立国会図書館デジタルコレクション　https://dl.ndl.go.jp/ja/
阪本龍門文庫善本電子画像集　http://mahoroba.lib.nara-wu.ac.jp/y05/html/223/
諏訪神社　https://www.osuwasan.jp/
長國寺おみくじ　https://torinoichi.jp/omikuji/
フル・オーダーおみくじ専門店「おみくじプロジェクト」　http://omikuji.jpn.com/
早稲田大学図書館古典籍総合データベース　https://www.wul.waseda.ac.jp/kotenseki/index.html

著者紹介

一九七三年、富山県に生まれる
一九九六年、お茶の水女子大学文教育学部国文学科卒業
二〇〇二年、東京大学大学院人文社会系研究科日本文化研究専攻日本語日本文学専門分野博士課程修了
現在、成蹊大学文学部教授

〔主要著書〕
『明恵―和歌と仏教の相克―』（笠間書院、二〇一一年）
『おみくじのヒミツ』（河出書房新社、二〇一七年）
『おみくじの歌』（笠間書院、二〇一九年）

歴史文化ライブラリー
583

おみくじの歴史
神仏のお告げはなぜ詩歌なのか

二〇二四年（令和六）一月一日　第一刷発行

著　者　平《ひら》野《の》多《た》恵《え》
発行者　吉川道郎
発行所　株式会社 吉川弘文館
東京都文京区本郷七丁目二番八号
郵便番号一一三―〇〇三三
電話〇三―三八一三―九一五一〈代表〉
振替口座〇〇一〇〇―五―二四四
https://www.yoshikawa-k.co.jp/
印刷＝株式会社 平文社
製本＝ナショナル製本協同組合
装幀＝清水良洋・宮崎萌美

ISBN978-4-642-05983-1

歴史文化ライブラリー

1996. 10

刊行のことば

現今の日本および国際社会は、さまざまな面で大変動の時代を迎えておりますが、近づきつつある二十一世紀は人類史の到達点として、物質的な繁栄のみならず文化や自然・社会環境を謳歌できる平和な社会でなければなりません。しかしながら高度成長・技術革新にともなう急激な変貌は「自己本位な刹那主義」の風潮を生みだし、先人が築いてきた歴史や文化に学ぶ余裕もなく、いまだ明るい人類の将来が展望できていないようにも見えます。

このような状況を踏まえ、よりよい二十一世紀社会を築くために、人類誕生から現在に至る「人類の遺産・教訓」としてのあらゆる分野の歴史と文化を「歴史文化ライブラリー」として刊行することといたしました。

小社は、安政四年（一八五七）の創業以来、一貫して歴史学を中心とした専門出版社として書籍を刊行しつづけてまいりました。その経験を生かし、学問成果にもとづいた本叢書を刊行し社会的要請に応えて行きたいと考えております。

現代は、マスメディアが発達した高度情報化社会といわれますが、私どもはあくまでも活字を主体とした出版こそ、ものの本質を考える基礎と信じ、本叢書をとおして社会に訴えてまいりたいと思います。これから生まれでる一冊一冊が、それぞれの読者を知的冒険の旅へと誘い、希望に満ちた人類の未来を構築する糧となれば幸いです。

吉川弘文館

歴史文化ライブラリー

文化史・誌

山寺立石寺 霊場の歴史と信仰——山口博之
神になった武士 平将門から西郷隆盛まで——高野信治
跋扈する怨霊 祟りと鎮魂の日本史——山田雄司
将門伝説の歴史——樋口州男
殺生と往生のあいだ 中世仏教と民衆生活——苅米一志
浦島太郎の日本史——三舟隆之
おみくじの歴史 神仏のお告げはなぜ詩歌なのか——平野多恵
〈ものまね〉の歴史 仏教・笑い・芸能——石井公成
スポーツの日本史 遊戯・芸能・武術——谷釜尋徳
戒名のはなし——藤井正雄
墓と葬送のゆくえ——森 謙二
運慶 その人と芸術——副島弘道
ほとけを造った人びと 止利仏師から運慶・快慶まで——根立研介
祇園祭 祝祭の京都——川嶋將生
洛中洛外図屛風 つくられた〈京都〉を読み解く——小島道裕
化粧の日本史 美意識の移りかわり——山村博美
乱舞の中世 白拍子・乱拍子・猿楽——沖本幸子
神社の本殿 建築にみる神の空間——三浦正幸
古建築を復元する 過去と現在の架け橋——海野 聡
生きつづける民家 保存と再生の建築史——中村琢巳
大工道具の文明史 日本・中国・ヨーロッパの建築技術——渡邉 晶
苗字と名前の歴史——坂田 聡
日本人の姓・苗字・名前 人名に刻まれた歴史——大藤 修
日本料理の歴史——熊倉功夫
日本の味 醤油の歴史——林 玲子・天野雅敏編
中世の喫茶文化 儀礼の茶から「茶の湯」へ——橋本素子
香道の文化史——本間洋子
天皇の音楽史 古代・中世の帝王学——豊永聡美
話し言葉の日本史——野村剛史
ガラスの来た道 古代ユーラシアをつなぐ輝き——小寺智津子
たたら製鉄の歴史——角田徳幸
金属が語る日本史 銭貨・日本刀・鉄炮——齋藤 努
賃金の日本史 仕事と暮らしの一五〇〇年——高島正憲
書物と権力 中世文化の政治学——前田雅之
気候適応の日本史 人新世をのりこえる視点——中塚 武
災害復興の日本史——安田政彦

民俗学・人類学

古代ゲノムから見たサピエンス史——太田博樹
日本人の誕生 人類はるかなる旅——埴原和郎

歴史文化ライブラリー

- 日本神話を語ろう イザナキ・イザナミの物語——中村修也
- 六国史以前 日本書紀への道のり——関根　淳
- 東アジアの日本書紀 歴史書の誕生——遠藤慶太
- 〈聖徳太子〉の誕生——大山誠一
- 倭国と渡来人 交錯する「内」と「外」——田中史生
- 大和の豪族と渡来人 葛城・蘇我氏と大伴・物部氏——加藤謙吉
- 物部氏 古代氏族の起源と盛衰——篠川　賢
- 東アジアからみた「大化改新」——仁藤敦史
- 白村江の真実　新羅王・金春秋の策略——中村修也
- よみがえる古代山城 国際戦争と防衛ライン——向井一雄
- よみがえる古代の港 古地形を復元する——石村　智
- 古代氏族の系図を読み解く——鈴木正信
- 古代豪族と武士の誕生——森　公章
- 飛鳥の宮と藤原京 よみがえる古代王宮——林部　均
- 出雲国誕生——大橋泰夫
- 古代出雲——前田晴人
- 古代の皇位継承 天武系皇統は実在したか——遠山美都男
- 壬申の乱を読み解く——早川万年
- 戸籍が語る古代の家族——今津勝紀
- 古代の人・ひと・ヒト 名前と身体から歴史を探る——三宅和朗
- 疫病の古代史 天災、人災、そして——本庄総子
- 万葉集と古代史——直木孝次郎
- 郡司と天皇 地方豪族と古代国家——磐下　徹
- 地方官人たちの古代史 律令国家を支えた人びと——中村順昭
- 古代の都はどうつくられたか 中国・日本・朝鮮・渤海——吉田　歓
- 平城京に暮らす 天平びとの泣き笑い——馬場　基
- 平城京の住宅事情 貴族はどこに住んだのか——近江俊秀
- すべての道は平城京へ 古代国家の〈支配の道〉——市　大樹
- 都はなぜ移るのか 遷都の古代史——仁藤敦史
- 古代の都と神々 怪異を吸いとる神社——榎村寛之
- 聖武天皇が造った都 難波宮・恭仁宮・紫香楽宮——小笠原好彦
- 天皇側近たちの奈良時代——十川陽一
- 藤原仲麻呂と道鏡 ゆらぐ奈良朝の政治体制——鷺森浩幸
- 古代の女性官僚 女官の出世・結婚・引退——伊集院葉子
- 〈謀反〉の古代史 平安朝の政治改革——春名宏昭
- 皇位継承と藤原氏 摂政・関白はなぜ必要だったのか——神谷正昌
- 王朝貴族と外交 国際社会のなかの平安日本——渡邊　誠
- 源氏物語を楽しむための王朝貴族入門——繁田信一
- 平安貴族の仕事と昇進 どこまで出世できるのか——井上幸治
- 平安朝　女性のライフサイクル——服藤早苗

歴史文化ライブラリー

歴史文化ライブラリー

神仏と中世人 宗教をめぐるホンネとタテマエ――衣川　仁
神風の武士像 蒙古合戦の真実――関　幸彦
鎌倉幕府の滅亡――細川重男
足利尊氏と直義 京の夢、鎌倉の夢――峰岸純夫
高　師直 室町新秩序の創造者――亀田俊和
新田一族の中世 「武家の棟梁」への道――田中大喜
皇位継承の中世史 血統をめぐる政治と内乱――佐伯智広
地獄を二度も見た天皇 光厳院――飯倉晴武
南朝の真実 忠臣という幻想――亀田俊和
信濃国の南北朝内乱 悪党と八〇年のカオス――櫻井　彦
中世の巨大地震――矢田俊文
大飢饉、室町社会を襲う！――清水克行
中世の富と権力 寄進する人びと――湯浅治久
中世は核家族だったのか 民衆の暮らしと生き方――西谷正浩
出雲の中世 地域と国家のはざま――佐伯徳哉
中世武士の城――齋藤慎一
戦国の城の一生 つくる・壊す・蘇る――竹井英文
九州戦国城郭史 大名・国衆たちの築城記――岡寺　良
戦国期小田原城の正体 「難攻不落」と呼ばれる理由――佐々木健策
徳川家康と武田氏 信玄・勝頼との十四年戦争――本多隆成
戦国大名毛利家の英才教育 元就・隆元・輝元と妻たち――五條小枝子
戦国大名の兵粮事情――久保健一郎
戦国時代の足利将軍――山田康弘
足利将軍と御三家 吉良・石橋・渋川氏――谷口雄太
〈武家の王〉足利氏 戦国大名と足利的秩序――谷口雄太
室町将軍の御台所 日野康子・重子・富子――田端泰子
名前と権力の中世史 室町将軍の朝廷戦略――水野智之
摂関家の中世 藤原道長から豊臣秀吉まで――樋口健太郎
戦国貴族の生き残り戦略――岡野友彦
鉄砲と戦国合戦――宇田川武久
検証　長篠合戦――平山　優
織田信長と戦国の村 天下統一のための近江支配――深谷幸治
検証　本能寺の変――谷口克広
明智光秀の生涯――諏訪勝則
加藤清正 朝鮮侵略の実像――北島万次
落日の豊臣政権 秀吉の憂鬱、不穏な京都――河内将芳
豊臣秀頼――福田千鶴
天下人たちの文化戦略 科学の眼でみる桃山文化――北野信彦
イエズス会がみた「日本国王」 天皇・将軍・信長・秀吉――松本和也
海賊たちの中世――金谷匡人

歴史文化ライブラリー

アジアのなかの戦国大名 西国の群雄と経営戦略――鹿毛敏夫
琉球王国と戦国大名 島津侵入までの半世紀――黒嶋　敏
天下統一とシルバーラッシュ 銀と戦国の流通革命――本多博之

近世史

慶長遣欧使節 伊達政宗が夢見た国際外交――佐々木　徹
徳川忠長 兄家光の苦悩、将軍家の悲劇――小池　進
女と男の大奥 大奥法度を読み解く――福田千鶴
大奥を創った女たち――福田千鶴
江戸のキャリアウーマン 奥女中の仕事・出世・老後――柳谷慶子
江戸に向かう公家たち みやこと幕府の仲介者――田中暁龍
細川忠利 ポスト戦国世代の国づくり――稲葉継陽
家老の忠義 大名細川家存続の秘訣――林　千寿
隠れた名君 前田利常 加賀百万石の運営手腕――木越隆三
明暦の大火 「都市改造」という神話――岩本　馨
〈伊達騒動〉の真相――平川　新
江戸の町奉行――南　和男
大名行列を解剖する 江戸の人材派遣――根岸茂夫
江戸大名の本家と分家――野口朋隆
〈甲賀忍者〉の実像――藤田和敏
江戸の武家名鑑 武鑑と出版競争――藤實久美子
江戸の出版統制 弾圧に翻弄された戯作者たち――佐藤至子
武士という身分 城下町萩の大名家臣団――森下　徹
旗本・御家人の就職事情――山本英貴
武士の奉公 本音と建前 江戸時代の出世と処世術――高野信治
近江商人と出世払い 出世証文を読み解く――宇佐美英機
犬と鷹の江戸時代 〈犬公方〉綱吉と〈鷹将軍〉吉宗――根崎光男
紀州藩主 徳川吉宗 明君伝説・宝永地震・隠密御用――藤本清二郎
近世の巨大地震――矢田俊文
土砂留め奉行 河川災害から地域を守る――水本邦彦
外来植物が変えた江戸時代 里湖・里海の資源と都市消費――佐野静代
闘いを記憶する百姓たち 江戸時代の裁判学習帳――八鍬友広
江戸時代の瀬戸内海交通――倉地克直
江戸のパスポート 旅の不安はどう解消されたか――柴田　純
江戸の捨て子たち その肖像――沢山美果子
江戸の乳と子ども いのちをつなぐ――沢山美果子
江戸時代の医師修業 学問・学統・遊学――海原　亮
江戸幕府の日本地図 国絵図・城絵図・日本図――川村博忠
踏絵を踏んだキリシタン――安高啓明
墓石が語る江戸時代 大名・庶民の墓事情――関根達人
石に刻まれた江戸時代 無縁・遊女・北前船――関根達人

歴史文化ライブラリー

近世の仏教 華ひらく思想と文化――末木文美士
松陰の本棚 幕末志士たちの読書ネットワーク――桐原健真
龍馬暗殺――桐野作人
日本の開国と多摩 生糸・農兵・武州一揆――藤田 覚
幕末の海軍 明治維新への航跡――神谷大介
海辺を行き交うお触れ書き 浦触の語る徳川情報網――水本邦彦
江戸の海外情報ネットワーク――岩下哲典

近・現代史

江戸無血開城 本当の功労者は誰か？――岩下哲典
五稜郭の戦い 蝦夷地の終焉――菊池勇夫
水戸学と明治維新――吉田俊純
大久保利通と明治維新――佐々木 克
刀の明治維新 「帯刀」は武士の特権か？――尾脇秀和
維新政府の密偵たち 御庭番と警察のあいだ――大日方純夫
京都に残った公家たち 華族の近代――刑部芳則
文明開化 失われた風俗――百瀬 響
大久保利通と東アジア 国家構想と外交戦略――勝田政治
明治の政治家と信仰 クリスチャン民権家の肖像――小川原正道
大元帥と皇族軍人 明治編――小田部雄次
皇居の近現代史 開かれた皇室像の誕生――河西秀哉
日本赤十字社と皇室 博愛か報国か――小菅信子
リーダーたちの日清戦争――佐々木雄一
陸軍参謀 川上操六 日清戦争の作戦指導者――大澤博明
軍隊を誘致せよ 陸海軍と都市形成――松下孝昭
軍港都市の一五〇年 横須賀・呉・佐世保・舞鶴――上杉和央
〈軍港都市〉横須賀 軍隊と共生する街――高村聰史
第一次世界大戦と日本参戦 揺らぐ日英同盟と日独の攻防――飯倉 章
日本酒の近現代史 酒造地の誕生――鈴木芳行
温泉旅行の近現代――高柳友彦
失業と救済の近代史――加瀬和俊
近代日本の就職難物語 「高等遊民」になるけれど――町田祐一
難民たちの日中戦争 戦火に奪われた日常――芳井研一
昭和天皇とスポーツ 〈玉体〉の近代史――坂上康博
大元帥と皇族軍人 大正・昭和編――小田部雄次
昭和陸軍と政治 「統帥権」というジレンマ――高杉洋平
松岡洋右と日米開戦 大衆政治家の功と罪――服部 聡
唱歌「蛍の光」と帝国日本――大日方純夫
着物になった〈戦争〉 時代が求めた戦争柄――乾 淑子
稲の大東亜共栄圏 帝国日本の〈緑の革命〉――藤原辰史
地図から消えた島々 幻の日本領と南洋探検家たち――長谷川亮一